涉外律师
研究生培养模式研究

侯怀霞 王志萍 张慧平 编著

上海交通大学出版社
SHANGHAI JIAO TONG UNIVERSITY PRESS

内容简介

"涉外律师研究生培养"是"法律硕士专业学位(涉外律师)研究生培养项目"的主题,承载着涉外法治专业人才培养的重任。本书将"涉外律师研究生培养"放在整个高等教育的背景下,基于高等教育的基本理念,结合专业学位这一高层次研究生教育的本质,以及法律、律师的专业特色,从理论的角度介绍了涉外律师研究生培养的相关概念、基本制度,分析其作为新项目的时代背景和必要性,明确了涉外律师研究生培养应遵循的基本原则、培养目标和基本要求,阐述了涉外律师研究生培养的特殊性、培养目标的实现基础和实现途径等诸多方面。另外,通过对涉外律师研究生培养项目实施院校的实地考察,本书还探讨了涉外律师研究生招生制度及其完善、课程设置及其实现、实践基础、协同培养制度、教育教学过程的信息化,以及作为涉外研究生培养人力基础的双导师制,最后对我国涉外律师研究生培养模式的发展与完善进行了简要的分析和预测。

图书在版编目(CIP)数据

涉外律师研究生培养模式研究/ 侯怀霞,王志萍,
张慧平编著. —上海:上海交通大学出版社,2022.11
ISBN 978－7－313－27659－9

Ⅰ.①涉… Ⅱ.①侯… ②王… ③张… Ⅲ.①涉外案件—律师—研究生教育—培养模式—研究—中国 Ⅳ.①D922.13

中国版本图书馆 CIP 数据核字(2022)第 202859 号

涉外律师研究生培养模式研究
SHEWAILÜSHIYANJIUSHENG PEIYANGMOSHI YANJIU

编   著:侯怀霞　王志萍　张慧平
出版发行:上海交通大学出版社　　　　　地　　址:上海市番禺路951号
邮政编码:200030　　　　　　　　　　　电　　话:021－64071208
印　　制:苏州市古得堡数码印刷有限公司　经　　销:全国新华书店
开　　本:710mm×1000mm　1/16　　　印　　张:16.25
字　　数:249千字
版　　次:2022年11月第1版　　　　　　印　　次:2022年11月第1次印刷
书　　号:ISBN 978－7－313－27659－9
定　　价:68.00元

序言 | PREFACE

看到《涉外律师研究生培养模式研究》书稿，我感到非常欣慰和兴奋。欣慰的是，这是我校第一本有关法律硕士研究生教育改革的实证研究与趋势探索之作，反映了一线法律教育家的独特心得和家国情怀；兴奋的是，本书出版正逢其时——国家正在出台一系列支持政策，大力推进高层次涉外法治人才培养工作。本书聚焦涉外律师研究生培养模式的现状和趋势，既着眼于宏大背景、基本原则、培养目标及其实现基础，又在微观层面对具体的培养制度、课程体系、教学模式等进行条分缕析，内容丰富，数据翔实，建言可行，读后令人颇受启发。

当今世界正处于百年未有之大变局，全球化趋势进一步增强，新科技革命对社会生活和国家安全带来挑战，综合国力竞争、国际秩序和全球治理体系面临的变数日增。在中国特色社会主义新时代，我国深入推进全面依法治国战略，全面落实"一带一路"和构建人类命运共同体倡议，以中国智慧和中国方案引领全球治理变革，构建相互尊重、公平正义、合作共赢的新型国际关系。在此背景下，国家着力加强涉外法治工作，急需培养一批通晓国际规则体系和话语体系，能够维护国家主权、安全和发展利益的高层次涉外法治人才。习近平总书记就加强涉外法治工作提出了一系列重要论断："坚持统筹推进国内法治和涉外法治"，[1]"中国走向世界，以负责任大国参与国际

---

[1] 习近平：《坚定不移走中国特色社会主义法治道路　为全面建设社会主义现代化国家提供有力法治保障》，《求是》2021年第5期；习近平：《在中央人大工作会议上的讲话》，《求是》2022年第5期。

事务,必须善于运用法治。"①"全球治理体系正处于调整变革的关键时期,我们要积极参与国际规则制定,做全球治理变革进程的参与者、推动者、引领者。"②习近平总书记还就加强涉外法治人才培养提出了明确要求:"要推进法学院校改革发展,提高人才培养质量。要加大涉外法学教育力度,重点做好涉外执法司法和法律服务人才培养、国际组织法律人才培养推送工作,更好服务对外工作大局。"③中共中央印发《法治中国建设规划(2020—2025年)》,提出"推动建设一支高素质涉外法律服务队伍、建设一批高水平涉外法律服务机构",还特别提出要"构建凸显时代特征、体现中国特色的法治人才培养体系。……完善高等学校涉外法学专业学科设置。加大涉外法治人才培养力度,创新涉外法治人才培养模式。"

为深入贯彻习近平总书记关于加强涉外法治人才培养工作的重要指示精神,落实中央关于发展涉外法律服务业的决策部署和涉外仲裁人才培养的任务要求,教育部、司法部分别于 2021 年 2 月和 2022 年 7 月启动了法律硕士专业学位(涉外律师)和法律硕士专业学位(国际仲裁)两个研究生培养项目。我校作为这两个项目的首批培养单位之一,承担了探索涉外法治人才培养模式改革的重任。

培养高素质涉外法治人才,必须坚持以习近平法治思想为指导,创新培养观念、培养机制和培养方式,尤其要把握好三个"融合":一是政治素养与法治精神的融合。要全面落实"政治立场坚定、理论功底扎实、熟悉中国国情,具有良好的政治素质和道德品质,遵循法律职业伦理和职业道德规范"的涉外法治人才培养的基本要求。在大思政教育体系下,在培养全过程中充分发挥法学课程思政作用,加强社会主义法治理念、社会主义核心价值观的政治引领,培养国家意识和法律斗争精神。二是复合能力与法律知识的融合。在培养目标上,涉外法治人才是"跨文化、跨学科、跨法域,懂政治、懂经济、懂外语"的"高层次复合型、应用型、国际化法治人才",应该法学功底扎实、具有国际视野、通晓国际法律规则,善于处理涉外法律事务。这就需

要优化"法律＋外语"、法律专业外语、"国内法＋国际法"的课程体系,通过开设国际前沿、交叉、关键专业领域的理论和实训课程,在国际规则体系(经贸、外交、科技、金融、航运等关键领域)、跨语言文化沟通能力(谈判、语言、多元文化等)、法律思维能力(尤其是英美法的思维、国际争端解决技能)等方面加强训练。同时在熟悉中国法的基础上加强英美法、比较法、条约(公约)法和交叉学科课程学习。三是全球视野与专门领域的融合。涉外法治不能简单地理解为"有关外国的法律事务",其本质是国际化、全球化。所以,涉外法治人才一定是具有全球视野的,同时必须是在一个专门领域深耕细作的法律专家。例如,具有能够办理全球投资、国际知识产权、国际经贸及外交争端解决等方面的能力。这要求涉外法治人才培养必须具有国际化师资和国际化培养平台,选派学生赴国际组织和相关涉外机构实习,并探索"2(国内培养)＋1(国外培养)"培养机制,培养学生的涉外法律应用能力。

近年来,上海政法学院主动对接国家和社会发展重大需求,积极服务国家战略,努力培养国家急需的高层次涉外法治人才。2013 年 9 月 13 日,习近平主席在上海合作组织比什凯克峰会上宣布,中方将在上海政法学院设立"中国—上海合作组织国际司法交流合作培训基地",愿意利用这一平台为其他成员国培养司法人才。① 中国上合基地既是学校服务国家战略的重要平台,也是学校开展法治人才培养模式改革的重要支撑。依托中国上合基地,上海政法学院构建了比较完善的涉外法治人才培养体系,建立了以实践为导向的涉外法治人才培养机制,初步形成了复合型、应用型、国际化涉外法治人才培养特色。

我相信,本书所做的理论和实证研究,将对我国法学院校推进法学教育改革具有重要的借鉴意义和参考价值。本书所做的教育改革探索,必将有助于推进高端涉外法治人才培养,造就一批参与国际规则制定和全球治理变革进程的参与者、推动者、引领者。

上海政法学院校长　刘晓红

2022 年 9 月

---

① 《习近平谈治国理政》,外文出版社 2014 年版,第 341—342 页;《上海合作组织峰会在比什凯克举行　习近平出席并发表重要讲话》,《人民日报》2013 年 9 月 14 日,第 1 版。

前言 | FOREWORD

一、人才培养教育是当今的立国之本

随着科学技术的飞速发展,我们所处的时代与过去不同的是,竞争更加激烈,同时合作不可避免。竞争与合作是 21 世纪的主旋律。世界各国之间的竞争与合作不仅是经济上的,而且是科技和人才方面的。如果想在竞争中取得优势,人才相较于过去的环境、资源等因素,变得格外重要和突出,人才的竞争成为世界各国竞争的核心。与此相适应,人才培养和储备也必然成为各国所不能忽视的关键领域,不仅重视本国优秀人才的培养和储备,甚至世界各国都在竭尽全力吸引世界范围的优秀人才,以保持国家的可持续发展和在国际竞争中保持优势。

改革开放以来,我国逐步取得了经济、政治、文化等各个方面的新发展,不仅经济上的成就令世界瞩目,短短三十几年的时间成为世界第二大经济体,而且在经济发展的同时,促进了其他诸多相关领域显著进步和发展。然而其中关键的一个方面,就是人才培养的不断改革、发展和完善。我们知道,人在社会中是主体,从某种意义上讲,人是万物的主宰。虽然良好的制度和自然环境是人类获得不断发展和进步的重要基础,然而相比较于这些外在因素,人本身更是不可或缺的资源。一切资源的合理利用,一切制度的完善与运行都离不开"人"这个主体。认可和尊重"人"的主体地位,重视人才的培养及其可持续发展不仅是西方发达国家的经验,而且也是我国这些年来持续高速发展的关键。

我国是一个发展中国家,是一个人口大国、人力资源大国,但并不是一个人才资源大国、人才资源强国。要在当下世界科技、经济等的竞争合作中处于优势地位,成为与第二大经济体相匹配的、国际公认各方面的世界大国、强国,理应运用好现在的人口优势,将"人口"转变为"人才",将这人口资源变成人才金矿。这一重任的实现很大程度上依赖于国家对人才培养教育的重视和国家对人才培养教育政策的制定和实施。时任中共中央政治局委员、国家科技教育领导小组副组长的刘延东曾经指出,"教育是民族振兴、社会进步的基石,是提高国民素质、促进人的全面发展的根本途径,寄托着亿万家庭对美好生活的期盼。"①在整个教育体系中,基础教育、初等教育事关国家公民的基本素质的养成,是人才培养的基础和前提,而高等教育则是人才养成或形成的关键和决定性要素,是我国从高等教育大国向高等教育强国、从人力资源大国向人力资源强国转型的关键。

二、高等教育人才培养应当多元化

全面提高高等教育质量,是党中央、国务院作出的重要决策,是教育规划纲要提出的明确要求。我国现行高等教育随着国家政治、经济、文化等的发展变化,经历了发展和完善,从过去的精英教育到当下精英与大众化教育并存,从传统的学术型教育培养模式到学术型与应用型教育并重的多元化教育培养模式,为国家政治、经济、文化等持续不断的发展提供了源源不断的人才资源和人力基础。"纵观发达国家和一些新兴发展中国家高等教育发展的历史,高等教育从精英教育阶段向大众化的迈进是必经之路"。② 在我国,随着高等院校的扩招政策的落实,高等教育日渐大众化,为大众接受高等教育提供了条件和机会,为我国的现代化建设提供了高水平的人才,与此同时,作为高层次人才培养的研究生教育也在随之发展和扩张,大量高层次、高水平的硕士和博士经过培养,成为国家和社会发展的中流砥柱。

"人才培养是高等教育根本的使命和本质的要求,也是高等教育质量的第一体现,是高等院校生存和发展的基础。"③从历史角度来看,高等教育中学术培养是其传统功能,历史悠久,成效卓著,无论是较低层次的学士,还是

---

① 张大良:《高等教育人才培养模式改革》,高等教育出版社2012年版,第1页。
② 陈洪玲、于丽芬:《高校扩招后人才培养模式的理论与实践》,北京师范大学出版社2011年版,第3页。
③ 张大良:《高等教育人才培养模式改革》,高等教育出版社2012年版,第1页。

较高层次的硕士、博士,都有成熟的培养经验和优异的培养成就,为当今科学技术发展和制度文明进步等奠定了基础。然而,随着时势变迁,与国家和社会发展变迁相伴随的是,对人才的需求也变得多元化、高层次化,高等教育必须从以规模为特征的外延式发展,向以质量提升为核心的内涵式发展转变,故高等教育不仅更加重视创新性学术教育,而且实现了从单纯学术型教育的转型,应用型高等教育、高层次专业学位人才培养成为当下高等教育的重点和关键,对于处于发展转型过程中的我国来说尤其如此。为了完成建设中国特色社会主义的伟大任务,必然也必须依靠教育,党和国家不断地出台相关教育政策,更加重视和促进高等教育从传统的学术性教育向学术与实践并重的专业学位教育转变,以实现1983年邓小平同志所提出的教育要"面向现代化、面向世界、面向未来"战略目标。

1999年2月,教育部出台"面向21世纪教育振兴行动计划",同年6月,党中央、国务院召开了改革开放以来的第三次全国教育工作会议,将"提高全民素质、培养高技术人才"作为迎接新世纪挑战的重要任务。作为高层次人才培养的主渠道,研究生教育在培养创新人才、提高创新能力、服务经济社会发展、推进国家治理体系和治理能力现代化方面具有重要作用。高等教育中的研究生教育因此不能再局限于传统的教育模式,而必须与时俱进,适时调整自身的发展策略,适应时代需求、国家和社会发展的需求,人才培养模式的多元化、多层次化成为一种必然的发展路径。

三、专业学位教育的多方位实现

研究生教育是培养高层次人才的主要途径,是国家创新体系的重要组成部分。改革开放以来,我国研究生教育取得了重大成就,基本实现了立足国内培养高层次人才的战略目标,但总体上看,研究生教育还不能完全适应经济社会发展的多样化需求,培养质量与国际先进水平相比还有较大差距。早在2013年,教育部、国家发展改革委、财政部《关于深化研究生教育改革的意见》中就要求优化人才培养类型结构。在基本稳定学术学位授予单位和学位授权学科总体规模的基础上,建立学科动态调整机制,鼓励学科交叉与融合,进一步突出学科特色和优势;更是明确要求积极发展硕士专业学位研究生教育,稳步发展博士专业学位研究生教育。

2020年,教育部、国家发展改革委、财政部《关于加快新时代研究生教育改革发展的意见》中明确:"研究生教育肩负着高层次人才培养和创新创造的重要使命,是国家发展、社会进步的重要基石,是应对全球人才竞争的基础布局",为"促进研究生德智体美劳全面发展,切实提升研究生教育支撑引领经济社会发展能力","以服务需求为导向,合理扩大人才培养规模","优化培养类型结构,大力发展专业学位研究生教育",高等教育在这些方面的转变无一不是"适应社会需求变化"的必然举措。

根据《中国教育现代化 2035》和《加快推进教育现代化实施方案(2018—2022年)》,为加快推进新时代专业学位研究生教育高质量发展,国务院学位委员会和教育部制定了《专业学位研究生教育发展方案(2020—2025)》,在该方案中明确了专业学位研究生教育的重要地位:专业学位研究生教育是培养高层次应用型专门人才的主渠道;发展专业学位研究生教育是经济社会进入高质量发展阶段的必然选择;发展专业学位研究生教育是主动服务创新型国家建设的重要路径;发展专业学位是学位与研究生教育改革发展的战略重点。进一步指出了专业学位研究生教育发展的指导思想、发展目标,以及着力优化硕士专业学位研究生教育结构、加快发展博士专业学位研究生教育、大力提升专业学位研究生教育质量等各个方面的具体措施。

实践中的高等教育一直在不同领域不停地探索应用型、复合型人才培养模式,实施了卓越工程师教育培养计划、卓越医生教育培养计划、卓越法律人才培养计划,开展了农科教合作,以提高实践能力为重点,探索高校与有关部门、科研院所、行业企业联合培养人才新模式。

四、涉外律师研究生培养模式探索

涉外律师研究生培养项目从其属性上讲,是我国现行专业学位中的一种,从属于法律硕士这一专业学位,是根据2021年教育部学位管理与研究生教育司、司法部律师工作司联合发布的《关于实施法律硕士专业学位(涉外律师)研究生培养项目的通知》而成立的新培养项目。该项目旨在贯彻落实习近平总书记关于加强涉外法治专业人才培养的重要指示,落实中央关于发展涉外法律服务业的决策部署,加强高层次紧缺人才培养。虽然培养高层次、复合型人才的培养目标和要求在高等院校人才培养过程中早已提出许多年,但很显然在法律领域这一目标并未全面实现,涉外法治人才依然匮乏,不能满足这些年来我国改革开放以来涉外事务增多且复杂化对涉外法治人才的需求。在现有的法治人才培养基础上,重新探索和构建涉外法治人才的培养模式乃是当务之急。

关于人才培养模式,教育部于1998年召开第一次全国普通高校教学工作会议,该会议文件《关于深化教学改革、培养适应21世纪需要的高质量人才的意见》中提到,"人才培养模式是学校为学生构建的知识能力、素质结构,以及实现这种结构的方式,它从根本上规定了人才特征并集中体现了教育思想和教育观念"。[①] 人才培养模式从其内涵角度来看,有其质的规定性,表现为:一是人才培养模式的描述对象是学校人才培养活动;二是人才培养模式是对人才培养活动结构和过程及其相互关系的简约化表示;三是人才培养模式各要素按一定的内在规律组合在一起,并依据一定的教育规律相互联系、相互制约,组成一个有机整体;四是人才培养模式受外界因素,如教育思想、教育理念、教育目的、社会和个人对人的培养需求等制约。[②]

人才培养模式表现出以下特点:一是其系统性,指的是培养模式是一个系统,由培养目标、培养制度、培养过程、培养评价四个子系统构成,从总体上勾画出了人才形成的规格,包括知识、品德、能力等在内的网络体系;二是其独立性,指的是人才培养模式中各个子系统在相互作用时必须保持各自的独立性,以便按需调整、适时变革;三是其中介性,是指人才培养模式是学校教育工作者借以实现某种教育思想、教育理论的既简约又完整的范型;四是其可操作性,人才培养模式是教育理论在教育实践中的运用和具体化;五是其相对稳定性,人才培养模式是对大量的人才培养教育活动的理论抽象和概括,它揭示了人才培养活动所具有的普遍性的规律;六是灵活性,人才培养的操作性决定了其必然也必须具有一定的弹性或灵活性;七是多样

[①] 金佩华、李亚萍:《我国高校本科人才培养模式理论研究综述》,《江苏高教》2003年第5期。

[②] 陈洪玲、于丽芬:《高校扩招后人才培养模式的理论与实践》,北京师范大学出版社2011年版,第4页。

性,这是高等教育内在规律和自身不平衡发展的必然结果。①

人才培养模式涉及四个基本要素:一是目的要素,即培养目标的问题,简单讲就是"培养什么样的人"的问题;它是人才培养模式中的决定性因素,对人才培养进行质的规定,是全部教育工作的核心,是一切教育活动的出发点和归宿;二是内容要素,简单讲就是"用什么培养人",主要指的是培养制度和培养内容,是有关人才培养的重要规定、程序及其实施体系,是人才培养得以按规定实现的重要保障与基本前提;三是方法要素,就是"怎样培养人"的问题,主要涉及行为层面的教育方法,是为实现培养目标、落实培养内容而采用的方式、手段等的总和;四是评价要素,也就是"培养的人怎样"的问题,主要指的是结果层面的质量评价体系,是对教育实施过程和结果进行考核和评估,是检验人才培养质量的尺度,包括评价内容、评价标准、评价方法等。②

我们正是基于人才培养模式所具有的上述特性,展开对我国刚刚开始运行的涉外律师研究生培养模式的研究。

---

① 陈洪玲、于丽芬:《高校扩招后人才培养模式的理论与实践》,北京师范大学出版社 2011 年版,第 6—7 页。
② 陈洪玲、于丽芬:《高校扩招后人才培养模式的理论与实践》,北京师范大学出版社 2011 年版,第 7—8 页。

目录 | CONTENTS

宏　观　篇

微 观 篇

绪　论

一、研究背景

　　教育是国之大计。"培养什么人、怎样培养人、为谁培养人"是教育的根本问题,事关中国特色社会主义事业兴旺发达、后继有人,事关党和国家长治久安。2020 年在我国研究生教育改革发展进程中具有里程碑意义。习近平总书记和李克强总理都对研究生教育作出重要指示和批示;全国研究生教育会议召开,孙春兰副总理出席会议并作重要讲话;国家出台系列关于研究生教育的政策文件;各省市、高校开展相关系列重要活动。研究生教育开始进入追求卓越、建设中国特色研究生教育强国的新阶段。①

　　本书选择"法律硕士专业学位(涉外律师)研究生培养模式"作为研究主体,对这一新生事物进行梳理和研究,既具有理论和实践的意义和价值,也符合和顺应了当下的时代背景。正如 2021 年 2 月 2 日教育部学位管理与研究生教育司、司法部律师工作局联合发布的《关于实施法律硕士专业学位(涉外律师)研究生培养项目的通知》(教研司〔2021〕1 号)中所指出的,"当今世界正经历百年未有之大变局,全球治理格局正在发生深刻调整,国际环境日趋复杂,不稳定性和不确定性明显增加。随着我国日益走近世界舞台中央,更加深度参与全球治理,我国企业和公民'走出去'步伐不断加快,我国急需加快涉外法治工作战略布局,推进涉外法律服务业发展,培养一大批通晓国际法律规则、善于处理涉外法律事务的涉外律师人才,更好维护我国

---

① "习近平对研究生教育工作作出重要指示 强调适应党和国家事业发展需要 培养造就大批德才兼备的高层次人才",http://jhsjk.people.cn/article/31803059,最后访问日期:2021 年 5 月 30 日。

国家主权、安全、发展利益,维护我国企业和公民海外合法权益,保障和服务高水平对外开放。"①对不同院校涉外人才培养模式进行考察和研究,可为未来涉外法治人才培养模式的完善探索更好的途径,具有一定的意义和价值。

(一) 法治理念和原则在我国的形成与实现

我国于 20 世纪 70 年代末开始实施的改革开放政策,率先在经济领域展开,经济的发展不仅依赖于国家和社会对市场主体财产权利的认可和保护,以及对市场交易环境和秩序的维持和促进,而且反过来促成了人们的权利观念、法治观念及其意识的形成。换言之,权利和法治既是市场经济的前提和基础,也是市场经济的产物和结果。

1999 年 3 月,第九届全国人民代表大会第二次会议通过《宪法(修正案)》,规定:"中华人民共和国实行依法治国,建设社会主义法治国家"。"法治"开始成为国家和社会生活的关键词。

2018 年的《宪法(修正案)》明确了"习近平新时代中国特色社会主义思想"的核心地位,并将"健全社会主义法制"修改为"健全社会主义法治",这意味着"法治"不再局限于"法制"在静态意义上的法律制度的建设和完善,而是转向更为动态的"法治",即从制度建构、完善到制度实施、落实的全方位的实质法治的回归。"健全社会主义法治""发展社会主义市场经济""发展社会主义民主"一起成为全国各族人民的共同任务和目标。

法治的实现是全方位的,过去重在社会主义法律体系的构建和完善,现已转向法律制度的贯彻和落实。古人说:"徒善不足以为政、徒法不足以自行",意思是国家治理不能仅依靠良善美好的道德愿望,也不能靠法律实现国家之治,在制定各种法律规则之外需要法律实施的体制和机制,需要将法落到实处。无论是过去"有法可依、有法必依、执法必严、违法必究"的"十六字方针",还是新时代习近平法治思想要求实现的"科学立法、严格执法、公正司法、全民守法",均在于法治之全方位落实,强调和注重法治之实效,实现法律之权威。

---

① 《关于实施法律硕士专业学位(涉外律师)研究生培养项目的通知》,http://www.moe.gov.cn/s78/A22/tongzhi/202102/t20210226_515055.html,最后访问日期:2021 年 5 月 30 日。

法治的实现,离不开各种类型的法律职业人士。人是法治实现过程中的主体,法律人才的培养有着不可忽视的重要性,尤其是高等院校的法学教育,对于法治人才的培养具有基础性的地位,在一定程度上决定着国家法治的成败和水平。无论是本科阶段的法学教育还是研究生阶段的法学教育,都在为我国法治建设提供人才储备。

(二) 研究生教育与人才培养

1. 研究生教育是国家高端人才资源的保障

研究生教育是我国高等教育的重要组成部分,承担着我们国家高端人才供给和科学技术创新等众多使命,在我国的现代化建设和知识创新体系中具有突出的战略地位,既是国家创新能力的体现,也是我们国家综合实力的后盾和保障。在现代高科技、信息化和全球化的历史条件下,没有哪个国家不重视研究生教育,都将国家的研究生教育视为科学变革和知识创新的"发动机"和"助推器"。换句话说,研究生教育是建设创新型国家的核心要素之一。习近平总书记早在 2016 年 12 月 7 日全国高校思想政治工作会议上就指出:"高等教育发展水平是一个国家发展水平和发展潜力的重要标志。实现中华民族伟大复兴,教育的地位和作用不可忽视。我们对高等教育的需要比以往任何时候都更加迫切,对科学知识和卓越人才的渴求比以往任何时候都更加强烈。"①

2. 我国当下研究生教育需实现学术型和应用型并重

研究生教育是培养高层次人才的主要途径,是国家创新体系的重要组成部分。改革开放以来,我国研究生教育取得了重大成就,基本实现了立足国内培养高层次人才的战略目标。

但总体上看,研究生教育还不能完全适应我国经济社会发展的多样化需求,培养质量与国际先进水平相比还有较大差距。随着社会经济快速发展,尤其在中国经济发展的"新常态"背景下,国家所确定的"创新驱动发展战略""中国制造 2025""一带一路"倡议的对外经济投资等一系列重大举措的实施,亟须与之相配套的人才资源。社会所需要的人才及其标准随着国

---

① "推动高等教育高质量发展",https://baijiahao.baidu.com/s?id=1734938144996525500 & wfr=spider & for=pc,最后访问日期:2022 年 9 月 1 日。

家的社会经济文化等建设发展需要而发生着改变,尤其是那些兼具扎实理论基础知识和过硬实践能力的复合型高层次应用型人才更是供不应求。因此,从国家发展和国际潮流来看,培养具有一定理论基础和实践能力的应用型人才是当前和今后很长一段时期内我国研究生教育改革和发展的重要内容。

为此,2010年国务院学位委员会印发《硕士、博士专业学位研究生教育发展总体方案》,并指出,"到2020年实现我国研究生教育从以培养学术型人才为主转变为学术型人才和应用型人才培养并重。"2015年《教育部关于做好深化专业学位研究生教育综合改革试点工作的通知》中提到,"对照改革任务书,落实改革举措,通过深化改革促进教育认证、实践基地建设、课程教学质量、培养模式创新、工程博士发展等。"2017年教育部颁布《学位与研究生教育发展"十三五"规划》也指出,"建立以职业需求为导向的硕士专业学位研究生教育发展机制,加快完善专业学位体系,满足各行各业对高层次应用型人才的需求。"

2015年是"十二五"规划收官之年,也是《国家中长期教育改革和发展规划纲要(2010—2020年)》实施的承前启后之年。根据中国教育部网站公布的《2015年全国教育事业发展统计公报》显示:全国共有研究生培养机构792个,其中,普通高校575个,科研机构217个。研究生招生64.51万人,比上年增加2.37万人,其中,博士生招生7.44万人,硕士生招生57.06万人。在学研究生191.14万人,比上年增加6.37万人,其中,在学博士生32.67万人,在学硕士生158.47万人。毕业研究生55.15万人,比上年增加1.57万人,其中,毕业博士生5.38万人,毕业硕士生49.77万人。[①]

2020年,面对严峻复杂的国内外环境,特别是新冠肺炎疫情严重冲击,教育系统坚持以习近平新时代中国特色社会主义思想为指导,认真贯彻落实党中央、国务院各项决策部署,积极推进教育事业改革发展,各项工作取得了新的突破性进展,各级、各类教育均取得较大成就,如期实现"十三五"规划确定的各项目标。

在高等教育尤其是研究生教育方面也取得了显著成就。截至2020年,

---

① 《2015年全国教育事业发展统计公报》,http://www.moe.gov.cn/srcsite/A03/s180/moe_633/201607/t20160706_270976.html,最后访问日期:2021年9月27日。

全国共有普通高校 2 738 所,比 2019 年增加 50 所。研究生培养机构 827 个,其中,普通高等学校 594 个,科研机构 233 个。研究生招生 110.66 万人,比 2019 年增加 19 万人,增长 20.74%。其中,博士生 11.60 万人,硕士生 99.05 万人。在学研究生 313.96 万人,比 2019 年增加 27.59 万人,增长 9.63%。其中,博士生 46.65 万人,在学硕士生 267.30 万人。毕业研究生 72.86 万人,其中,毕业博士生 6.62 万人,毕业硕士生 66.25 万人。①

教育部、国家发展改革委、财政部在《关于深化研究生教育改革的意见》(教研〔2013〕1 号)中指出,我国研究生教育改革要高举中国特色社会主义伟大旗帜,以邓小平理论、"三个代表"重要思想、科学发展观为指导,全面贯彻党的教育方针,把立德树人作为研究生教育的根本任务。深入实施教育、科技和人才规划纲要,坚持走内涵式发展道路,以服务需求、提高质量为主线,以分类推进培养模式改革、统筹构建质量保障体系为着力点,更加突出服务经济社会发展,更加突出创新精神和实践能力培养,更加突出科教结合和产学结合,更加突出对外开放,为提高国家创新力和国际竞争力提供有力支撑,为建设人才强国和人力资源强国提供坚强保证。

2021 年 4 月,习近平总书记在清华大学考察时指出,我国高等教育要立足中华民族伟大复兴战略全局和世界百年未有之大变局,心怀"国之大者",把握大势,敢于担当,善于作为,为服务国家富强、民族复兴、人民幸福贡献力量。广大青年要肩负历史使命,坚定前进信心,立大志、明大德、成大才、担大任,努力成为堪当民族复兴重任的时代新人,让青春在为祖国、为民族、为人民、为人类的不懈奋斗中绽放绚丽之花。

教师是教育工作的中坚力量,没有高水平的师资队伍,很难培养出高水平的创新人才,也很难产生高水平的创新成果。大学教师对学生承担着传授知识、培养能力、塑造正确人生观的职责。教师要成为大先生,应做学生为学、为事、为人的示范,促进学生成长为全面发展的人。要研究真问题,着眼世界学术前沿和国家重大需求,致力于解决实际问题,善于学习新知识、新技术、新理论。要坚定信念,始终同党和人民站在一起,自觉做中国特色

---

① 《2020 年全国教育事业发展统计公报》,http://www.moe.gov.cn/jyb_sjzl/sjzl_fztjgb/202108/t20210827_555004.html,最后访问日期:2021 年 9 月 27 日。

社会主义的坚定信仰者和忠实实践者。

2020年7月,习近平总书记就研究生教育工作作出重要指示,"中国特色社会主义进入新时代,即将在决胜全面建成小康社会、决战脱贫攻坚的基础上迈向建设社会主义现代化国家新征程,党和国家事业发展迫切需要培养造就大批德才兼备的高层次人才"。同时强调,"研究生教育在培养创新人才、提高创新能力、服务经济社会发展、推进国家治理体系和治理能力现代化方面具有重要作用。各级党委和政府要高度重视研究生教育,推动研究生教育适应党和国家事业发展需要,坚持'四为'方针,瞄准科技前沿和关键领域,深入推进学科专业调整,提升导师队伍水平,完善人才培养体系,加快培养国家急需的高层次人才,为坚持和发展中国特色社会主义、实现中华民族伟大复兴的中国梦作出贡献。"①

国务院总理李克强作出批示指出,"研究生教育肩负着高层次人才培养和创新创造的重要使命,是国家发展、社会进步的重要基石。改革开放以来,我国研究生教育实现了历史性跨越,培养了一批又一批优秀人才,为党和国家事业发展作出了突出贡献。要坚持以习近平新时代中国特色社会主义思想为指导,认真贯彻党中央、国务院决策部署,面向国家经济社会发展主战场、人民群众需求和世界科技发展等最前沿,培养适应多领域需要的人才。深化研究生培养模式改革,进一步优化考试招生制度、学科课程设置,促进科教融合和产教融合,加强国际合作,着力增强研究生实践能力、创新能力,为建设社会主义现代化强国提供更坚实的人才支撑。"②

3. 专业学位研究生教育的未来发展

国务院学位委员会第36次会议于2020年审议通过《专业学位研究生教育发展方案(2020—2025)》,并指出专业学位研究生教育是培养高层次应用型专门人才的主渠道。自1991年开始实行专业学位教育制度以来,我国逐步构建了具有中国特色的高层次应用型专门人才培养体系。国务院学位委员会办公室(教育部学位管理与研究生教育司)负责人介绍该方案时指

---

① 《适应党和国家事业发展需要　培养造就大批德才兼备的高层次人才》,《人民日报》2020年7月30日,第1版。
② 《适应党和国家事业发展需要　培养造就大批德才兼备的高层次人才》,《人民日报》2020年7月30日,第1版。

出,我国专业学位研究生教育取得了显著成绩,专业学位类别不断丰富,培养规模不断扩大,2020年招生规模已超过研究生招生总量的一半,培养模式持续改进,培养质量得到了社会认同。专业学位研究生教育的成就主要表现在:一是完善了我国学位制度,开辟了高层次应用型专门人才的培养通道,实现了单一学术学位到学术学位与专业学位并重的历史性转变。二是探索建立了以实践能力培养为重点、以产教融合为途径的中国特色专业学位培养模式。三是培养输送了一大批人才。截至2019年,累计授予硕士专业学位321.8万人、博士专业学位4.8万人。四是有力支撑了行业产业发展,针对行业产业需求设置了47个专业学位类别,共有硕士专业学位授权点5996个,博士专业学位授权点278个,基本覆盖了我国主要行业产业,部分专业学位类别实现了与职业资格的紧密衔接。五是探索形成了国家主导、行业指导、社会参与、高校主体的专业学位研究生教育发展格局,积累了中国特色专业学位发展经验。①

目前,专业学位研究生教育还存在一些问题。《专业学位研究生教育发展方案(2020—2025)》提到,"重学术学位、轻专业学位的观念仍需扭转,简单套用学术学位发展理念、思路、措施的现象仍不同程度存在。硕士专业学位研究生教育的结构与质量问题并存,类别设置仍不够丰富,设置机制不够灵活,个别类别发展缓慢,培养规模仍需扩大,培养模式仍需创新,培养质量亟待提高。博士专业学位发展滞后,类别设置单一,授权点数量过少,培养规模偏小,不能适应行业产业对博士层次应用型专门人才的需求。"②

随着中国特色社会主义进入新时代,我国专业学位研究生教育进入新的发展阶段,其重要地位越加凸显。发展专业学位研究生教育是经济社会进入高质量发展阶段的必然选择。新时代我国社会主要矛盾已发生深刻变化,经济进入了高质量发展阶段,经济和产业转型升级加快,人民对美好生活的需求不断增长,各行各业的知识含量显著提升,对从业人员的职业素养、知识能力、专业化程度提出了更高要求,从数量到质量的转变更加需要

① "《专业学位研究生教育发展方案(2020—2025)》公布",http//www.moe.gov.cn/jyb_xwfb/s5147/202010/t2020/009_493555.html,最后访问日期:2021年9月27日。
② "《专业学位研究生教育发展方案(2020—2025)》公布",http//www.moe.gov.cn/jyb_xwfb/s5147/202010/t2020/009_493555.html,最后访问日期:2021年9月27日。

高层次专业化教育。专业学位是现代社会发展的产物,科技越发达、社会现代化程度越高,社会对专业学位人才的需求越大,越需要加快发展专业学位研究生教育。

发展专业学位研究生教育是主动服务创新型国家建设的重要路径。随着新一轮科技革命和产业变革蓬勃兴起,全球科技创新进入密集活跃期,新经济、新业态不断涌现,国际科技竞争日趋激烈,大国竞争越来越体现在科技和人才的竞争。目前,我国在很多领域都有尚待突破的关键技术,这些技术主要集中在科技应用和转化方面,需要大量创新型、复合型、应用型人才。同时,2020年年初,新冠肺炎疫情的暴发也对我国公共卫生等领域高水平、高层次应用型人才培养提出挑战。专业学位以提高实践创新能力为目标,在适应社会分工精细化、专业化方面具有独特优势,已成为高层次应用型人才培养的主阵地,需要大力发展专业学位研究生教育。

发展专业学位是研究生教育改革发展的战略重点。长期以来,研究生教育把培养教学科研人员作为目标,高等学院和科研机构是研究生就业的主要渠道,但随着经济社会的发展,人才市场的需求结构发生了巨大变化,各行各业对专业学位研究生的需求越来越大。从国际上看,美英法德日韩等发达国家高度重视专业学位的发展,以职业导向或较强应用型的领域为重点,设置类型丰富、适应专门需求的专业学位,有力支撑其经济社会发展。专业学位具有相对独立的教育模式,以产教融合培养为鲜明特征,是职业性与学术性的高度统一。国内外的需求变化表明,专业学位研究生教育地位日益重要,必须加快发展。

专业学位研究生教育主要针对社会特定职业领域需要,培养具有较强专业能力和职业素养,能够创造性地从事实际工作的高层次应用型专门人才。专业学位一般在知识密集、需要较高专业技术或实践创新能力、具有鲜明职业特色、社会需求较大的领域设置。专业学位研究生教育是未来我国研究生教育的重点和方向,主要为适应国家和社会发展不同程度的、多元化的需求,其类别设置必然需要向重点领域倾斜。

《专业学位研究生教育发展方案(2020—2025)》还明确指出,发展专业学位研究生教育是经济社会进入高质量发展阶段的必然选择,是主动服务创新型国家建设的重要路径,是学位与研究生教育改革发展的战略重点。

博士专业学位研究生教育主要根据国家重大发展战略需求,培养某一专门领域的高层次应用型未来领军人才。《专业学位研究生教育发展方案(2020—2025)》要求完善博士专业学位类别设置标准。博士专业学位类别一般只在已形成相对独立专业技术标准的职业领域中设置。博士专业学位类别设置的重点是工程师、医师、教师、律师、公共卫生、公共政策与管理等对知识、技术、能力都有较高要求的职业领域,也可根据经济社会发展需求,按照成熟一个、论证一个的原则,在其他行业产业或专门领域中设置,一般应具有较好的硕士专业学位发展基础。

我国专业学位研究生教育自 1991 年开展以来,走过了 30 年不平凡的发展历程,取得了巨大的成就。2020 年,专业学位硕士研究生招生数已占到硕士研究生招生总数的 60.8%。国家支持学位授权自主审核单位增设一批博士专业学位授权点,博士研究生招生计划向专业学位倾斜,每年常规增量专门安排一定比例用于博士专业学位发展。在科研经费博士专项计划中探索招收博士专业学位研究生,并逐步扩大规模。

(三) 习近平法治思想与涉外法治重要性的凸显

党的十九大把习近平新时代中国特色社会主义思想确立为中国共产党的指导思想并写入党章,十三届全国人大一次会议把这一思想载入宪法,实现了党和国家指导思想的与时俱进。习近平新时代中国特色社会主义思想,是新时代中国共产党的思想旗帜,是国家政治生活和社会生活的根本指针,是当代中国马克思主义为实现中华民族伟大复兴提供了行动指南,为推动构建人类命运共同体贡献了智慧方案。

2020 年 11 月,党中央召开了全面依法治国工作会议,将习近平法治思想确定为全面依法治国的指导思想。当前,中国特色社会主义法治体系日益完善,社会法治观念明显增强,但我国面临外部环境变化带来的新矛盾和新挑战,涉外法律体系的制度短板与规则缺陷开始显现。

我国学术界和实务界,尤其是法学界需要以高度的社会责任感和学术使命感,组织专家和学者援法论理、建言献策、推动立法,不断提升法学话语体系的国际影响力。尽快推动形成系统完备、"攻防兼备"的涉外法律体系,运用有"牙齿"的法律,为维护我国国家利益和高水平开放保驾护航。

事实上,早在 2015 年《国务院办公厅关于加快发展生活性服务业 促进消费结构升级的指导意见》中就已经指出要"强化涉外法律服务,着力培养一批通晓国际法律规则、善于处理涉外法律事务的律师人才,建设一批具有国际竞争力和影响力的律师事务所";"增强境外投资环境、投资项目评估等方面的服务功能,为境外投资企业提供法律、会计、税务、信息、金融、管理等专业化服务"。[①]

(四) 涉外法治人才培养

在 2020 年 11 月召开的中央全面依法治国工作会议上,习近平总书记强调,要坚持统筹推进国内法治和涉外法治,需要尽快补齐我国涉外法治人才严重短缺和能力不足的短板。

《中共中央关于全面推进依法治国若干重大问题的决定》作出了加强涉外法治人才培养的重要指示,明确了加强涉外法律工作,发展涉外法律服务业,维护我国公民、法人在海外及外国公民、法人在我国的正当权益。

中共中央办公厅、国务院办公厅印发了的《关于加快推进公共法律服务体系建设的意见》中要求积极为国家重大经贸活动和全方位对外开放提供法律服务;加强与"一带一路"国家法律事务的交流与合作。完善涉外法律服务机构建设,培养一批在业务领域、服务能力方面具有较强国际竞争力的涉外法律服务机构。

教育部学位管理与研究生教育司与司法部律师局联合发布的《关于实施法律硕士专业学位(涉外律师)研究生培养项目的通知》也明确指出涉外律师研究生教育项目的宗旨:为深入贯彻落实习近平总书记关于加强涉外法治专业人才培养的重要指示精神,落实中央关于发展涉外法律服务业的决策部署,加强高层次紧缺人才培养,决定选取部分高校实施法律硕士专业学位(涉外律师)研究生培养项目。通过实施法律硕士专业学位(涉外律师)研究生培养项目,支持有关高校和法律实务部门积极探索和创新涉外法治高层次人才培养模式,完善具有中国特色的高层次法治人才培养体系,发挥示范引领作用,培养一批政治立场坚定、专业素质过硬、跨学科领域、善于破解实践难题的高层次复合型、应用型、国际型法治人才,为建设一支法学功

[①] 《国务院办公厅关于加快发展生活性服务业　促进消费结构升级的指导意见》,http://www.moe.gov.cn/jyb_xxgk/moe_1777/moe_1778/201511/t20151130_221837.html,最后访问日期:2021 年 9 月 10 日。

底扎实、具有国际视野、通晓国际法律规则、善于处理涉外法律事务的涉外律师人才队伍奠定基础。

（五）根据教育部 2020 年教育统计数据

2020 年教育部分学科研究生中法学人才数据如表 1-1 所示。①

表 1-1 2020 年法学研究生人才统计

法　　学	博　　士	硕　　士	合　　计
毕业生数（人）	3 134	46 389	49 523
招生数（人）	5 620	62 633	67 253
在校生数（人）	24 241	158 777	183 018
预计毕业生数（人）	11 599	51 577	63 176

随着我国经济发展水平的进一步提高，以及改革开放的扩大，涉外法治人才需求逐步增加。当今世界正经历百年未有之大变局，全球治理格局正在发生深刻调整，但我国涉外法治人才十分短缺。中国政法大学研究生招生办公室主任何欣分析："目前我国能够熟练从事涉外业务的律师仅有 7 000 余名，其中可以从事'双反双保'业务的律师仅 500 余人，可以在 WTO 机构独立办案的只有 300 余人，这与国家发展战略和社会需求相比，还有很大提升空间。"②

目前，我国在涉外法治人才培养方面，作为涉外重点的国际法（国际公法、国际私法、国际经济法）是法学一级学科下的二级学科，全国共有法学一级学科博士点 55 个、硕士点 149 个，均可培养国际法相关人才。此外，已在法学一级学科下设置国际法学二级学科博士点 36 个，二级学科硕士点 86 个。在加强相关专业建设方面，教育部依据《普通高等学校本科专业设置管理规定》，支持 632 所高校依法依规开设法学本科专业。2018 年发布《高校

---

① http：//www. moe. gov. cn/s78/A03/moe_560/2020/quanguo/202108/t20210831_556345. html，最后访问日期：2021 年 9 月 27 日。

② 《德法兼修　为国育才——中国政法大学认真贯彻落实习近平总书记考察学校重要讲话精神》，http：//www. moe. gov. cn/jyb_xwfb/s5147/202107/t20210709_543316. html，最后访问日期：2021 年 8 月 30 日。

法学类教学质量国家标准》,明确提出人才培养目标、课程体系、教师队伍、教学条件等方面的要求,将"国际法"作为所有法学专业本科生的核心必修课,"国际私法""国际经济法"作为高校根据办学特色开设的专业必修课。①

自 2011 年起,教育部会同中央政法委联合实施卓越法律人才教育培养计划,支持北京大学、清华大学、中国人民大学等 22 所高校建设涉外法律人才教育培养基地,重点加强涉外法治人才培养。各基地高校普遍修订了人才培养方案,加大双语或全英文课程比重,增设涉外法律课程,积极开展与海外高水平法学院校的教师互派、学生互换、学分互认、学位互授联授等,探索形成灵活多样、优势互补的"国内—海外合作培养"机制。自 2018 年起,两部门又联合启动《关于坚持德法兼修 实施卓越法治人才教育培养计划 2.0 的意见》,引导高校积极构建涉外法治人才培养新格局。2020 年以来,中央依法治国办加紧牵头研制加强涉外法治工作和法治人才培养的相关文件,系统谋划涉外法治人才培养工作,教育部也在研究制定《加强高校涉外法治人才培养工作方案》。

教育部在 2021 年 8 月 10 日《对十三届全国人大四次会议第 8342 号建议的答复》中明确表示,教育部将会同司法部继续做好以下几方面工作:一是继续支持有条件的高校在法学一级学科下自主设置国际公法、国际私法、国际经济法二级学科,支持能够开展学位授权自主审核工作的高校探索设置相关一级学科,推动培养模式改革,培养博士、硕士高层次人才。在新一轮学科目录调整设置的工作中,广泛听取意见和建议,统筹研究构建更加科学规范、灵活高效、适应需求、有利于创新型复合型应用型人才培养的学科体系。二是印发实施《教育部加强高校涉外法治人才培养工作方案》,指导高校结合本校学科优势加大面向不同法域、不同国家的涉外法治人才培养力度,系统设计并实施好涉外法治人才培养专项,推动构建高校—实务部门、国内—海外"双协同"机制,加强国际法、涉外法、国别法等专业人才培养力度。三是支持我国优秀涉外仲裁人才到国际组织或国际知名仲裁机构交

---

① 《对十三届全国人大四次会议第 8342 号建议的答复》,http://www.moe.gov.cn/jyb_xxgk/xxgk_jyta/jyta_gaojiaosi/202109/t20210907_560085.html,最后访问日期:2021 年 9 月 10 日。

流、任职和实习,协调指导涉外律师事务所参与有关涉外法治人才培养工作。① 这三方面的工作将是我国未来涉外法治人才培养的基本路径和基本内容。

二、研究意义

(一) 理论意义

1. 重新审视高等教育的理论基础

现行的高等教育在一定程度上被过度功能化,被定位为各方实现自身利益目标的手段或途径,而高等教育作为教育本身的意义和价值却被忽视了。

高等教育既是国家和社会培养所需人才的途径,也是个体提升自身素质,成为市场所需人才的必经途径。这种对高等教育过度功能化、急功近利的认识和定位导致高等教育在一定程度上丧失了"高等"和"教育"的本质,逐步沦为一种类似职业培训的过程。这种高等教育的功能主义观在高等教育的公开讨论中甚至占主导地位,其对高等教育的本质特征视而不见,是某种程度上的本末倒置。

2. 丰富法律硕士研究生教育理论

法律硕士(JM)是专业型硕士学位之一,我国自 1995 年试办法律硕士教育,其按照国务院学位委员会第十四次会议审议通过的《专业学位设置审批暂行办法》规定设置。法律硕士研究生教育从其产生的那天起就被定位为培养面向立法、执法、司法、律师、公证、监察及经济管理、金融、监督等部门的高层次法律专业人才与管理人才。

法律硕士与法学硕士处于同一层次,两者在培养方向上有所区别、各有其侧重点。法学硕士的培养目标是以教学、学术等方面为目标;而法律硕士则是以致用、实务为目标。法律硕士学位的获得者应具备较坚实和系统的法学基础理论素养,掌握较丰富的法律实务知识,具有宽口径、复合型、外向

---

① 《对十三届全国人大四次会议第 8342 号建议的答复》,http://www.moe.gov.cn/jyb_xxgk/xxgk_jyta/jyta_gaojiaosi/202109/t20210907_560085.html,最后访问日期:2021 年 9 月 10 日。

型的知识与能力结构,能综合运用法律、经济、管理、科技、外语和计算机等方面的专业知识,独立地从事法律实务工作和有关管理工作。中国政法大学法律硕士学院作为全国培养法律硕士专业学位人才的专门学院,在其《法律(非法学)硕士专业学位研究生培养方案》中明确指出,法律硕士专业学位以培养中国特色应用型、复合型、高层次、具有国际视野的法治人才为目的。法律硕士具有明确的法律职业指向性。根据国家及社会各行业对法治人才的需求,法律硕士研究生在学习届满时应实现如下培养目标:具有新时代中国特色社会主义法治理念,政治素质高;具有扎实的法学理论基本功和适应社会需要的复合型知识结构;具有严谨的法律思维和较为开阔的国际视野;具有全面的法律职业能力和良好的法律职业伦理。

法律硕士作为一种专业学位,以培养法律领域高层次、复合型的实用性人才为目的,培养过程中不仅需要培养学生一定的法学理论基础和理论学习能力,使其具有较高的理论素养,而且需要传授一定的法律职业技能和培养必需的法律实践能力,能够使学生在毕业时实现学习和工作的无缝衔接。为此,高等院校作为培养单位,需要在培养学生的职业技能的同时不能忽视育人的重大责任。加之法律职业的特殊性,法律硕士研究生培养除了必要的职业伦理教育和工作能力培养外,更不能缺少对学生人文精神和素质的培养。

法律硕士(涉外律师)研究生的培养更加突出了国家和社会法律事务中涉外性因素,传统的法律硕士教育主要针对国内法律事务的职业人才培养模式外,增加了涉外法律职业人才所的多种素质和能力的培养。在有限的时间内,培养出符合国家和社会需求的合格的涉外律师研究生人才,探索涉外律师研究生培养的方法和途径,形成有效的涉外律师研究生培养模式,为法律硕士研究生培养弥补不足,积累经验。

3. 为我国涉外法治人才培养提供理论支持

涉外法治人才是我国当下迫切需求的人才,这既是我国经济持续发展、对外开放的必然需求,也是其必然结果,同时,这一现实状况也反映了我国一直以来法学教育主要以国内法为主,而在国际法方面存在严重不足,忽视国际法律人才培养的现状。

通过对实施法律硕士专业学位(涉外律师)研究生培养项目的具体院校

的调查、研究,我们了解了不同地区、不同性质、不同层次的培养院校的模式,从理论和实践的角度分析了其中现有的经验和不足,为未来我国法律硕士(涉外律师)研究生培养,乃至整个法律学科硕士的研究生的培养提供可资借鉴的理论支持。今后我们还将探索和总结涉外律师研究生人才培养模式,形成既有原则性又有灵活性的全方位培养模式,为未来有关高校和法律事务部门积极探索和创新涉外法治高层次人才培养模式,不断完善具有中国特色的高层次法治人才培养体系。

(二) 实践意义

1. 形成高等教育人才培养新观念

高等教育应适应国家政治、经济、社会发展需求,这是已经形成的共识。如今,国家的政治、经济、社会和文化等随着科学技术的发展而发生了重大变化,因此,人们对高等教育的观念和认识也在发生着变化,这种改变是在坚持原则基础上的顺应新形势下的调整。简单而言,高等教育参与者尤其是主导者需要对高等教育具有成新的认识。

高层次人才培养是国民经济发展的决定性因素。对个体来说,高等教育提高了国民素质,为个体的发展和价值实现提供了机会。从功能角度来看,国家对高等教育进行了必要的投入,而高等教育则通过提供优秀人才为经济社会的发展作出了贡献,两者相互促进、相辅相成,这也决定了高等教育需要与不断发展的经济社会相匹配,为经济发展提供所需的人才。

高等教育既要培养具有创新精神的理论型、研究型人才,也要培养具有务实精神,能与实际相结合的实践型人才。当下专业学位教育的出现和兴起就是这样的回应和表现,而法律硕士专业涉外律师研究生培养无疑是专业学位教育中的典型。

2. 探索法律教育的新模式

法律硕士专业学位从 1995 年正式创立,至今已有 27 年,而作为新近设立的专业方向,涉外律师研究生培养可谓肩负党和国家的重要使命,如果只延续原有的、既定的培养思路和模式,则一定不能完成国家和社会交付的使命。

非法学类法律硕士研究生毕业时,在政法类单位的招录过程中经常受到歧视的现实证明多数培养院校在此类研究生培养过程中存在与现实需求错位的情形。如何提高法律硕士研究生培养与法律职业现实需求的契合性、如何促进法律硕士研究生毕业时实现学校与从业单位的无缝对接是当下法律硕士培养单位需要解决的现实问题和奋斗目标。

关于法律硕士专业学位涉外律师研究生培养模式的研究对不同院校和机构在法律专业涉外律师，以及涉外法治人才培养方面具有以下两方面的意义和作用。

一是为国家或政府部门的决策和评估提供参考。通过本书对国内外法律专业涉外律师研究生培养模式的研究，明确培养模式的种类、特点、形成的原因和基础，以及培养单位与培养模式的关系、各种培养模式的优势与不足、未来的发展方向等，为国家和政府部门在该领域的相关决策，以及对决策执行效果的评估提供有意义的参考依据。

二是为培养单位提供理论论证和可操作的路径选择。本书不仅对法律专业涉外律师研究生培养模式进行教育层面和法律层面的实践调查和考察，而且还将运用教育学、法学理论和哲学思维对其进行理论层面的剖析，通过摆事实、讲道理，做到有理有据，进而得出具有参考价值的结论。

三、研究思路与研究内容

（一）研究思路

经过对相关文献资料的检索分析，我们发现对于教育尤其是高等教育的研究有经济学和心理学角度的研究，但是从教育本身的视角对高等教育进行审视、解读和研究却不是很多。因此，我们决定在高等教育经济学、高等教育心理学等学科方向的基础上，结合教育学和法学的特质，从理论和实践相结合的角度，解读和审视我们国家高等教育中的研究生教育，特别是新设立的涉外律师研究生培养模式。

（二）研究内容

教育部在 1998 年的《关于深化教学改革，培养适应 21 世纪需要的高质量人才的意见》中对"人才培养模式"做了这样的定义："人才培养模式是学校为学生构建的知识、能力、素质结构，以及实现这种结构的方式。"

人才培养模式的要素主要包括：培养目标、培养理念、培养过程和培养制度。人才培养目标是教育目的的具体化，是教育行为的原点和人才培养模式的基础。为培养优秀人才制定的教育方法及教育内容包括：知识探究、能力建设和人格塑造三方面，同时培养目标也是各类高等院校办学特色和培养人才特殊性的具体体现。培养理念指高等院校与教师层面的教育理念，也就是培养主体关于人才培养的理想追求和所形成的各种具体的教育观念，任何培养模式都应该在一定理念指导下构建，并贯穿于整个培养活动的过程，因为它规定了培养的方向。培养过程是培养模式的核心，主要是指人才培养的具体实施过程，包括高等院校的课程体系建设、培养途径及培养评价等方面的内容。培养制度则是规定人才培养过程和运行体系，为人才培养提供规范化保障的规范性的制度体系，广义的培养制度是人才培养得以按照目标实现的所有的规范体系和安排；狭义的培养制度主要指教学制度，是培养过程中运行的工作原理，是与人才培养的微观过程紧密相关的各种规章制度及其实施的体系。①

无论是以知识为中心的人才培养模式、以学生为中心的人才培养模式，或是以创新为核心的人才培养模式，在国家经济、政治、文化和社会的各个方面都有普遍快速发展，而且它们都不是绝对的或者单一的，只是在兼顾三者的同时突出其中之一罢了。

四、研究方法

研究方法的选择和运用决定研究成果的质量。好的或合适的研究方法将助力于获得正确而有效的研究结论，相反，不恰当甚至错误的方法将导致错误的或不正确的结论。本书主要运用下列研究方法。

（一）实证研究法

法律硕士专业学位涉外律师研究生培养是一个非常具体的实践问题，对它的研究离不开对高等教育机构培养实践的观察与考证，只有在实践的观察和考证中方可发现其中存在的问题，进而寻找解决这些问题的方法和途径。实证研究法的采用主要在于对涉外律师的培养经验与教训的调查和了解，在观察和了解中寻找法律硕士专业学位涉外律师研究生培养的基本规律。

---

① 王焰新：《高校"三融合"人才培养模式的理论与实践》，科学出版社 2020 年版，第 3—4 页。

(二) 理论研究法

尽管法律硕士专业学位涉外律师研究生培养模式研究主要是一种实践的研究方法,但为了研究的有效性和合理性,离不开理论的指导和引领,在理论的指导下审视现在的法律硕士专业学位培养模式和涉外律师研究生的培养规划无疑是必要的和有意义的。本书理论研究法主要运用教育理论、法治理论和国际政治理论对涉外研究生培养的相关问题进行解读和分析。

(三) 比较研究法

本书所进行的法律硕士专业学位涉外律师研究生培养模式的研究不仅要考察现有的 15 所法律硕士专业学位涉外研究生培养单位的培养模式,而且是通过对这些培养单位的培养规划、培养方式、培养过程等进行全方位的调查了解,发现其中的培养规律,寻找共性、比较个性,为未来涉外律师研究生人才和涉外法治人才的培养提供可资借鉴的经验。另外,为了满足涉外因素的需求,我们的研究也需要考察国外的同类培养模式,并与我国的培养模式进行比较和批判性分析。比较研究法主要集中于国内外各种培养经验的比较,包括国内不同院校、机构培养模式比较和国际培养模式比较等。

(四) 历史研究法

历史研究法是通过对研究对象进行历史角度的梳理和考察,汲取其中的经验和教训,发现其中的发展和变迁规律,为审视当下、谋划未来而进行的一种研究方法。虽然法律硕士专业学位涉外律师研究生培养才刚刚启动,是一个新生的事物,但其在法律硕士培养的经验和基础之上需要扬长避短,发挥后发优势,以实现和满足我们国家对涉外律师人才的紧迫需求。历史研究法的运用主要体现于梳理国内外有关硕士研究生教育,尤其是涉外法律人才培养教育的发展变迁史。

宏观篇

第一章

涉外律师研究生培养相关
概念和制度介绍

在我国现行的高等教育培养体系中,专业学位研究生教育是研究生教育体系的重要组成部分,是培养高层次应用型专门人才的主要途径。积极发展专业学位研究生教育是全面建成小康社会、建设创新型国家的必然要求,也是研究生教育服务国家经济建设和社会发展的必然选择。而发展专业学位研究生教育就是要在现有的教育基础上,深入推进培养模式改革,加快完善体制机制,不断提高教育质量。涉外律师研究生培养项目是教育部、司法部为满足我们国家当下对涉外法律服务人才的迫切需求而联合发起并隶属于法律硕士专业学位的一个子项目。为了能尽快地实现涉外律师人才培养的目标,避免培养过程的失误和走弯路,我们在研究过程中厘清基本概念、属性及其相互关系,分析和解读国家和政府相关管理部门发布的规范性文件及制度是非常有必要的。

第一节 专 业 学 位

一、专业学位是与学术学位相对应的学位类型

专业学位是相对于学术性学位而言的学位类型,是现代高等教育发展的产物。从培养目标上来看,专业学位是针对社会特定职业领域的需要,培

养具有较强的专业能力和职业素养、能够创造性地从事实际工作的高层次应用型专门人才而设置的一种学位类型。从地位和重要性上来看,专业学位和学术学位处于同一层次,与学术学位一起构成现代高等教育学位体系不可缺少的两大组成部分。两者的不同主要是在培养目标上各有侧重点,专业学位的培养目的在于培养具有扎实理论基础,并适应特定行业或职业实际工作需要的应用型高层次专门人才。所以,专业学位一般在知识密集、需要较高专业技术或实践创新能力、具有鲜明职业特色、社会需求较大的领域设置。

具体来讲,专业学位与学术性学位的不同表现在:学术性学位按学科设立,其以学术研究为导向,偏重理论和研究,重在培养大学教师和科研机构的研究人员;而专业学位以专业实践为导向,重视实践和应用,重在培养在专业和专门技术上受过正规的、高水平训练的高层次人才。为实现此目的,专业学位教育和培养的突出特点是在培养过程中将学术性与职业性紧密结合,使被培养者不仅有学术知识,而且还有实践技能。获得专业学位的人,主要不是从事学术研究,而是从事具有明显职业背景的工作,例如工程师、医师、教师、律师、会计师等。专业学位与学术性学位因为在培养目标上有不同定位,故在教学方法、教学内容、授予学位的标准和要求等方面也均有所不同。

另外,学术学位主要面向学科专业需求、培养在高校和科研机构从事教学和研究的专业人才,其目的重在学术创新,培养具有原创精神和能力的研究型人才。设立学术学位主要是为了满足人的发展普遍需要和社会基础研究人才的需要,因此,学术学位所表征的主要是学位获得者在相应的学科领域中知识的掌握程度和理论的修养水平,被培养者获得学位本身业已表明其具备了一定的学术水平和科研能力,与其将来的职业定位,即在高校和科研机构从事教学和科学研究是一脉相承、一以贯之的,所以,其是否具备职业能力并不被也不需要被纳入培养过程重点考虑的范畴。

与学术学位不同,专业学位主要面向经济、社会产业部门的专业需求,培养各行各业特定职业的专业人才,其目的重在知识、技术的应用能力,旨在培养具有较好职业道德、专业能力和素养的特定社会职业的专门人才。20世纪末我们国家设立专业学位的主要目的是满足特定社会职业的专业人才,因此专业学位教育主要着力于培养受教育者应用型开发性研究与设计能力。换句话讲,专业学位表征的主要是其获得者具备了特定社会职业所要求的专业能力和素养,具备了从业的基本条件,能够运用专业领域已有的理论、知识和技术有效地从事专业工作,合理地解决专业问题。①

如此看来,专业学位和学术学位的本质区别在于人才培养目标、知识结构、培养模式及人才质量标准都存在一定的不同。而且高等教育越成熟,两个体系的划分将会越清晰。

专业学位与学术学位之间除了存在明显的不同之外,也有共同之处。最为明显的是,专业学位和学术学位作为高等教育中较高层次的研究生教育都是建立在共同的学科基础之上的,攻读两类学位者都需要接受共同的学科基础教育,都需要掌握学科基本理论和基础知识与技术。在博士研究生教育阶段,两类学位获得者进一步深造可以交叉发展。例如学术硕士学位获得者可以攻读专业博士学位,专业硕士学位获得者也可以攻读学术博士学位。根据国家颁布的有关文件和专家学者的研究显示,不久的将来,在学位的最高层次上,会有更多的专业博士学位供专业学位的学生们选择。按照国务院学位委员会和教育部印发的《专业学位研究生教育发展方案(2020—2025)》,专业学位研究生教育发展目标是,到 2025 年,以国家重大战略、关键领域和社会重大需求为重点,增设一批硕士、博士专业学位类别,将硕士专业学位研究生招生规模扩大到硕士研究生招生总规模的 2/3 左右,大幅增加博士专业学位研究生招生数量。

目前,我国已基本形成了以硕士学位为主,博士、硕士、学士三个学位层次并存的专业学位教育体系。硕士层次专业学位有金融硕士等 39 种,博士层次专业学位有口腔医学等 5 种,学士层次专业学位有建筑学 1 种。② 从长远和社会实践来看,随着高等教育日益去精英化,变得越来越大众化以来,发展专业学位教育和高层次的专业学位研究生教育是我国高等教育的发展重点。

---

① "专业学位与学术学位的关系",http://www.cdgdc.edu.cn/xwyyjsjyxx/gjjl/szfa/267336.shtml,最后访问日期:2021 年 8 月 23 日。
② "专业学位与学术学位的关系",http://www.cdgdc.edu.cn/xwyyjsjyxx/gjjl/szfa/267336.shtml,最后访问日期:2021 年 8 月 23 日。

二、我国专业学位的发展概况

我国自 1991 年开始实行专业学位教育制度以来,经过二十余年的建设,专业学位教育发展迅速,取得了显著成绩。到 2009 年,我国已设置了法律硕士、教育硕士和博士、工程硕士、建筑学学士和硕士、临床医学硕士和博士、工商管理硕士、农业推广硕士、兽医硕士和博士、公共管理硕士、口腔医学硕士和博士、公共卫生硕士、军事硕士、会计硕士、体育硕士、艺术硕士、风景园林硕士、汉语国际教育硕士、翻译硕士、社会工作硕士等 19 种专业学位,基本形成了以硕士学位为主,博士、硕士、学士三个学位层次并举的专业学位体系。2008 年上半年,我国专业学位教育已累计招生 86.5 万人,其中学历教育招生 24.6 万人,占专业学位总体招生数的 28.4%;在职攻读招生 61.9 万人,占专业学位总体招生数的 71.6%。2009 年,我国参与专业学位教育的院校有 431 个,占我国博士和硕士学位授权单位总数的 60%。可以说,我国已经初步建立了具有中国特色的专业学位教育制度,为社会主义现代化建设培养了大量高层次、应用型专门人才。①

由于在 1999 年以前我国硕士研究生规模较小,而且主要是为教学科研岗位培养学术性人才,因此,当时的专业学位教育主要针对的是已经工作的在职人员,满足他们在职专业水平和能力提高的要求。为此,国务院学位委员会开通了在职人员攻读专业学位教育的渠道,实施非全日制培养,大大满足了社会在职人员学习提高的愿望。近年来,随着我国经济社会的快速发展,职业分化愈来愈细,职业种类愈来愈多,技术含量也愈来愈高,管理、工程、建筑、法律、财经、教育、农业等专业领域对高级专门人才的需求越来越强烈,专业学位教育所具有的职业性、复合性、应用性的特征也逐渐地为社会各界所认识。与此同时,从全日制硕士研究生的就业趋势来看,更多的是走向社会实际领域。因此,专业学位教育不仅要满足现有在职人员的需要,而且还要吸引社会上不同类型的优秀生源,尤其面向应届本科毕业生实施全日制学习方式,培养实践部门需要的应用型人才。

----

① "专业学位简介",http://www.cdgdc.edu.cn/xwyyjsjyxx/gjjl/szfa/263317.shtml,最后访问日期:2021 年 10 月 3 日。

为适应我国当前社会经济形势对研究生教育结构转变的需要,教育部决定从 2009 年开始,除工商管理硕士(MBA)、公共管理硕士(MPA)、工程硕士的项目管理方向、公共卫生硕士、体育硕士的竞赛组织方向等管理类专业和少数目前不适宜应届毕业生就读的专业学位外,其他专业学位均面向应届毕业生招收专业学位研究生,实行全日制培养。随着一系列政策的出台,全日制硕士研究生教育逐渐从以培养学术型人才为主转向以培养应用型人才为主的培养模式,实现了研究生教育结构的历史性转型和战略性调整。而从专业学位招生和培养模式上也逐步形成了较为完善的两种格局:一是吸引包括应届毕业生在内的考生,参加硕士生全国统一入学考试,采取全日制学习方式,培养实践部门需要的应用型人才;二是面向广大在职人员,参加非全日制硕士专业学位全国联考,采取非全日制学习方式,实现在职人员在职深造、终身学习的目的和愿望。

从世界研究生教育发展趋势和我国研究生教育发展的现实出发,专业学位研究生教育是今后一个时期国家大力扶持和积极引导的发展重点。目前,随着专业学位研究生教育体制、机制的进一步建立健全,专业学位研究生教育必然会迎来一个快速发展的春天,也必然会在全面推进我国社会主义现代化建设事业的进程中发挥越来越重要的作用。

第二节　专业学位研究生培养

一、专业学位研究生培养是我国研究生培养的重点

如前所述,在我国现行的高等教育培养体系中,专业学位研究生教育是培养高层次应用型专门人才的主渠道,这主要始于 1994 年全国教育工作会议所发布的《中国教育改革和发展纲要》,该纲要提出高等院校培养的人才要适应经济、科技和社会发展的需求,高层次专门人才的培养基本上立足于国内,而且要"努力扩大研究生的培养数量"。1999 年我国研究生招生规模随着本科教育规模的急速扩张而迅速扩大,研究生培养模式实现了从单一到多元的发展,从数量上我国已经步入研究生教育大国的行列。从这些时

间节点反观我国的政治、经济和社会实践,我们会发现我国针对高层次应用型人才培养的专业学位研究生教育正是国家和社会需求深刻影响和决定的结果,从最初只在工程领域设置专业学位到今天已经覆盖到经济和社会生活的诸多重要领域,专业学位研究生教育对国家和社会的高质量发展发挥了重要作用,做出了重要贡献。

我们知道,我国传统的研究生教育一直是以培养学术型人才为主的,其培养目标也主要定位于为高等院校和科研机构培养和输送人才,源源不断的学术型人才不仅为我国在 21 世纪和新时代的科学和技术的发展做出了贡献,而且也为我国不断扩大的高等教育提供了人才和师资基础,满足和实现了高等教育从精英化到大众化的需求。与高等教育大众化相伴随的是,高等教育的重点和核心从学术型向专业型的转变,专业学位教育逐步取代学术学位教育,成为高等教育在新时代的重点和主要目标。

二、专业学位研究生教育的专业化和规范化

根据 2013 年 3 月 22 日发布的教育部 国家发展改革委 财政部《关于深化研究生教育改革的意见》(以下简称《意见》),①专业学位研究生培养模式应符合下列要求和标准。

一是在培养目标方面。专业学位研究生的培养目标是掌握某一特定职业领域相关理论知识、具有较强解决实际问题的能力、能够承担专业技术或管理工作、具有良好职业素养的高层次应用型专门人才。这一培养目标要求承担培养职责的教育机构——培养单位以职业需求为导向,以实践能力培养为重点,以产学结合为途径,探索并建立与经济社会发展相适应、具有中国特色的专业学位研究生培养模式。

二是在招生制度方面。专业学位研究生的招生要坚持招生制度改革为人才培养服务的方向,实行专业学位与学术学位硕士研究生分类考试、分类招生。建立符合专业学位研究生教育特点的选拔标准,完善专业学位研究生招生办法,重点考查考生综合素质、运用基础理论和专业知识分析解决实

---

① 《关于深化研究生教育改革的意见》,http://www.cdgdc.edu.cn/xwyyjsjyxx/shggtq/gtgz/wjfb/278581.shtml,最后访问日期:2021 年 10 月 3 日。

际问题的能力以及职业发展潜力,拓宽和规范在职人员攻读硕士专业学位的渠道。

三是在培养方案方面。《意见》要求培养单位应依据特定职业领域专门人才的知识能力结构和职业素养要求,以及全日制或非全日制学习方式,科学制定培养方案并定期修订。全日制研究生和非全日制研究生须分别制定培养方案。培养方案应合理设置课程体系和培养环节,加大实践性课程的比重。鼓励培养单位结合区域经济社会发展特点和自身优势,制定各具特色的培养方案。培养方案的制定或修订工作应有相关行(企)业专家参与。

四是在课程教学方面。《意见》要求培养单位应紧密围绕培养目标,优化课程体系框架,优选教学内容,突出课程实用性和综合性,增强理论与实际的联系。创新教学方法,加强案例教学、模拟训练等教学方法的运用。完善课程教学评价标准,转变课程考核方式,注重培养过程考核和能力考核,着重考查研究生运用所学基本知识和技能解决实际问题的能力和水平。

五是在实践基地建设方面。该《意见》要求培养单位应积极联合相关行(企)业,建立稳定的专业学位研究生培养实践基地。共同建立健全实践基地管理体系和运行机制,明晰各方责任权利。明确研究生实践内容和要求,健全实践管理办法,加强实践考核评价,保证实践质量。促进实践与课程教学和学位论文工作的紧密结合,注重在实践中培养研究生解决实际问题的意识和能力。

六是在学位论文方面。该《意见》要求专业学位研究生的学位论文应注重应用导向。培养单位应根据各专业学位研究生教育指导委员会意见,分类制定专业学位论文标准,规范专业学位论文要求。专业学位论文选题应源于应用课题或现实问题,要有明确的职业背景和行业应用价值。专业学位论文应反映研究生综合运用知识技能解决实际问题的能力和水平,可将研究报告、规划设计、产品开发、案例分析、管理方案、发明专利、文学艺术作品等作为主要内容,以论文形式表现。专业学位论文应与学术学位论文分类评阅。专业学位论文评阅人和答辩委员会成员中,应有不少于1/3的相关行业具有高级职称(或相当水平)的专家。

七是在与职业资格衔接方面。该《意见》要求,具备条件的专业学位授予或培养单位,应积极推进专业学位研究生课程和实践考核与特定职业人才评价标准有机衔接,推进专业学位研究生培养内容与特定职业人才工作实际有效衔接,推进专业学位授予与获得相应职业资格有效衔接。

八是在研究生积极性主动性调动方面。该《意见》要求培养单位应采取必要措施促进研究生全面发展,着力增强研究生服务国家和服务人民的社会责任感、勇于探索的创新精神和善于解决问题的实践能力。鼓励培养单位引导研究生制定职业发展规划,提高对职业领域及岗位的认识。鼓励培养单位开展互动式、探究式教学,激发研究生自主学习的积极性、主动性;鼓励研究生早实践、多实践,在实践中提升职业胜任力。加强专业学位研究生创业能力培养,完善就业指导。加快完善专业学位研究生奖助体系,创造有利于研究生成长成才的氛围。

九是在教师队伍建设方面。《意见》要求培养单位应根据不同专业学位类别特点,聘请相关学科领域专家、实践经验丰富的行(企)业专家及国(境)外专家,组建专业化的教学团队。加强教师培训,选派青年教师到企业或相关行业单位兼职、挂职,提高实践教学能力。鼓励培养单位对研究生导师按专业学位和学术学位分类制定评定条件,分类评聘,逐步形成稳定的专业学位研究生导师队伍。大力推广校内外双导师制,以校内导师指导为主,重视发挥校外导师作用。根据不同专业学位类别特点,探索导师组制,组建由相关学科领域专家和行(企)业专家组成的导师团队共同指导研究生。完善教师考核评价体系,突出育人责任。根据专业学位研究生教育特点,科学合理地制定考核评价标准。将优秀教学案例、教材编写、行业服务等教学、实践、服务成果纳入专业学位教师考核评价体系。

十是在质量保障体系方面。《意见》明确指出,培养单位是质量保证体系的主体。培养单位应完善校内质量监督机制,建立招生、培养、学位授予等全过程质量保障制度,加强专业学位毕业生就业质量和职业发展跟踪。根据专业学位类别,分别设立培养指导委员会,负责指导、规范本单位专业学位研究生培养工作。委员会中应有一定比例来自行(企)业的专家。国家按专业学位类别(或领域)制定博士、硕士专业学位基本要求,建立与特定职业岗位要求相适应的质量评价标准,完善质量监管制度,加快建立管理服务平台,推进招生、培养、就业信息公开。

十一是在联合培养方面。《意见》表示,鼓励培养单位加大校企合作力度,按照"优势互补、资源共享、互利共赢、协同创新"的原则,选择具备一定条件的行(企)业开展联合招生和联合培养,构建人才培养、科学研究、社会服务等多元一体的合作培养模式,提高专业学位研究生的培养质量。

十二是在开展改革试点方面。《意见》支持省级学位与研究生教育管理部门和培养单位结合行(企)业和区域人才需求,开展培养模式改革试点,树立专业学位特色品牌。案例教学、实践基地建设等改革试点成效将作为培养单位申请新增专业学位授权点及专业学位授权点定期评估的重要内容。支持各专业学位研究生教育指导委员会开展培养模式改革研究,加强对培养单位的指导,统筹编写教材、制定课程教学基本要求、建设案例库、定期开展教学研讨等工作,推动本类别专业学位研究生实践基地建设、案例库建设和师资培训。

第三节 法律硕士专业研究生培养概况

我国法律硕士教育是 1995 年开始的,是由国务院学位委员会正式批准设置的国家专业学位教育制度的一个组成部分,也是我国专业学位体系中设置较早的专业学位。之所以设置法律硕士专业学位,其理由在于:满足社会分工日益细化和法律工作专门化程度不断提高的现实需要;满足法治建设对大量高级应用型法律专门人才的需要;满足改革开放后法律职业对专业性、职业化的需要;满足法律人才培养模式与现实需求匹配的需要;满足我国法律教育过程中应对国际法律教育交流交往的需要。[①]

法律专业硕士的招收对象,按照生源的不同情况有所区别。报考法律硕士(法学)专业学位的考生,报考前在高校学习的专业须为法学专业(仅普通高等学校本科专业目录法学门类中的法学类专业[代码为 0301]毕业生、专科层次法学类毕业生和自学考试形式的法学类毕业生等可以报考),获得法学第二学士学位的可报考法律(法学)专业学位;报考法律硕士(非法学)

---

① 参见西北政法大学副校长王健在 2021 年 2 月 27 日"五大政法院校名家谈"法律硕士教育专场系列在线公益讲座内容。

专业学位的考生,报考前在高校学习的专业须为非法学专业(普通高等学校本科专业目录法学门类中的法学类专业[代码为 0301]毕业生、专科层次法学类毕业生和自学考试形式的法学类毕业生等不得报考)。也就是说,法律硕士专业学位主要招的是具有大学本科学历的在职人员和应届本科毕业生。一些招生院校基于实践的需求,鼓励具有不同学科、专业背景(主要是财经、外语、理工类本科毕业生)的生源报考法律专业硕士。

在培养过程中,对法律本科毕业和非法律本科毕业的学生,基于因材施教的教育原则,培养院校一般执行分类制定培养方案,分班招生和培养,培养过程比较重视案例教学和法律实践。对已有一定法律实践经验的在职生源,则应加强理论方面的学习和改善知识结构。

在学位论文方面,法律硕士专业学位论文与法学硕士学位论文也存在不同。法律硕士专业学位论文重在反映学生运用所学理论与知识解决法律实务问题的能力,其形式可以是调研报告、重大疑难案例的解决方案或分析报告等。课程考试合格和论文答辩通过者即可授予法律专业硕士学位。

在法律硕士专业学位与法律职业资格衔接方面,有学者建议,为使法律专业硕士学位教育与法律职业职位(岗位)的任职资格或任职条件适当衔接起来,建议中央政法主管部门在制定有关职位(岗位)的任职条件或任职资格时,对法律专业硕士学位获得者在取得相应职务方面有一定的考虑,并认为法律专业硕士学位获得者从事专职律师工作的,到律师事务所实习一年经考核合格者即可获得律师资格。《中华人民共和国法官法》《中华人民共和国检察官法》也规定,法律专业硕士、博士学位获得者可直接取得相应的法官、检察官的任职条件。[①]在笔者看来,现行的法律职业资格准入制度对于保障我国法律职业水平和基本素养具有非常重要的意义和价值。学位和学历未必能替代职业资格,高学位和学历未必就意味着具有职业能力。

2019 年修订的《中华人民共和国法官法》在第 12 条规定了担任法官必须具备下列条件:"(一) 具有中华人民共和国国籍;(二) 拥护中华人民共和国宪法,拥护中国共产党领导和社会主义制度;(三) 具有良好的政治、业务

---

① 《关于设置法律专业硕士学位的报告》,http://www.cdgdc.edu.cn/xwyyjsjyxx/gjjl/szfa/flss/263534.shtml,最后访问日期:2021 年 8 月 23 日。

素质和道德品行;(四)具有正常履行职责的身体条件;(五)具备普通高等学校法学类本科学历并获得学士及以上学位;或者普通高等学校非法学类本科及以上学历并获得法律硕士、法学硕士及以上学位;或者普通高等学校非法学类本科及以上学历,获得其他相应学位,并具有法律专业知识;(六)从事法律工作满五年。其中获得法律硕士、法学硕士学位,或者获得法学博士学位的,从事法律工作的年限可以分别放宽至四年、三年;(七)初任法官应当通过国家统一法律职业资格考试取得法律职业资格。"

《中华人民共和国检察官法》第12条规定了担任检察官必须具备下列条件:"(一)具有中华人民共和国国籍;(二)拥护中华人民共和国宪法,拥护中国共产党领导和社会主义制度;(三)具有良好的政治、业务素质和道德品行;(四)具有正常履行职责的身体条件;(五)具备普通高等学校法学类本科学历并获得学士及以上学位;或者普通高等学校非法学类本科及以上学历并获得法律硕士、法学硕士及以上学位;或者普通高等学校非法学类本科及以上学历,获得其他相应学位,并具有法律专业知识;(六)从事法律工作满五年。其中获得法律硕士、法学硕士学位,或者获得法学博士学位的,从事法律工作的年限可以分别放宽至四年、三年;(七)初任检察官应当通过国家统一法律职业资格考试取得法律职业资格。"

基于上述法律的规定,法律硕士学位教育与法律职业资格的取得,应该紧密关联,但不是取代。二者的衔接应该主要体现于法律硕士的培养教育过程当中。随着放开对法学本科生的法律资格考试限制,有不少法学本科生在毕业时已能通过法律职业考试。对已通过法律职业资格考试的法律硕士专业学位的研究生,基于其学习过程中的实践能力训练和规范的实习课程,在法律硕士专业学位结束时可尝试直接取得律师职业证书。

现行法律硕士的培养模式已经获得初步成效,从法律硕士的培养规模来看,截至2021年10月,全国共有法律硕士专业学位授权点287个。基本上,凡是开展法学教育工作条件较好的机构都开设了法学硕士研究生教育和法律硕士专业学位教育。从地域分布的角度看,这287个法律硕士学位点基本覆盖到了全国各个省区市。

第四节　法律硕士专业涉外律师研究生培养

一、法律硕士(涉外律师)研究生招生背景

2021年2月2日,教育部决定选取部分高校实施法律硕士专业学位(涉外律师)研究生培养项目,并在《关于实施法律硕士专业学位(涉外律师)研究生培养项目的通知》中指出:"随着我国日益走近世界舞台中央,更加深度参与全球治理,我国企业和公民'走出去'步伐不断加快,我国急需加快涉外法治工作战略布局,推进涉外法律服务业发展,培养一大批通晓国际法律规则、善于处理涉外法律事务的涉外律师人才,更好维护我国国家主权、安全、发展利益,维护我国企业和公民海外合法权益,保障和服务高水平对外开放。"其目的在于"通过实施法律硕士专业学位(涉外律师)研究生培养项目,支持有关高校和法律实务部门积极探索和创新涉外法治高层次人才培养模式,培养一批政治立场坚定、专业素质过硬、跨学科领域、善于破解实践难题的高层次复合型、应用型、国际型法治人才,为建设一支法学功底扎实、具有国际视野、通晓国际法律规则,善于处理涉外法律事务的涉外律师人才队伍奠定基础。"[①]

在国际环境方面,当今世界正经历百年未有之大变局,全球治理格局发生了深刻调整,国际环境日趋复杂,不稳定性和不确定性明显增加。随着我国更加深度参与全球治理,我国企业和公民"走出去"步伐不断加快,我国迫切需要加快涉外法治工作战略布局,推进涉外法律服务业发展。

该《通知》还具体明确了北京大学、清华大学等15所高校入选第一批法律硕士专业学位(涉外律师)研究生培养单位,2021年计划招生人数为500人。

二、法律硕士(涉外律师)研究生培养目的

《关于实施法律硕士专业学位(涉外律师)研究生培养项目的通知》目标

---

① 《关于实施法律硕士专业学位(涉外律师)研究生培养项目的通知》,https://www.moe.gov.cn/s78/A22/tongzhi/202102/t20210226_515055.html,最后访问日期:2022年3月1日。

旨在为涉外法律服务机构和大型企事业单位法务部门培养一批跨文化、跨学科、跨法域,懂政治、懂经济、懂外语的德才兼备的高层次复合型、应用型、国际型法治人才,为建设一支法学功底扎实、具有国际视野、通晓国际法律规则,善于处理涉外法律事务的涉外律师人才奠定基础。

结合现行已有的法律硕士教育,我们认为涉外律师研究生培养目标在于:在一般法律硕士的基础上突出其复合型、涉外性、国际性;使学生在通晓中国本土法律的基础上,熟悉国际法律以及相关的政治、经济、社会和文化,国家战略、服务重点领域、新兴领域、涉外领域立法,为提升我国在国际法律事务和全球治理方面的话语权和影响力做出积极贡献。

之前中共中央发布的《全面推进依法治国若干重大问题的决定》要求,建立从符合条件的律师、法学专家中招录立法工作者、法官、检察官制度,通过招生对象的选择、人文和文化教育,使学生成为高层次复合型人才;通过法律教育使学生通晓国际法律规则,成为善于处理涉外法律事务的涉外律师人才;建立高层次人才培养模式和具有中国特色的高层次法治人才培养体系。这些高层次人才必须是政治立场坚定、专业素质过硬、跨学科领域、善于破解实践难题的高层次复合型、应用型、国际型法治人才;应该是法学功底扎实、具有国际视野、通晓国际法律规则,善于处理涉外法律事务的高层次的国家迫切需要的人才。

律师是法律服务市场的代言人,是法律服务业的主体和基础,也是法律服务行业和法律职业共同体人才的来源。高层次律师的培养将能够为公证、审判、仲裁、调解等领域输送高层次、专业化的法律人才。而国家当下所提出的加强风险控制、设立海外金融并购防火墙、运用争端解决经验助力中企海外发展、以国际客户熟悉并认可的方式提供服务等要求,给我国法律硕士专业学位(涉外律师)研究生培养提出了更高的期待。

三、法律硕士(涉外律师)研究生培养方案

目前我国只有 15 所学校有资格招收法律硕士(涉外律师),这 15 所学校包含了原"五院四系"(中国政法大学、西北政法大学、西南政法大学、华东政法大学、中南财经政法大学、北京大学、中国人民大学、吉林大学、武汉大学)。此外,还有清华大学、对外经贸大学、复旦大学、上海政法学院、中山大

学、广东外语外贸大学等 6 所院校。

从招生人数看,北京地区的高校每所学校可以招收 40 人,其他地区的每所学校可以招收 30 人。研究生期间的课程,要求"法律＋外语＋N"(N可以是国际政治或国际关系,也可以是金融、财税、保险及审计等)。其中必修课国际关系基础理论、国际公法、国际私法、国际经济法四门课程要求全外语或双语教学。培养方式是双导师制度,由大学和涉外律所联合培养。

四、法律硕士(涉外律师)研究生招生条件

目前只招收全日制法律硕士,含非法学和法学,学业 3 年。报考条件与法律硕士一样,初试也与法律硕士一样,即参加研究生统一入学考试。关于外语语种,法律硕士(涉外律师)要求掌握 1—2 门外语。

五、法律硕士(涉外律师)研究生培养院校方面的要求

根据现行可招收法律硕士(涉外律师)研究生的高等教育院校来看,招收法律硕士的院校应该具备一定的条件,除了所处行政区域的经济、政治和社会发展水平,以及对涉外法律人才的需求等方面的考量外,还要求最近 3年法律硕士招生规模原则上不得少于 100 人,且要求本校具有 1 年以上海外学习经历且具有法律实务经验(限于兼职律师、仲裁员或在立法、司法、行政机关挂职或曾在法律实务部门工作 3 年以上)的教师不少于 20 人。

第二章

法律硕士专业涉外律师研究生
培养的时代背景与必要性分析

有学者断言,任何重大的社会变革都将反映在教育改革上。① 我国改革开放以来的国家和社会发生的各方面变革确实在教育领域都有所反映,且带来了教育上的各种变化,尤其自党的十八大、十九大以来,这些发生在国家和社会领域的变革都正在影响着包括高等教育在内的各个层次的教育。

第一节 全球化及人类命运共同体
建设和发展理念的需要

一、全球化是人类发展不可逆转的趋势

从某种角度来看,人类历史上共经历了四次不同但又相互联系的全球化过程:第一次全球化以丝绸之路为标志,将彼此封闭隔绝的东西方联系在一起,成为古代东西方文明交汇之地,推动了中西文化交流,一定程度上也促进了西方文艺复兴,因此,古丝绸之路可以看作全球化的雏形。第二次全球化可称为英式全球化及其扩散过程,英式全球化以文艺复兴为契机,以

① 〔加拿大〕迈克尔·富兰:《变革的力量——透视教育改革》,中央教育科学研究所译,科学教育出版社 2004 年版,第 1 页。

工业革命为动力,以基督教和传教士为先锋,以海上贸易、海外殖民地和奴隶制为形式,以英语为沟通工具,成就了大英帝国,在地理空间意义上把全人类联系在一起。第三次全球化是一定程度上的美式全球化,其强调民族国家的意义,以民族国家为工具,通过现代传播信息、互联网、社交媒体等载体,将人类在地理空间和虚拟空间上更加紧密地联系在一起,建立了全球范围内共同议事的联合国、全球市场经济和金融市场,以及全球贸易协调机构世界贸易组织。第四次全球化可以说是近年来以中国为代表的新型发展中国家,在世界关系中地位的凸显所带来的新的全球化格局和态势,中国在全球各地的相关性、参与度、全球影响力和引领力等方面的提升将创造经济发展、全球及国内治理、科技发展的新模型以及一种兼容多元文化主义、间性文化主义和实用主义的、更为普遍的世界性文化主义。

全球化已经深入到包括经济、政治、文化、技术及生态等现代社会生活的方方面面,世界各国相互依存、彼此关联。全球化已经为人类的发展创造了巨大利益,尤其在经济方面,经济的全球化促进了市场要素在全球范围内流通,而要素的流通不仅改变了各国的要素结构,而且还改变了经济增长的结构。这些变化使得参与全球化经济的各个国家,可以通过发挥自身优势在经济交往中获利。经济的全球化还为客观经济规律作用的发挥提供了全球性市场,让市场主体可以以最有利的条件来组织生产,以最有利的市场进行商品销售,使商品得以在全球范围内匹配消费者的需求。同时,超越国界的生产经营刺激和推动了技术的研发和创新,并使现代科学技术在全球范围内得到迅速传播。经济全球化还通过新的分工和贸易机会促进了企业内产业规模经济的形成,国家间贸易和投资壁垒的消减反过来又使得国际贸易投资更加自由,全球价值链形式的国际分工体系得以确立。①

另外,全球化趋势是不可逆转的。在过去几十年中,从经济的角度而言,经济全球化的核心就是资源配置的全球化。在全球化的进程中,一方面,在世界范围内,各国经济将不可避免地产生相互交织的影响,科技进步也进一步促成了经济的深度融合,并有利于形成全球统一的大市场。而资

---

① 龙永图、郑永年、胡鞍钢等:《全球化 vs 逆全球化:政府与企业的挑战与机遇》,东方出版社 2017 年版,第 5 页。

本趋利的内在动力必然驱使企业不断提高在全球优化配置资源的能力，以寻求成本最低和利润最大化。另一方面，世界范围内已形成的规范经济运行行为和竞争行为的全球规则，并以此为基础建立了全球经济治理体系，实践证明，这一变化不仅是有效的，而且也是非常必要的。在这个过程中，生产要素在全球范围内的自由流动和优化配置是各个国家的共同需要，所以，经济全球化从其历史发展的角度看是一个大趋势。①

全球化已经使世界经济形成了"你中有我、我中有你"的格局，基于人类对物美价廉产品的需求和资本的逐利性，作为经济全球化内生机制的世界经济结构很难发生大的改变。经由全球化，世界已经形成了一个各国利益休戚与共的共同体，各国已经无法退回到原先的孤立状态，全球化因此体现了人类的需要，反映了经济发展的规律，符合人类长远利益。为应对全球化过程中出现的各种危机和困境，人类在全球治理方面也做出了许多努力：例如 2015 年 7 月达成的《亚的斯亚贝巴行动议程》明确了各国应联合打击非法金融流动和非法避税的行为；《2030 可持续发展目标》为未来 15 年的国际发展设定了多项全球目标；《巴黎气候协定》为 2020 年后全球应对气候变化做出安排，所有参与国家对温室气体排放的目标做出了承诺。

从长远发展的角度看，坚持全球化的发展方向是十分必要的，有经济学者认为需要从三个方面着手协调解决全球化中产生的矛盾：一是要加强全球贸易和投资的规范和指导，引领全球贸易投资继续健康发展；二是高度参与全球化的国家应平衡好群众利益，避免产生社会分配严重不均的现象，控制社会财富两极分化的趋势；三是要发挥好全球化进程中的国际协调作用，为了推动全球化健康发展，主要国家一定要在市场开放方面做出表率，抵制贸易保护主义，不断开创互利共赢的合作局面。②

二、中国在全球化过程中占有重要地位

我国早期的改革开放政策允许外资"走进来"，通过"三来一补"发展了

---

① 龙永图、郑永年、胡鞍钢等：《全球化 vs 逆全球化：政府与企业的挑战与机遇》，东方出版社 2017 年版，第 32—33 页。

② 龙永图、郑永年、胡鞍钢等：《全球化 vs 逆全球化：政府与企业的挑战与机遇》，东方出版社 2017 年版，第 38—39 页。

大量的劳动密集型加工业；而 2001 年加入世界贸易组织，是我国更深入地融入经济全球化进程的必然选择，开启了中国对外开放的新时代。① 到 2021 年，我国人均 GDP 持续增长，中国企业既是全球化的积极推动者，也是全球化的重要受益者。

在 2017 年 1 月 17 日"世界经济论坛"上，国家主席习近平指出，我们要适应和引导好经济全球化，消解经济全球化的负面影响，让它更好地惠及每个国家、每个民族。针对全球化发展的三大困境——全球增长动能不足、全球经济治理滞后、全球发展失衡，习主席提出要创新驱动，打造富有活力的增长模式；协同联动，打造开放共赢的合作模式；与时俱进，打造公正合理的治理模式；坚持公平包容，打造平衡普惠的发展模式。当今世界的重大命题就是如何推进更有活力、更可持续、具有包容性的全球化。而在这个过程中，中国可以也有能力做得更多。②

中国已深度融入世界，我们应当顺应现代化大生产和全球化的客观规律，科学推进全球化；在经济上要以发展生产力为中心，以维护和促进多边贸易机制为中心，包容各类区域性贸易安排，并严格治理全球金融体系。③事实上，中国也正在以前所未有的速度融入全球化——每年都有成千上万的中国人走出国门，去海外旅游、购物、学习，中国企业也在越来越多地"走出去"，成为全球跨国公司的组成部分。中国在全球治理中的角色越来越受到关注，甚至对西方的某些人而言，全球化最重要的后果之一就是中国的崛起及其对世界的影响。④

从世界贸易的角度来看，世贸组织的成员地位在过去 20 年给中国带来了巨大变化。通过吸引外资和参与国际分工和全球生产体系，中国变成劳动密集型的世界工厂，并在资本和技术密集型产业中也获得了一定的竞争

---

① 龙永图、郑永年、胡鞍钢等：《全球化 vs 逆全球化：政府与企业的挑战与机遇》，东方出版社 2017 年版，"序言"第 6 页。

② 龙永图、郑永年、胡鞍钢等：《全球化 vs 逆全球化：政府与企业的挑战与机遇》，东方出版社 2017 年版，"序言"第 8 页。

③ 龙永图、郑永年、胡鞍钢等：《全球化 vs 逆全球化：政府与企业的挑战与机遇》，东方出版社 2017 年版，"序言"第 8 页。

④ 龙永图、郑永年、胡鞍钢等：《全球化 vs 逆全球化：政府与企业的挑战与机遇》，东方出版社 2017 年版，第 66 页。

力。目前,中国已成为世界第二大经济体、世界第一大贸易国、世界第一大吸引外资国和第二大对外投资国。

从全球治理角度来看,全球治理体系的形成与良性发展有赖于世界性规则的不断发展和持续完善,中国曾经是国际规则的旁观者和反对者,最近几十年中成了学习者和遵循者,在未来则要成为国际规则的促进者和构建者。① 中国作为一个大国,在当前国际形势下应积极参与全球经济治理。参与全球经济治理不仅是当今世界外部发展的需要,也是中国内在发展的需要。中国需要稳定的外部发展环境以及法治的投资环境,以加强对中国海外利益及权利的维护。②

《关于加强社会主义法治文化建设的意见》中指出,"把建设社会主义法治文化作为提高国家文化软实力的重要途径,对外阐释构建人类命运共同体的法治内涵和法治主张。注重在共建'一带一路'中发挥法治文化作用,建立和完善相关纠纷解决机制和组织机构,推动沿线国家、地区开展法治文化交流合作。建立涉外工作法务制度,加快我国法域外适用的法律体系建设和研究,推动海外法律服务高质量发展,更好地服务于海外法律纠纷解决和涉外法律工作,提高涉外工作法治化水平。把法治外宣作为国际传播能力建设的重要内容,善于讲述中国法治故事,展示我国法治国家的形象,不断提升社会主义法治文化影响力。"

三、人类命运共同体的建设和发展

近年来,中国在全球化进程中不断取得新的成就,中国的发展吸引了很多国家的关注和讨论。中国在世界范围内影响力的不断扩大给我国参与全球治理不仅提供了机会,而且提升了信心。中国要从传统文化中汲取营养,提出中国思想和中国方案,为推动国际关系民主化、建立新型国际合作关系、促进世界经济增长、推进全球治理体系的改革完善,提供新的思想、选择、路径和方案,真正发挥作为全球性大国的作用和影响力。为此,我们需

---

① 龙永图、郑永年、胡鞍钢等:《全球化 vs 逆全球化:政府与企业的挑战与机遇》,东方出版社 2017 年版,"序言"第1—2页。
② 龙永图、郑永年、胡鞍钢等:《全球化 vs 逆全球化:政府与企业的挑战与机遇》,东方出版社 2017 年版,第40页。

要在全球治理中,同其他国家尽可能多地去寻找利益共同点,追求更多、更深层次的合作,在塑造新型大国关系和新型全球化、实现全球治理的未来过程中,中国需要比以往任何时候付出更大的努力。[①]

2015年9月举行的"联合国可持续发展峰会"上通过了《联合国2030可持续发展议程》,确立了共同的可持续发展目标。新议程范围广泛,涉及可持续发展的三个层面:社会、经济和环境。

时任联合国秘书长潘基文指出,"可持续发展目标是人类的共同愿景,也是世界各国领导人与各国人民之间达成的社会契约。它们既是一份造福人类和地球的行动清单,也是谋求取得成功的一幅蓝图。"

第二节　我国进一步改革开放的需要

近年来,"一带一路"倡议已经初见成效。随着"一带一路"倡议的实施,中国资本会加速"走出去",不仅能够促进沿线国家的经济发展,而且也有助于世界经济的平衡。同时,"一带一路"倡议也会让更多的外国资本"走进来",因此需要中国更大程度和更高层次的开放。

纵观国际经贸领域的新动向,有以下几个变化:一是区域贸易合作正在高速推进;二是以往全球秩序的核心区域——欧美国家正面临着政治、经济与社会多重的转型压力;三是以中国为代表的新兴经济体正在进一步影响国际经贸格局。这些新动向为中国积极参与全球治理、推进多边贸易制度建设带来了机遇和挑战。为此,需要通过理论创新,重新认识经济全球化理论,包括全球产业链理论和全球公司理论;通过观念创新,实现从投资输入国思维转向投资输出国思维;通过政策创新,实现从内向型对外开放(引进来)向外向型对外开放(走出去)的转变。[②]

[①] 龙永图、郑永年、胡鞍钢等:《全球化 vs 逆全球化:政府与企业的挑战与机遇》,东方出版社2017年版,第127—129页。

[②] 龙永图、郑永年、胡鞍钢等:《全球化 vs 逆全球化:政府与企业的挑战与机遇》,东方出版社2017年版,第174—182页。

第三节　涉外律师研究生培养是深化研究生
教育改革的组成部分

2005 年,教育部颁布《关于进一步加强高等学校本科教学工作的若干意见》,强调"以社会需求为导向,走多样化人才培养之路。高等学校要根据国家和地区、行业经济建设与社会发展需要和自身特点,……结合学校实际和生源情况,大力推进因材施教,探索多样化人才培养的有效途径"。这是教育行政管理部门在原先高等院校普遍重视理论,纷纷将大学定位为研究型大学,而忽视实践、缺乏理论与实际联系的现实基础上提出的新的发展方向。

《国家中长期教育改革和发展规划纲要(2010—2020)》明确提出,要"适应国家和地区经济社会发展需要,建立动态调整机制,不断优化高等教育结构";要"优化学科专业、类型、层次结构,促进多学科交叉和融合。重点扩大应用型、复合型、技能型人才培养规模。加快发展专业学位研究生教育"。至此,大规模培养经济社会发展需要的高质量应用型人才和大力加强应用型大学建设正式纳入国家教育发展的整体布局当中,并成为未来很长一段时期的发展重点。

2013 年,在《关于深化研究生教育改革的意见》(教研〔2013〕1 号)中就已经指出:各省、自治区、直辖市教育厅(教委)、发展改革委、财政厅(局)、新疆生产建设兵团教育局、发展改革委、财务局,有关部门(单位)教育司(局),中国社会科学院研究生院,中共中央党校学位评定委员会,中国人民解放军学位委员会,教育部直属各高等学校要深入实施教育、科技和人才规划纲要,坚持走内涵式发展道路,以服务需求、提高质量为主线,以分类推进培养模式改革、统筹构建质量保障体系为着力点,更加突出服务经济社会发展、更加突出创新精神和实践能力培养、更加突出科教结合和产学结合、更加突出对外开放,为提高国家创新力和国际竞争力提供有力支撑,为建设人才强国和人力资源强国提供坚强保证。

法学教育是否必要?曾经有人对法学教育提出了质疑,认为法律是无法学完的、法律条文中的绝大多数词语经过国民教育已经足以理解、法学教育不过是对实践的模拟……,要回应这些质疑,笔者认为应该回到社会对法律人基本角色的期待上。法律是社会的公共判断标准,而法律人是对他人重大利害关系的判断者。"针对他人"这一属性和特点决定了法律人不能依靠自身的偏好进行判断;"针对重大利害关系"这一属性则决定了法律人必须慎重进行判断。所以,法律必须按照社会的公共标准进行判断,法律的角色正是应用法律对他人进行重大利害关系的判断。

推进国内法治和涉外法治应在以下方面重点发力:一是加快涉外法治工作战略布局,协调推进国内治理和国际治理,更好维护国家主权、安全、发展利益;二是加快形成系统完备的涉外法律法规体系,提升涉外执法司法效能;三是引导企业、公民在走出去过程中更加自觉地遵守当地法律法规和风俗习惯,运用法治和规则维护自身合法权益;四是注重培育一批国际一流的仲裁机构、律师事务所,把涉外法治保障和服务工作做得更有成效;五是坚定维护以联合国为核心的国际体系,坚定维护以国际法为基础的国际秩序,坚定维护以联合国宪章宗旨和原则为基础的国际法基本原则和国际关系基本准则;六是对不公正、不合理、不符合国际格局演变大势的国际规则和国际机制提出改革方案,推动全球治理变革,推动构建人类命运共同体。

习近平法治思想中包含着"坚持建设德才兼备的高素质法治工作队伍"的要求。党的十八大以来,习近平总书记高度重视法治工作队伍建设,为新时代法治工作队伍建设提供了根本遵循。例如,强调全面推进依法治国,必须建设一支忠于党、忠于国家、忠于人民、忠于法律的社会主义法治工作队伍;对于法律服务队伍,提出要把拥护中国共产党领导、拥护我国社会主义法治作为法律服务人员从业的基本要求;关于法治人才培养,强调要坚持立德树人、德法兼修,创新法治人才培养机制,等等。

习近平总书记指出,法律服务队伍是全面依法治国的重要力量,总体而言,这支队伍是好的,但也存在不少问题,并提出三条要求:一是要把拥护中国共产党领导、拥护我国社会主义法治作为法律服务人员从业的基本要求,加强教育、管理、引导,引导法律服务工作者坚持正确的政治方向,依法依规诚信执业,认真履行社会责任,满腔热忱投入社会主义法治国家建设;二是要推进法学院校改革发展,提高人才培养质量;三是要加大涉外法学教育力度,重点做好涉外执法司法和法律服务人才培养、国际组织法律人才培养推送工作,更好服务对外工作大局。

按照国家相关文件要求,在法治建设的新时代,法治专门队伍建设的总体任务就是推进法治专门队伍革命化、正规化、专业化、职业化。这"四化"各有侧重、相辅相成,构成了一个完整体系,其中法学专家队伍建设主要指中国特色社会主义法治道路的践行者、中国特色社会主义法治国家的建设者、中国特色社会主义法治理论的发展者、中国特色法学体系的构建者、德才兼备的社会主义法治人才的培养者五个方面。而法律服务队伍建设则包括律师队伍建设和公证、司法鉴定、仲裁、调解等法律服务队伍建设。

习近平总书记强调,"全面推进依法治国,建设一支德才兼备的高素质法治队伍至关重要。"坚持建设德才兼备的高素质法治队伍是习近平法治思想的重要内容。2015 年 1 月,习近平总书记在《求是》杂志上发表《加快建设社会主义法治国家》的署名文章,并指出"我国专门的法治队伍主要包括在人大和政府从事立法工作的人员,在行政机关从事执法工作的人员,在司法机关从事司法工作的人员","律师队伍是依法治国的一支重要力量"。2017 年 5 月 3 日,习近平总书记在中国政法大学考察时要求"加强法学教育、法学研究工作者和法治实际工作者之间的交流","培养大批高素质法治人才"。可见,法治队伍内涵丰富,既包括专门的法治队伍,即立法人员、行政执法人员、司法人员等,也包括律师等法律服务工作者和高校法学教师、学术科研机构的法学专家和学者。

第三章

法律硕士专业涉外律师研究生培养的基本原则

早期高等院校主要从事知识传播的工作，随着经济、社会的发展变迁，高等院校在传播知识的同时也运用知识服务社会。高等教育具有多种功能，在类型上包括教学、科研、社会服务等功能；在服务领域上包括社会、政治、文化、经济功能。高等教育一定包含了人类社会所期待的广泛的文化和社会意义，并能够有助于政府公共产品的生产。高等教育承担着诸多的社会功能，不仅是对各种类型人才的培养，还有文化传承的作用。文化是高等教育的本质属性所在。高等院校不仅是经济再生产的工具，更是文化再生产的手段。

第一节　高等教育的理念与学生培养的原则

基于高等教育的本质、目标、特点以及所承载的功能，笔者认为高等教育应该遵循以下基本原则。

一、学生为本

以学生为本而不是以学校为本的培养原则是教育的本质，也是各级、各类教育必须始终坚持的基本原则。作为高等教育的主体，高等院校及其教师必须结合学生的特点,对学生进行专业知识、专业素养、职业伦理等全方位的培养和教育。

"一流高校""一流专业""985""211"之类的高等教育建设和发展模式,是否意味着一流的人才培养,在进行这类建设时人才培养方面的考核指标在其中占了多大的比例? 英国著名教育学者罗纳德·巴尼特秉持高等教育解放观,其认为高等教育原理(理念)的探讨应从"大学"回到"高等教育"自身,从而实现本体论转向。学校可能是正教育机构,也可能是负教育机构,甚至是反教育机构。因此学校不等于教育,大学也不等于高等教育。① 而真正以学生为本,着眼于学生成人、成才的高等教育才配得上该名称。

从人性的意义上看,学生接受教育的目的在于获得"自由",一种哲学意义上的"自由",一种不仅相对于自然或他人的自由,而且是一种相对于自己价值实现方面的自由。高等教育是一种成人教育,不能把学生视为知识技术容器,否则他们不可能取得进步。所以,从这个层面上讲,高等教育就是自由教育,而自由教育就是解放教育,即通过教育,把人愚昧、无知、庸俗、偏见、谬误、固执和各种贪婪中解放出来,从而能够自由地思想,自由地行使自己的意志与判断力,进而成为掌握自身命运的主人。

二、文化原则

文化是高等教育的本质归属所在。作为社会机构内部的一个组成部分,高等院校不仅是经济再生产的工具,而且是文化再生产的手段。在竞争和市场观念不断强化的全球化时代,越来越多的国家和社会组织,包括国际性公司之间的竞争都重视文化知识的影响力,强调知识对社会和经济的应用价值。国家的进步和财富的增长首先是体制和文化,其次,才是资本,但其中的决定性因素是知识。在 20 世纪 90 年代中期,经济合作与发展组织提出了"知识经济"的概念,认为全球经济正在发生改变,知识取代了物质资本,成为目前和未来财富的资源。

对于学生而言,高等教育乃是一种文化体验。不同的高等教育文化催

---

① [英]罗纳德·巴尼特:《高等教育理念》,蓝劲松主译,北京大学出版社 2012 年版,"译序"。

生不同的高等教育模式。英国和德国的高等教育文化基础不同，教育模式也存在较大差别。学生体验的文化是自我质疑过程的一部分，它对"教什么、学什么、得到什么"进行严格的自我批判性审查。

高等教育的内部文化融入外部文化之中，不仅能为高等院校的毕业生提供继续学习的能力，而且使他们能够继续以批判性的态度对待自己的思想和行动。高等教育内部文化的可迁移性与价值就在于能使学生对遇到的问题持一种质疑的态度，而这无疑是学生创新能力的来源。

三、理性原则

理性既是文化的基本特征，也是高等教育的特征。与经济学对理性的概念界定不同，教育学上的理性是用基本的方法——采用证据、进行推演、发现概念之间的联系，并得出结论。无论何种理性，其本身都是有限的，理性与非理性之间存在着动态的相互作用。理性不仅是一个纯粹的理智事项，而且还以其重大的现实意义延伸到生活世界当中。理性在现实生活尤其是高等教育当中的意义，被巴尼特划分为奠基、启蒙和解放三个层面。

在巴尼特看来，"奠基"是理性的最基本形式，它表现在为一个人信仰或行动提供理由，即为人的所言所行"奠定基础"；"启蒙"是建立在"奠基"基础上的理性层面，它意味着一个人对世界的理解和判断能够达到更加真实的水准，进入到波普尔所说的"客观知识"阶段，它提示我们，必须与各种思想保持距离，不应仅从事理性追求，还要保持我们自身的完善，要把各种理性追求"看穿"，且对所有易于呈现为宗教仪式的观念和做法都必须去神秘化；"解放"是理性的第三个层面与最高形式，它意味着开启批判性的自我反思，并且以新的视角看待一个人核心追求的所有可能性，并催生新的实践。在此层面，学生不应局限于全盘接受理性生活本身（启蒙），而应该在思想和行动中将其上升到不断自我反思和自我超越的阶段（解放）。

理性也可以从不同角度加以分类，例如实质理性和程序理性、工具理性和交往理性等。高等教育作为一种教育过程或模式，是高等院校与成人学生的对话与交往。当下，高等院校的治理易于采取工具理性模式，而常常忽视交往理性，这种表面上看似理性的生活形态，实际上掩盖了局部的非理性。

四、研究原则

研究是理性的集中体现,也是高等教育的前提。研究和高等教育似乎密不可分,以致它们几乎被当成同义语。然而,我们可以发现"研究"和"教育"有着本质的不同。

巴尼特在《高等教育理念》一书中认为,研究是高等教育的先决条件,但它并非高等教育的当然组成部分。原因是研究存在与高等教育完全不同的逻辑。为了实现高等教育当中的有效教学,某人、某地应该从事研究,但这并不意味着所有教师都应该从事研究。教师和研究人员的角色并不相同。作为大学教师,其首要职责是对自己的教学(对自己的学生)负责,而不是对研究负责。随着大学的扩招,大学生和研究生接受高等教育并不都是为了研究。当下我国高等教育领域流行的"研究与高等教育不可分离"的理念,或将使高等教育误入歧途。①

五、学术自由

当下关于学术自由的讨论,往往只关注教师的学术自由,把任何有关学生的权利排除在外。实际上,在高等教育范围内,我们需要赋予学术自由不同的特性,需要扩大学术共同体的范围。

至于学术自由的含义,可以借鉴法律上消极自由与积极自由的区分。教师的学术自由讨论者甚多,我们不再赘述。对于学生,其学术自由或者说学术权利可区分为消极方面和积极方面。前者如拒绝灌输,远离不必要的意识形态,反对种族主义、性别歧视或宗教偏见,在招生、教学和考试过程中避免教学人员违反职业道德;后者如在招生过程中自己的经验和知识被全面评价,对所学习科目有一定的自主决定权,拥有控制学习进度和方法的合理举措,能够追随特定的学术兴趣或者形成个人独特的观点,获得以公正方式评价的学习成绩,已经顺利通过的课程及其成绩被确认等。

众所周知,自由不是绝对的,自由必须也必然与责任、义务相伴随,学术

---

① [英] 罗纳德·巴尼特:《高等教育理念》,蓝劲松主译,北京大学出版社 2012 年版,"译序"。

自由也不例外,所以在高等教育领域强调学术自由的同时,一定不能忘记学术责任。关于教师的学术责任讨论比较多。常常被人们忽视的是学生的学术自由,以及与学术自由相对应的学术责任。学生拥有学术自由同样意味着要承担学术责任,学生的学术责任也应该被区分为实质性责任与程序性责任,从而确保责任的承担是公平合理的。

第二节 专业学位研究生培养的原则

我国在专业学位研究生培养上基本形成了一定的规模,已经表现出专业学位与学术行为并重的发展格局,而且专业学位的规模已经开始全面超越学术学位,成为研究生教育的重要组成部分,从招生数、在校生数、学位授予数等统计指标都可以看出这一现象。基于此,分析、总结和明确专业学位研究生培养的原则就变得非常必要。笔者认为专业学位研究生培养作为高等教育的一个重要组成部分,其培养也应该遵循高等教育的一般原则,基于其特殊性和在高等教育中所处的地位和角色分工,其存在独特性。

一、理论和实践相结合的原则

专业学位作为一种与学术学位对应的硕士学位,是面向职业的具有鲜明实践性的高层次的硕士学位,从其培养目标"高层次的实践性、应用型人才"上看,专业学位的研究生不仅需要较高的理论水平,而且也需要一定的实践能力,是一种一毕业就能参与专业实践的理论水平和实践能力都比较高的人才,是能够做到从学校到社会实现无缝对接的人才。这些因素决定了专业学位研究生培养必须理论和实践相结合,做到理论素养的培养和实践操作能力培养并重。

由于我国设立专业学位起步比较晚,并且现实中专业学位主要依托于研究型高等院校开展人才培养活动,因此脱胎于学术性学位教育体系的专业学位研究生培养,一定程度上还存在路径依赖特征,突出表现为常常与学术学位发生混淆,或被人们视为标准降低了的学术学位教育。这一现实状况导致现行的专业学位在培养方式和培养内容上存在理论培养有余而实践能力不足的缺陷。

作为高层次人才培养模式,专业学位必须重视对学生在理论上的培养和教育,使其在本科专业理论水平的基础上有更多的理论学习和能力的提高。这里既包括知识的积累,还有知识的运用及拓展,以及创新思维和能力的养成。

专业学位研究生在应用和实践能力方面的培养和塑造需要在实践教育培养方面进一步强化。虽然大多数专业学位培养机构都有培养目标和培养要求,在课程设置上增加了实践课程,设立了许多实践基地,但基于各种体制和机制方面的原因,实践教育的效果不尽如人意。例如,在实践课程方面,由于授课教师多数属于科研与授课兼顾的情形,再加上研究型高等院校比较强调对教师科研的考核,故教师们普遍重科研轻授课,即使同样重视,由于教师本身也没有多少实践的机会,其实践能力和实践水平也不高,这样的实践教学对于提高专业学位研究生的实践能力而言显然是不足的。由于体制、机制等方面的关系,无论是实践基地本身,还是实践导师,在带领和指导专业学位研究生方面存在动力不足、走过场、凑学分等问题。

二、职业能力培养原则

正如上文所述,我国现行的专业学位与传统的学术学位不同,是被定位于面向实践的、具有鲜明专业特色的硕士学位,简单地说,就是面向具体行业的较高层次和水平的职业人士的学位。培养职业人士是专业学位的目标,所以职业能力的培养就成为专业学位培养过程中必须遵循的一项基本原则。

所谓职业能力,是人们从事其职业的多种能力的综合。作为教育政策制定者的教育行政主管部门,将职业能力培养作为开展专业学位教育的出发点和最终的归宿。《教育部关于做好全日制硕士专业学位研究生培养工作的若干意见》明确指出:"专业学位研究生的培养目标是掌握某一专业(或职业)领域坚实基础理论和宽广的专业知识、具有较强的解决实际问题的能力,能够承担专业技术或管理工作、具有良好的职业素养的高层次应用型专门人才。"简单地说,专业学位就是要以实际应用为导向,以职业需求为目标,教育、培养专业硕士研究生。

例如作为法律专业学位的法律硕士,按照全国法律专业学位研究生教育指导委员会(以下简称全国法硕教指委)培养方案(学位办〔2006〕39 号、学位办〔2009〕23 号),法律硕士的培养目标是"实务型法律人才",也就是要培养学生"具有独立从事法律职业实务工作的能力";2017 年版培养方案(学位办〔2017〕附件一、二)的培养目标被表述为"应用型法治人才",就是将学生培养成为"具有独立从事法务工作的能力"的应用型法治人才。无论是过去还是现在,法律硕士学位的培养目标都是一致的,都是将学生的法律职业能力作为培养目标。

第三节　法律硕士培养的特殊原则及其确定

一、法律硕士的产生历史简介

我国法律硕士教育于 1995 年开办,是国务院学位委员会正式批准设置的,是继工商管理硕士(MBA)和建筑专业硕士之后的第三个专业学位。当时设置法律硕士的理由如下:一是为了满足社会分工日益细化和法律工作专门化程度不断提高的现实需要;二是随着改革开放逐渐深入发展,法治建设需要大量应用型法律专门人才;三是人们法律思想认识和观念上的变化,对法律的专业化、专门化和职业化的需求;四是我国当时的法律人才培养模式与现实需求之间存在较大的差异,以高中毕业生为来源的法学本科和偏重学术的法学硕士不能满足我国当时法治实践环境的需要;五是我国与世界主要国家广泛开展的法学教育交流和学习借鉴国外经验的结果。[①]

二、法律硕士培养的内涵和特征分析

在官方正式文件里,我们很容易找到法律硕士的定义,这就是"有特定法律职业背景的职业性学位",旨在培养从事立法、司法、行政执法、法律服务、法律监督以及经济社会管理部门的高层次、应用型、复合型法律专门人

---

① 参见王健在 2021 年 2 月 27 日—3 月 3 日在"五大政法院校名家谈"法律硕士教育系列在线公益讲座的内容。

才。这个定义在历次的指导性法律硕士培养方案中一直沿用(包括 1999 年版、2006 年版、2009 年版、2017 年版)。这个定义有三个关键词,即特定法律职业背景、专业学位、人才类型。

特定法律职业背景意味着法律硕士教育作为一种学位教育,必须对应现实社会中的某种分工,即旨在培养从事立法、审判、检察、法律服务等的法律职业人员。[①] 专业学位要求对经过法律专业训练达到一定水平的人授予学位,并以此作为从事法律专业工作的必备资格条件;法律硕士学位教育完全是一种职业化的属性,也可以称之为职业学位教育。关于人才类型,法律硕士被界定为"高层次、应用型、复合型"的人才,基于其以大学本科毕业为起点,学生很容易在接受法律教育时将法律知识和自己原有的专业知识相结合,从而使得其在知识结构和思维方式等方面具有不同程度的交叉,尤其非法学法律硕士表现得更为明显。

我国纳入学制的法律人才培养活动主要有两个类型、三个层次,它们构成了一个完整的、制度化的法律人才培养体系。所谓三个层次就是法学本科、法学硕士、法学博士的三级学位制度、三个层次的教育制度;所谓两个类型,一个是学术型或者研究型的人才培养制度设置,另一个是实务型或者实践型、应用型的教育制度。

与法学本科专业定位于"法学专业的基础素质教育"相区别,法律硕士可以说是一种典型的法律职业性质的人才培养制度。或者说,法律硕士本身就是一种职业导向的教育制度,在人才培养模式上强调理论与实践并重,这是法律硕士"培养高级法律职业人员"的目的所决定的,如果没有一定的知识基础和研究、分析问题的能力是无法满足其未来的职业需要的。毕竟在法律实务中,无论概念的运用、逻辑的推理,还是说理论证,无一不需要扎实的理论功底做支撑。

另外,法律硕士是一元化、宽口径的专业设置与多样化专业方向相结合

[①] 《关于完善国家统一法律职业资格考试制度的意见》第一次对"法律职业"作出了明确的界定:法律职业人员是指具有共同政治素质、业务能力、职业伦理和从业资格要求,专门从事立法、执法、司法、法律服务和法律教育研究等工作的职业群体。担任法官、检察官、律师、公证员、法律顾问、仲裁员(法律类)以及政府部门当中从事行政处罚决定的审核、行政复议、行政裁决的人员,应当取得国家统一法律职业资格。

的一种培养模式。与法学硕士或博士研究生教育区分刑法学、民法学、诉讼法学、行政法学、国际法学等不同,法律硕士只设置一个大口径的"法律"专业名称,是法律的通用型人才。当然,随着社会新领域、新业务的出现,法律硕士也出现了专业化方向设置的需要,这可能就需要在法律这个大口径专业设置的基础上,进一步开设特色专业方向,事实上,这种做法已经在一些法学院开始实践,涉外律师也将随着我国涉外法治人才需求的不断增加而在更多法学院校发展开来,并必将成为一个热门的专业方向。

三、法律硕士研究生培养的特殊性分析——"法律十"特色培养

法律硕士是法律专业的硕士学位,作为专业学位,像前文所述,其仍然是以培养学生的职业能力为主要目标的。无论是法律法硕,还是非法律法硕,法律专业性都是其主业,尤其是后者,法硕这一专业学位是建立在其他非法律专业基础上的学位,不同于双学位是两个平行学位的并行排列,非法律法硕是在本科非法律专业基础上的叠加,其对于法律专业和水平是在研究生层次上的,也就是说,法律是更高水平的,学生的职业能力培养更多指向法律专业。这一体现于学生基础知识或专业结构的特殊性导致法律硕士专业学位培养必然具有特殊性。

例如在对学生的要求上,需要报考法律硕士的学生除具有一定的专业水平外,还应具备一定的法律基础知识,以及法律专业理论深入学习的能力;在对培养院校的要求上,除了需具备一定的理论教学水平和能力外,还必须具备必要的实践教学水平和能力,除此之外,非常重要的一点就是因材施教的能力。法律硕士尤其是非法律法硕教育之所以特别强调因材施教,就在于学生本身专业基础和结构的复合型,培养院校不能在培养过程中将原本具有其他专业基础的学生培养成没有特点和区别的单一性法律人才,或者所谓的法律职业人士,而是应在培养过程中尊重学生的基础和特色,为其安排具有适应性的、能发挥学生原有专业特长的法律专业课程和学习机会。法律硕士专业学位培养的是"法律十"型的复合型人才,可以是法律十金融、法律十计算机、法律十生物科技、法律十人工智能,等等。

与其他专业学位的不同之处在于法律硕士中"法律"的特殊性所决定的该领域的法律性与其他专业性的结合。从某种意义上讲,法律硕士专业学

位是在其他学位基础上的法律学位,是其他专业基础上的法律专业,可以是计算机专业基础上的法律,也可以是在化工、生物基础上的法律,还可以是经济和金融基础上的法律。这种特殊性决定了法律专业硕士研究生培养的特殊性。

除了以上关于法律＋其他专业特色外,还有一点必须强调,那就是法律作为人际关系的一种处理规则,其人文精神不可或缺,虽然其他学科,无论是理科、工科都离不开人文精神的涵养,但法律较之于其他任何一门学科更需要人文精神。随着我国高等教育逐步地去精英化,接受研究生教育的人数越来越多。法律硕士教育作为法律职业人才培养的主要来源和基地,必须重视研究生的人文精神培养和提升。

第四节　涉外律师研究生培养的特殊原则——涉外协同培养

对于法律硕士中涉外律师研究生的培养和教育而言,除了必须遵循和恪守以上培养原则之外,笔者认为"涉外协同培养"是这一专门培养项目所需要或应该坚持的。近年来,我国法治建设进展显著,而涉外法治建设却稍显落后。

律师不仅是法律服务市场中最重要的"供应商",其法律服务水平直接影响"消费者"的权益保护,而且也直接或间接地影响着国家的法治建设。从国外法律职业的发展和特点来看,律师是法官、检察官的重要来源,律师与国家和政府的法治直接相关。律师的重要性决定着律师培养的重要性和基础性,律师的培养和律师同样重要。当然,其中不仅有法学院等培养机构的理论知识的培养,而且也包括律师培养过程中律师实践能力和实务水平的培养。这里基于研究主题的需要,只谈论作为学生的律师研究生的培养,尤其是涉外律师研究生的培养问题。

涉外律师研究生是设置在我国法律硕士专业学位下的一个子项目,本质上依然属于法律硕士专业学位,与法律硕士学位拥有一样的特点,唯一的区别在于其涉外性。基于涉外律师研究生培养的"涉外性",笔者认为"涉外协同培养"是这一培养项目必须遵循的原则,当然也是其特色。

根据教育的本质和特征,我们知道,国内的教育无法仅通过国内的资源就能实现国际化目标。"涉外"教育的实现途径必然是多元化的。处于法律教育前沿的中国人民大学法学院在其 2022 年的招生简章中就明确了其在这方面的培养优势:法学院为法律硕士学生提供了丰富的国外访学、国际机构实习等国际交流机会,近五年来,法学院有近 150 名法律硕士学生在读期间到境外交流实习。在其"法律硕士涉外律师项目简介"中提到,中国人民大学法学院将采取与法律实务部门联合培养模式,在课程建设、论文指导、实习就业等方面共同开展涉外律师方向人才培养。同时,通过院校合作,特别是与已有合作的国际知名高校(合作对象包括但不限于哈佛大学、牛津大学、悉尼大学、慕尼黑大学以及日内瓦大学等海外知名法学院校)联合打造具有人大法学特色的涉外法治课程体系。另外,还为学生提供哈佛大学、悉尼大学等 50 余所世界知名法学院学生交换机会以及牛津大学、乔治城大学等双硕士学位培养项目。组织学生参加"国际模拟法庭比赛""海外杰出法学家课程"等多个国际交流项目,以及锻炼学生法庭辩论等法律实务技能。① 处于国际化大都市上海的复旦大学,其法律硕士涉外研究生培养的国际化程度也处于较高的水平,有着类似的安排。

由此看来,涉外律师研究生的涉外协同培养不仅包括课程设置中的国际化课程,而且还包括学习资源、文献资料、授课老师的国际化,以及跨出国门参与国际实践等,因此,涉外律师研究生培养单位必须具备一定的国际化水平和能力,而且应该与国家的开放政策保持一致,为涉外律师研究生"涉外"方面的知识和能力培养提供必要的条件和机会。

---

① "中国人民大学法学院法律硕士涉外律师项目简介",http：//www. law. ruc. edu. cn/home/t/？id=57554,最后访问日期：2022 年 1 月 21 日。

第四章

涉外律师研究生培养的
目标和基本要求

人才培养目标在学校的人才培养过程中,一般都发挥着指挥棒的作用,或者说是人才培养过程的"灯塔",引导着人才培养这一行为的航行方向。如何正确认识、制定并贯彻实施人才培养目标,对于各人才培养单位而言具有重要的意义,对能否真正实现该培养目标、培养出符合目标的人才具有决定性的作用。

对于法律硕士专业学位中涉外律师研究生的培养而言,虽然其培养目标从表面上看简单而直接,但从国家迫切需求的高层次和复合型人才培养的角度而言,是一个较为复杂的培养目标。其不仅是对国家迫切需求人才培养的承接,而且也要与培养单位的定位相契合,更要满足涉外律师需求单位——律师事务所、涉外企业等市场主体的具体需求。这些需求在培养目标中的落实在某种意义上,一方面是涉外律师人才培养的合法性构建;另一方面,又是规范培养实践的制度性依据。

第一节 研究生教育层面的分析

一、研究生教育是国家和社会杰出人才培养的主渠道

(一) 我国研究生教育业已初具规模

研究生教育对于经济和社会发展、科学技术创新具有重要的引领作用。

根据《2020 年全国教育事业发展统计公报》,我国研究生培养机构有 827个,其中,普通高等学校 594 个,科研机构 233 个。2020 年研究生招生110.66 万人,比 2019 年增加 19 万人,增长 20.74%,其中,博士生 11.60 万人,硕士生 99.05 万人。在学研究生 313.96 万人,比 2019 年增加 27.59 万人,增长 9.63%,其中,博士生 46.65 万人,硕士生 267.30 万人。毕业研究生 72.86 万人,其中,博士生 6.62 万人,硕士生 66.25 万人。我国研究生的招生规模从 2010 年的 53.82 万人增加到 2020 年的 110.66 万人。[①]

2019 年,全国共招收研究生 916 503 人,在校研究生 2 863 712 人,授予研究生学位 715 537 人,2020 年研究生招生人数更是增长到 110.66 万人。

研究生教育不应该被高等教育大众化、普及化的大潮所淹没,而应该为当代中国经济和社会发展、国家强盛和中华民族的伟大复兴,培养高水平、能力强的复合型人才。通过实施人才培养的精英战略、精品战略和特色战略,不断完善体系和制度。研究生教育部门需要切实承担起培养国家和社会所需人才的重任。

(二) 新时期国家对研究生教育的重视

2020 年 7 月 29 日,全国研究生教育会议在北京召开,讨论我国未来专业学位教育发展规划。这是中华人民共和国建立以来第一次召开的全国研究生教育会议。中共中央总书记、国家主席、中央军委主席习近平就研究生教育工作做出重要指示,中国特色社会主义进入新时代,即将在决胜全面建成小康社会、决战脱贫攻坚的基础上迈向建设社会主义现代化国家新征程,党和国家事业发展迫切需要培养造就大批德才兼备的高层次人才。习近平强调,研究生教育在培养创新人才、提高创新能力、服务经济社会发展、推进国家治理体系和治理能力现代化方面具有重要作用。各级党委和政府要高度重视研究生教育,推动研究生教育适应党和国家事业发展需要,坚持"四为"方针,瞄准科技前沿和关键领域,深入推进学科专业调整,提升导师队伍水平,完善人才培养体系,加快培养国家急需的高层次人才,为坚持和发展中国特色社会主义、实现中华民族伟大复兴的中国梦做出贡献。

[①] 《2020 年全国教育事业发展统计公报》,http://www.moe.gov.cn/jyb_sjzl/sjzl_fztjgb/202108/t20210827_555004.html,最后访问日期:2021 年 10 月 6 日。

中共中央政治局常委、国务院总理李克强作出批示，研究生教育肩负着高层次人才培养和创新创造的重要使命，是国家发展、社会进步的重要基石。改革开放以来，我国研究生教育实现了历史性跨越，培养了一批又一批优秀人才，为党和国家事业发展做出了突出贡献。要坚持以习近平新时代中国特色社会主义思想为指导，认真贯彻党中央、国务院决策部署，面向国家经济社会发展主战场、人民群众需求和世界科技发展等最前沿，培养适应多领域需要的人才。深化研究生培养模式改革，进一步优化考试招生制度、学科课程设置，促进科教融合和产教融合，加强国际合作，着力增强研究生实践能力、创新能力，为建设社会主义现代化强国提供更坚实的人才支撑。

中共中央政治局委员、国务院副总理孙春兰表示，要深入学习贯彻习近平总书记关于研究生教育的重要指示精神，全面贯彻党的教育方针，落实立德树人根本任务，以提升研究生教育质量为核心，深化改革创新，推动内涵发展。把研究作为衡量研究生素质的基本指标，优化学科专业布局，注重分类培养、开放合作，培养具有研究和创新能力的高层次人才。加强导师队伍建设，针对不同学位类型完善教育评价体系，严格质量管理、校风学风，引导研究生教育高质量发展。

时任教育部长的陈宝生在 2021 年 1 月 25 日召开的国务院学位委员会学科评议组、全国专业学位研究生教育指导委员会工作会议的讲话中指出，"党中央、国务院高度重视学位与研究生教育工作，经过数十年不懈奋斗，学位与研究生教育实现了高层次人才自主培养，研究生教育体系基本完备，引领国家科技创新能力明显增强，国际影响力显著提升，已经站在了新的历史起点上。进入新发展阶段，围绕高质量发展主题，学位与研究生教育肩负着新使命，开启了新征程。要着眼百年未有之大变局、中华民族伟大复兴战略全局，不忘立德树人初心，牢记为党育人、为国育才使命，增强教育报国担当，为实现中华民族伟大复兴提供更好的人才支撑。"①

---

① "推动'十四五'学位与研究生教育事业更好更快发展——国务院学位委员会学科评议组、全国专业学位研究生教育指导委员会工作会议召开"，http://www.moe.gov.cn/jyb_xwfb/gzdt_gzdt/moe_1485/202101/t20210127_511374.html，最后访问日期：2021 年10 月 6 日。

（三）未来研究生教育的发展

一是竞争层面的考量。研究生教育的竞争是国与国之间教育的竞争，代表的是国家最高的教育水平，竞争舞台是国际舞台，对手是全世界的顶级高校。在这样的竞争中胜出的强者才是真正的强者。

二是未来发展层面的考量。今天的研究生，就是明天科技创新的主力军，他们的学术能力、学术作风、志向追求决定了整个中国科技创新的高度。

三是人才培养的考量。中国已成为世界上最大的留学生生源国，2019年出国留学研究生超过25万人，来华留学研究生9.1万人。出国留学有个趋势需要关注，就是大量优秀的硕士毕业生出国攻读博士学位，有人批判中国高校成了"出国留学的预科班"。对这个问题，我们要辩证地看。一方面，说明中国教育不再是40多年前相对封闭的局面，中国学生受到国外高校欢迎，有能力、有条件走出去了；另一方面，也说明我们的研究生教育培养能力不足、质量不高、竞争力不强，对学生的吸引力和进一步发展的需求存在差距。

四是人才培养目标角度的考量。培养什么人是教育的首要问题，我们的教育要培养拥护中国共产党领导和我国社会主义制度的有用人才。办教育，方向问题是第一位的。研究生教育培养的是创新型人才、高素质人才，他们的价值取向对社会有重要的引领作用，一旦出了问题，影响更大、危害更广，故要牢牢守住立德树人这条生命线。新时代的研究生是实现中国"两个一百年"奋斗目标的中流砥柱，他们的精神状态和综合素质将直接影响中华民族伟大复兴的进程。他们一定要有真信仰、真本领、责任感强、专业扎实，有创新精神、开拓勇气，特别在科研上要做到高精尖、品质要硬、底气要足、眼光要远。研究生教育是国家的战略事业，要坚定为党育人、为国育才。要加强爱国主义教育，增强广大研究生的使命感、责任感和面向未来探索创新的自觉性。研究生教育要回归常识、回归本分、回归初心、回归梦想。要认真落实习近平总书记提出的在坚定理想信念、厚植爱国主义情怀、加强品德修养、增长知识见识、培养奋斗精神、增强综合素质六个方面下功夫的要求，促进学生全面发展。

二、研究生人才培养的一般目标

我们培养出来的研究生不仅要有专业知识，而且还要有理想、有思想、有道德、有责任，有人文情怀、有文化底蕴、有科学素养、有科学精神，有超越学科专业、国界、文化的视野和思维，不仅有现实判断力，而且也有历史眼光、世界眼光和批判眼光；不仅有务实、拼搏精神，而且也有创新精神、团队精神。

研究生教育不是本科生教育的简单延伸，也不是传统的技术学徒，更不是"打工人"，而是未来国家和社会的精英和中流砥柱。研究生教育需要以培养国家和社会所需要的杰出人才为己任。

我国现行研究生教育基本上实行的是分类培养制度。国家治理、社会运行、各个领域的运作和发展需要的是具有不同层次、多种规格、多样化的人才，对高层次人才的需求也是如此。虽然研究生教育所培养的人才处于社会人才体系的高端，但也要走向社会，进入职业岗位，所以应该在现有培养体制中，按照不同学科专业、不同层次、进一步向精细划分的人才培养模式改进。既培养创新型人才，也培养应用型人才；既培养专业型人才，也培养复合型人才；既培养适应型人才，也培养超前型人才；既有常态培养，也有特殊培养；既有"卖方推销"式的培养，也有"买方订制"式的培养。[①]

我国当下高等教育中研究生人才培养，已从过去专业学术研究强调系统性与完整性的知识性教育，以及既重视学科知识传授也重视专业技能培养的知识能力型教育，转变为当下"融传授知识、培养能力和提高素质为一体"的素质型教育。这既是高校人才培养模式改革的巨大进步，也是高等院校适应社会发展需求的必然产物。随着信息科技的发展，人类已进入"大科学"与"大综合"的时代，在这种发展趋势下，社会对人才的需求发生了根本性的变化，要求人才具备知识面宽、应变能力好、开拓创新能力强等多种素质。为此，高等院校必须从学科发展的综合化、整体化高度，重新审视人才培养的目标，使其所培养的人才，既要具有人才的共性，又要具有一定的个性。在培养目标确定和构建培养方案的过程中，应当从以"学科本位"为主线转变为以"三位一体"为主线，即以"融传授知识、培养能力和提高素质为一体"作为培养目标和培养方案的主线。

三、专业学位研究生培养的一般目标

在 2020 年 7 月召开的全国研究生教育会议提出，未来高层次研究人才

---

① 朱跃龙等：《研究生应用型人才培养研究》，南京大学出版社 2018 年版，"总序"第 5 页。

将主要以博士教育为主,硕士培养将主要以应用型人才,即专业硕士为主。2020年9月,教育部印发的《专业学位研究生教育发展方案(2020—2025)》提出,到2025年,专业学位研究生的招生规模将扩大到硕士研究生规模的2/3左右。

一些高等院校已经开始采取措施取消部分学术学位研究生招生,例如2021年复旦大学经济学院发布通告称,自2021年开始,该学院不再招收学术学位硕士研究生。其实早在这些政策宣布之前,一些培养单位已经基于国家和社会发展的实际情况,决定取消一些学术硕士研究生的招生,例如北京大学经济学院2014年就宣布不再招收学术型硕士研究生,改为招收金融、保险、税务、国际商务专业的专业学位研究生;北京大学国家发展研究院2020年发布通知称,2021年起取消学术型硕士研究生项目招生,增扩博士研究生项目招生;西南大学经济管理学院2020年7月发布公告称,自2021年开始,不再招收政治经济学专业学术型硕士研究生。

随着我国社会和经济的快速发展,尤其社会对实践人才的迫切需求,高等教育一直在进行扩招,这实际上也是一种从过去精英化模式向大众化模式的转变,学术人才博士化和实践人才硕士化已成为一个必然的趋势和选择。

第二节　法律硕士教育层面的分析

培养目标关系教育目的能否实现、教学计划如何制定、选择什么样的教学方法以及课程如何设计等问题,因此无论是哪种教育形态,首先都是要解决好、确定好其培养目标。基于其产生的时代背景,法律硕士在设立之初就制定了非常高的培养目标,对其寄托了很大期望。法律硕士专业学位的培养目标,从宏观上看是为法律职业部门培养具有社会主义法治理念、德才兼备、高层次的复合型、实务型人才。它主要是以培养立法、司法、法律服务、行政执法和法律监督及经济管理等方面需要的高层次、复合型法律专业人才和管理人才为目标。

一、法律硕士教育是与法学硕士教育不同的人才培养模式

从培养学生数量上看,法学研究生 2020 年毕业生数 49 523 人,其中硕士毕业生 46 389 人;招生数 67 253 人,其中硕士生 61 633 人;在校研究生数183 018 人,其中硕士研究生 158 777 人。①

法律硕士专业学位(涉外律师)是法律硕士专业学位的专项培养项目,法律硕士专业学位教育是其培养和教育的基础。法学教育的目标在于培养法律人,但法律人的标志是什么,不同的人们存在不同的看法。无论是"法律人思维",还是"法律知识",或者是"参与职业实践",都很难完全概括描述。从这些差异中我们可以看到,社会对于法律职业人士的基本要求。

普通高等院校法学院的教师普遍觉得,法学教育的首要任务就是培养受实在法约束、以法律的判断取代自己的判断、秉持一种法教义学观念的职业教育,而法学教育最大的失败就是培养了不具备教义学观念的"懂法的法盲"。然而,从实践需求的角度来看,培养教义学观念只是法学教育的一部分,法学教育中还存在其他一些自学无法替代的内容,其中最重要的一项就是法律的体系性观念。体系性包括形式要求和实质要求,前者表明法律条文的位置,体现条文的意义,后者表明法律的价值和原则,决定其意义。所以,法学教育中,最多的时间应该放在体系性观念的构建上。

体系性和教义学观念决定了法律人的高度专业性。法律的体系性本身也暗含法律的开放性,这就导致法律人作为专业人士,可能借助法律谋取不正当利益,而这一风险并不能被法律本身所化解,所以,在法学教育中必须引入法律规则之外的职业伦理。职业伦理和法理学是对教义学的反省和反思,是法学教育的"解毒剂"。法律职业伦理又可划分为法律职业,例如法官和律师的区别,但这种角色分化最终应当统一为忠于法律。②

从过去传统的法学教育单一地进行学科专业理论知识的传授,到教育部 2018 年发布《普通高校法学本科专业教学质量国家标准》后对法律职业伦理规则的重视,法律法学教育一直在实现理论和实践的结合,重视学生的

---

① "分学科研究生数(总计)",http://www.moe.gov.cn/jyb_sjzl/moe_560/2020/quanguo/202108/t20210831_556345.html,最后访问日期:2020 年 10 月 3 日。
② 陈景辉:《法律"职业"伦理:一个补强的论证》,《浙江社会科学》2012 年第 1 期。

职业素质的养成。到了研究生阶段,尤其是对于作为专业学位的法律硕士研究生而言,在两三年的培养时间里,应更加突出实践,注重实践能力的养成。

二、法本法硕与非法本法硕在培养模式上的区别与特征

(一) 法本法硕与非法本法硕的区别

法律硕士专业学位又分为法律硕士(法学)与法律硕士(非法学),从名称中可以看出来,两者是按照考生的本科专业区分的,两者的区别如下。

一是报考条件的不同。法律硕士(非法学)研究生是以法学专业以外的不同学科和专业的本科毕业生为招收对象。法律硕士(法学)研究生是《全日制法律硕士专业学位研究生指导性培养方案》中新增的专业学位类型,该专业仅招收本科为法学专业的学生。

二是设立时间不同。法律硕士(非法学)是从 1996 年开始设立的,而法律硕士(法学)是从 2009 年才开始招生的,而且截至目前有的学校并不招收法律硕士(法学),只招收法律硕士(非法学),例如北京大学和清华大学。

三是招生数量的不同。从数量上来说,大部分高校的法律硕士(法学)在招生数量远少于法律硕士(非法学)。中国人民大学在其《2022 年全日制法律硕士(法学)专业学位研究生招生简章(含涉外律师项目)》中明确规定,全日制法律(法学)专业分为:普通方向和涉外律师方向。其中,普通方向招收 36 人,涉外律师方向招收 11 人。而全日制法律(非法学)专业分为:普通方向和涉外律师方向。其中,普通方向招收 92 人,涉外律师方向招收 10 人。也就是说,中国人民法学法学院在 2022 年度招收法本法硕 47 人,而非法本法硕则达到 102 人。浙江大学光华法学院在 2022 年招生简章中显示法本法硕计划招生 20 人,而非法本法硕的计划招生人数是 93 人,为前者的 4.65 倍。[①]

四是学制不同。大部分高等院校的法律硕士(法学)是两年学制,而法律硕士(非法学)则是 3 年学制。例如中国人民大学招生简章明确规定法律

---

① "2022 年硕士研究生招生专业目录查询系统",http://grs.zju.edu.cn/ssszs/studentZsml.htm,最后访问日期:2022 年 3 月 15 日。

（法学）普通方向基本学习年限为两年，法律（法学）涉外律师方向基本学习年限为 3 年。而法律（非法学）全日制学习年限为 3 年。

五是培养目标和定位不同。法律硕士（非法学）强调的是一种复合型人才，需要既具有法律知识，又有其他专业知识的人才。法律硕士（法学）则强调的是一种应用型人才，即本科阶段和研究生阶段都学法律，在研究生阶段更强调应用性。但在现实中也未必这么严格地区分，例如《中国人民大学2022 年全日制法律硕士（法学）专业学位研究生招生简章（含涉外律师项目）》中说明："为更好地适应国家经济社会发展对高层次、复合型人才的需要，增强研究生教育服务经济社会发展能力，积极为国家经济社会发展培养应用型人才，我院 2022 年继续招收全日制法律（法学）专业学位硕士研究生"。①

（二）法律（法学）硕士学位的历史发展

在法学研究和法学教育迅速崛起的最初阶段，法制与法治的作用开始受到重视，当时法学研究生教育的目的被定义为培养学术型、理论型人才，同时认为实践型法律人才的培养由本科、专科等教育即可完成。相比理论研究人员，快速发展的市场经济与社会对于能够运用法律知识和技术解决实际问题的实务型人才的需求更为迫切。于是，为了回应和引导社会发展的需求，国务院学位委员会于 1995 年批准设立法律硕士专业学位，并于1996 年正式招生。1996—1999 年，中国法律硕士并没有限制法学本科毕业生的报考。

自 2000 年起，中国全日制法律硕士招生改为只面向国民教育序列的大学非法学专业本科毕业生报考（个别学校允许符合一定条件的大专毕业生报考），而在职攻读法律硕士可以招收法学或非法学本科毕业、有一定工作经历的在职人员。有人认为，这样的变革是借鉴了美国法律博士教育的经验，体现了法律科学的实践性和经验性，将学历教育与职业教育完美地结合起来。非法学专业本科学生，在其所掌握某一学科领域知识的基础上能够对法律规则的设计和应用有更深层次的理解，而那些在职硕士，在学习过程中能够联系自身工作经验解决实际问题，这两种"充电式"的继续教育带有

---

① 《中国人民大学 2022 年全日制法律硕士（法学）专业学位研究生招生简章（含涉外律师项目）》，http：//www. law. ruc. edu. cn/home/t/？id＝57561，最后访问日期：2022 年 3 月15 日。

很强的职业倾向。

我国早在 1991 年就开始实行专业学位教育制度,但每年招收专业学位研究生仅占招收硕士总数的 10%,全日制攻读的比例更低。2008 年全国招收法学硕士生 13 192 人,法律硕士(含全日制和在职)8 705 人。2009 年国务院学位办新设了法律硕士(法学)专业学位。第一届的法本法硕录取的方式是从报考法学硕士未被录取的学生中调剂录取。2009 年,教育部发布《2010 年全国招收攻读硕士学位研究生简章》,首次对"学术型硕士"与"专业学位硕士"进行区别。法本法硕招生开始走向正轨,面向法学本科毕业的应届或非应届毕业生招生,学制均为两年。

法律(法学)专业学位的出现表面上看是为了应对 2008 年全球金融危机对就业形势的影响,但实际上也是中国法学教育模式的转型,这一转型把法科研究生的培养重点由理论教育转向职业教育,较为符合当时的社会发展规律。同时,这一转型也造就了法科研究生的结构性调整和变化,不仅使法学专业的本科生在考研这条道路上又增加了一种选择,而且形成了法本法硕、非法本法硕和在职法硕并存的新局面。

法本法硕的培养目标是为法律实务部门培养具有社会主义法治理念、德才兼备的专业型、实践型高级法律人才,其教育理念注重法律职业素质的养成。为了弄清楚法本法硕的意义,法本法硕的教育目标要放到整个法学教育的系统中理解。法本法硕教育除了要满足社会发展对高水平职业人才的需求之外更要协调与法学类其他教育的关系,特别是与法学本科教育的衔接和与同层次的硕士学位教育的配合。本科教育应该以通识教育为主、职业教育为辅的原则。处于高等教育两端的本科教育和博士教育都无法将法律职业能力的培养作为其首要的目标,然而从某种意义上讲,缺少职业教育的教育体系是不完整的,故法本法硕研究生的教育必然要担负职业教育的使命,以改变中国当下法学教育体系的失衡局面,为正处于艰难处境的本科法学教育指明出路。

(三) 法律(非法学)硕士学位是法律专业学位的重点

一直以来,我国的法学教育与法律职业之间的鸿沟都是困扰法学教育界和法律实务界的难题。造成这一难题的原因不仅是法学教育一直以来与实践存在一定程度的脱节,而且还在于法律教育实际上未能与法律本身的特点实现有效衔接。法律是一种关于人际关系的规则,对于那些没有多少人生经验的本科生而言,他们学习法律就像在纸上谈兵。

基于传统法律法学教育的这一特殊性,从某种程度上看,法律硕士教育是为弥补现实与理想鸿沟的改革而产生和发展的。为此,法律硕士培养特别注重其专业化和职业化的密切结合。早在第三届硕士教育论坛上,曾宪义教授就认为,法律硕士学位是以法律职业为背景、注重法律职业能力和职业素质培养的高层次学位。另外,国务院于 1995 年通过的《关于设置法律专业硕士学位报告》以及 2006 年全国法律硕士专业学位教育指导委员会修订的《法律硕士专业学位研究生指导性培养方案》都对法律硕士的培养进行了详细的阐述,在培养方案里还规定了实践必修环节和论文要求等。综合这两个文件,可以看出,法律硕士教育是职业教育,即培养能够胜任法律职业的高层次人才。

与作为传统高校的法学教育出路的法本法硕不太相同,法律(非法学)硕士教育则是真正适应广泛法律实践需求的法律职业教育,而且属于一种精英教育。之所以说法学硕士教育应属于精英教育是因为整个法学教育走向精英化应该是一种必然。首先,当前我国一直在进行的司法改革,包括法官数量的要求和对法官的选任所设定的严格条件,以及要求法官将对自己所审案件实行终身负责制,这些都对法官提出了更高的要求,由此可见,作为培养法官源头的法学教育必须精英化,故对于法学教育在招录、培养、实践方面都提出了更高的要求。其次,我国法律行业必须构建一支专业化、高素质的法官和检察官队伍,只有这样才能提高司法的公信力,真正树立起法律的权威。再次,法律硕士尤其非法学法硕教育必将为立法、司法、法律服务输送高层次、复合型人才,能否精英化不仅关系我们能否建立高质量的法律共同体,而且还关系乃至决定着各行各业的法治意识以及法律在解决问题的基础性地位。

第三节　涉外律师研究生层面的分析

一、涉外律师研究生培养目标确定的背景

根据人类行为的科学有效规律,围绕目标而确定行动方案是合理的路

径选择。对法律硕士专业涉外律师的培养，我们可以从教育部、司法部联合发布的相关文件中了解其未来的培养目标。教育部学位管理与研究生教育司与司法部律师局联合发布的《关于实施法律硕士专业学位（涉外律师）研究生培养项目的通知》中明确，法律硕士专业涉外律师培养的目标在于：为涉外法律服务机构和大型企事业单位法务部门培养一批跨文化、跨学科、跨法域，懂政治、懂经济、懂外语的德才兼备的高层次复合型、应用型、国际型法治人才，为建设一支法学功底扎实、具有国际视野、通晓国际法律规则，善于处理涉外法律事务的涉外律师人才奠定基础。

笔者认为涉外律师研究生培养目标在于：在一般的法律硕士的基础上突出其复合型、涉外性、国际性，使学生在通晓中国本土法律的基础上，熟悉国际法律以及相关的政治、经济、社会和文化，服务国家战略、重点领域、新兴领域、涉外领域立法，为提升我国在国际法律事务和全球治理方面的话语权和影响力做出积极贡献。

之前中共中央发布的《全面推进依法治国若干重大问题的决定》要求，建立从符合条件的律师、法学专家中招录立法工作者、法官、检察官制度，通过招生对象的选择，将学生培养成为高层次复合型人才；通过法律规则教育使学生成为通晓国际法律规则、善于处理涉外法律事务的涉外律师人才。这些高层次人才必须是政治立场坚定、专业素质过硬、跨学科领域、善于破解实践难题的高层次复合型、应用型、国际型法治人才。

涉外律师研究生培养目标的特殊性，一方面在于整个培养过程必须突出律师这一角色定位。律师是法律服务市场的代言人，是法律服务业的主体和基础，也是法律服务行业，以及法律职业共同体人才的来源。高层次律师的培养将能够为公证、审判、仲裁、调解等领域输送高层次、专业化的法律人才。

另一方面，涉外律师研究生培养必须突出涉外性。涉外律师研究生是国家和社会涉外法律服务需求的产物。2021年1月16日上午，海南省三亚市凤凰公证处正式成立凤凰跨境跨域家事法律服务协作中心，对标国际规则惯例，为跨境跨域家庭事务提供优质高效的法律服务，成为探索与海南自由贸易港相适应的涉外法治体系，营造法治化、国际化、便利化营商环境，引领海南全面深化改革开放的一个剪影。未来将会有越来越多的此类法律服务机构出现,也需要越来越多的涉外律师加入。

二、涉外律师研究生培养目标的实践现状

(一)《法律硕士专业学位(涉外律师)研究生指导性培养方案》中的培养目标与要求

法律硕士专业学位(涉外律师)是法律硕士专业学位的专项培养项目,旨在为涉外法律服务机构和大型企事业单位法务部门培养一批跨文化、跨学科、跨法域,懂政治、懂经济、懂外语的德才兼备的高层次复合型、应用型、国际型法治人才,为建设一支法学功底扎实、具有国际视野、通晓国际法律规则,善于处理涉外法律事务的涉外律师人才队伍奠定基础。

基本要求为:① 拥护中国共产党的领导和中国特色社会主义制度,遵守宪法和法律,政治立场坚定、理论功底扎实、熟悉中国国情,具有良好的政治素质和道德品质,遵循法律职业伦理和职业道德规范。② 全面掌握马克思主义法学基本原理,特别是习近平法治思想和中国特色社会主义法治理论,具备从事涉外法律实务所要求的法律知识、法律术语、法律思维、法律方法和法律技能。③ 善于综合运用法律和其他专业知识,具备独立从事涉外法律实务工作的能力。④ 熟练掌握一至两门外语。

具体要求为:① 自觉践行社会主义核心价值观,具有爱国情怀和国际视野。② 系统掌握国内法律专业知识和相关跨学科知识,熟悉国际法律规则和世界主要国家的法律制度。③ 掌握国内、国际以及主要国家的基本诉讼程序,熟悉国际诉讼、仲裁业务。④ 具备从事国内、国际非诉讼法律实务以及法律实务的组织和管理的能力。⑤ 具有熟练运用外语处理涉外法律实务、撰写法律文书的能力。⑥ 熟练掌握涉外法律检索、法律文书制作、法律谈判、法庭辩论技能。

(二)涉外律师研究生培养院校的实践

多数培养院校对涉外律师项目的培养目标没有做特殊的安排,基本上都是将教育部和司法部的联合发文中的基本要求和说明作为指导,结合其原有的法律硕士培养基础,做出本校(院)关于涉外律师研究生的培养目标安排。

中国人民大学法学院在涉外律师研究生培养项目简介中是这样介绍

的："该项目课程体系以《法律硕士专业学位（涉外律师）研究生指导性培养方案》为指导，同时结合中国人民大学人才培养特色和资源优势，在强化国内法基础课程学习的同时，以国际法课程、外国法课程、地区法律研究相关课程及实习类课程为中心，回应涉外法治实践中出现的多维度和多层面的问题，使学生掌握基本的国内法律专业知识，熟悉国际法律规则和世界主要国家的法律制度和基本诉讼程序，具备良好的外语基础和独立承担涉外法律事务的能力，致力于培养一批真正满足国家发展需要的涉外法治人才。"[1]

曾任微软全球高级副总裁、微软中国研究院院长的李开复曾经这样说过："三十年前，一个工程师梦寐以求的目标就是进入科技最领先的IBM。那时IBM对'人才'的定义是一个有专业知识的、埋头苦干的人。斗转星移，事物发展到今天，人们对人才的看法已经逐步发生了变化。现在，很多公司所渴求的人才是积极主动、充满热情、灵活自信的人。"[2]

现代企业对人才的需求，一般可以从三个角度分析：一是素质方面的要求，包括敬业、努力、热爱专业、踏实、吃苦肯干、勤奋、认真、有耐心、热情、有进取心、有抱负和理想等。二是能力要求，应熟悉专业知识并能在实践中熟练应用，通晓专业知识，能具体操作，悟性高、会分析、能创新。三是知识结构方面，要求知识面广，本专业知识要精通，对其他相关专业也有一定的基础，并具有学习新知识的能力。对于我国的高等院校，其作为国家各类人才培养的主要承担者，必须对标国家和社会的需求，将培养目标具体化，在专业分工的前提下，通过一定的专业知识的传授，培养学生的专业学习能力，同时还不能忽视专业素养的养成。

---

[1] "中国人民大学法学院法律硕士涉外律师项目简介"，http：//www.law.ruc.edu.cn/home/t/?id=57554，最后访问日期：2021年11月5日。

[2] 李开复："给中国大学生的第一封信——从诚信谈起"，https://m.dxsbb.com/news/239_3.html，最后访问日期：2021年11月6日。

第五章

涉外律师研究生培养的特殊性

第一节　专业学位研究生教育
培养的特殊性分析

一、专业学位研究生教育的重要性日益凸显

研究生教育肩负着为国家和社会培养高层次专门人才以及进行知识生产的双重使命。根据研究生教育的现状及其基本分类方式,主要可以分为:学术型学位研究生与专业学位研究生两大类型的教育培养模式。在我国,由于近些年来国民经济和社会的快速发展变化,对各种高级人才尤其是实践性的实务人才的需求空前高涨,我国高等教育开始注重实践教育。实际上,"从招生数、在校生数、学位授予数等数据统计指标可以看出,当前已基本形成专业学位与学术学位并重的发展格局,并且专业学位的规模已经全面超越学术学位,成为研究生教育的重要组成部分"。①

二、专业学位研究生教育是不同于学术学位研究生的教育模式

一度国人将学术学位视为专业学位的母体,认为专业学位属于学术学位的产物,乃至附庸。究其原因,主要是由于专业学位研究生教育的发

---

① 李伟、闫广芬:《专业学位研究生培养模式的理论探析与实践转向》,《研究生教育研究》2021年第5期。

展在我国起步较晚,并且专业学位实际上也主要依托于研究型高等院校开展人才培养活动,所以在培养过程中难免存在认知上的误区,以及实践上的缺陷和不足,这主要反映在"重学术学位、轻专业学位"的思维观念上,就是简单地套用学术学位的发展理念、思路、措施等;反映在落实政策的培养过程中则主要表现在招生录取、课程体系、教学模式、师资队伍等环节存在照搬学术学位教育的问题。专业学位研究生培养模式的特色不突出、与学术学位研究生培养同质化是我国一直以来存在的现象和问题,这也是制约我国专业人才培养质量提升,以及市场中专业人才匮乏的重要原因。

　　研究型高等院校开展专业学位研究生教育培养活动存在的问题被学者概括为以下五个方面:一是定位上与学术学位的"同化",即专业学位研究生的培养方案更多参照了对应的学术型学位,从而导致专业学位过多地关注学术特征,缺乏足够的职业特色;二是内容上的"软化",即专业学位课程体系缺乏足够的应用属性,理论课、公共课、必修课居多,而体现专业学位特色的实践课、专业课、选修课则偏少,教学内容过分关注软知识,忽视专业知识;三是专业学位培养过程的"异化",即从招生到培养的全过程,缺乏足够的针对性,主要表现为招生模式的单一化、教学方式的封闭化、实践环节的薄弱化等;四是培养成效评价的"矮化",即仍然像学术学位一样,主要以学术论文作为毕业考核的要求,缺乏调研报告、规划设计、产品开发等多样化的评价方式,并且专业技能考核标准还需要进一步规范,以及专业学位教育与职业资格认证的衔接也不紧密;五是培养条件的"弱化",即校外企业导师的缺位、虚位、不足等现实,"双导师"制流于形式,导师制度建设不力,"双导师"队伍难以构建,实践基地建设与企业参与力度也有待提高。①

　　之所以造成专业学位研究生教育存在上述现象和问题,其原因可以从理论和实践两方面得到解释。按照20世纪90年代迈克尔·吉本斯在《知识生产的新模式——当代社会科学与研究的动力学》一书中的分析,

---

① 李伟、闫广芬:《专业学位研究生培养模式的理论探析与实践转向》,《研究生教育研究》2021年第5期。

知识生产模式可以分为模式Ⅰ和模式Ⅱ。在模式Ⅰ中,知识生产基于学科,是专业化的,强调理论知识的创新;在模式Ⅱ中,知识的生产基于情境,是跨学科的,强调研究结果的绩效和社会作用。[①] 欧内斯特·博耶在《学术的反思:教授的工作重点》一书中将"学术"划分为四种,即探究的学术、整合的学术、应用的学术以及教学的学术。[②] 从两位学者的划分中我们可以看出学术型学位与专业型学位存在较大区别。值得注意且明确的是,同属于高等教育中的学位教育,两者的差别主要在知识类型而非知识含量上,并且知识类型的差异主要因技术维度而有所区分。换句话来说,就是专业学位的知识生产不同于学术型学位的知识生产,其主要是基于专业和情境的技术知识,即使是学术研究也应当是以应用的学术作为基本特征。当然,这并不意味着学术型学位与专业学位的知识是割裂的或截然不同,事实上,它们是同属于一个母学科的学术型学位和专业型学位,前者知识生产中生成的学科理论影响着后者在实践中的成长高度;而后者在实践中验证其正确性和效果,并不断地提出新的问题供前者进行进一步的研究。

有学者将我国目前的教育类型进行了知识和技术(技能)两个维度的划分,认为中等职业教育属于"低知识、低技术(技能)"型教育,专科层次高等职业教育属于"低知识、中技术(技能)"型教育,本科层次高等职业教育属于"中知识、高技术(技能)"型教育,学术型学位教育属于"高知识、低技术(技能)"型教育,而专业学位研究生教育总体上属于"高知识、高技术(技能)"型教育。他认为,专业学位教育与学术型学位教育的差异主要在于知识类型与技术(技能)含量,由于知识类型因技术(技能)含量的高低不同,因此在教育培养实践过程中必须关注两者的差异性。对于专业学位研究生教育与高等职业教育的差异主要体现在技术(技能)类型与知识含量,以及技术(技能)类型因知识含量的高低不同等方面。从学科成熟度与专业成熟度的角度分析,根据20世纪70年代安东尼·比格兰对学科"硬—软""纯—应用"

① [英]迈克尔·吉本斯等:《知识生产的新模式——当代社会科学与研究的动力学》,陈洪捷、沈文钦等译,北京大学出版社2011年版,第1—16页。

② Boyer E. L. *Scholarship Reconsidered: Priorities of the Professoriate*. Princeton University Press, 1990, p.16.

"生命系统—非生命系统"三维度的分类,①以及托尼·比彻基于比格兰的"纯硬科学、纯软科学、应用硬科学、应用软科学"②学科总体分类框架,显然,专业学位类别主要集中在"应用硬科学"(例如工程、临床医学等),以及应用软科学(例如教育、法律、工商管理等)领域。当然,这些分类也不是绝对的,毕竟应用科学与纯科学息息相关,技术科学或应用硬科学往往需要以物理学(纯硬科学)等作为基础。

三、专业学位研究生教育是职业性与学术性高度统一的教育

专业学位研究生教育需要实现"职业性与学术性的高度统一",如果说学科成熟度可以反映不同专业学位在学术上的差异性,那么其职业性的区分又将如何进行? 有学者通过对专业学位人才培养项目的职业技能专业化进行分类,以区分各个专业学位类别在职业指向性、职业资格准入以及岗位胜任力程度等方面的不同。尽管专业学位研究生教育与一般意义的职业教育一样,均具有职业属性,但人们普遍认为,专业不同于一般职业,主要是指一部分知识含量极高的特殊职业。在此意义上,用"职业技能专业化"指称专业学位的职业性显得有些偏狭。卡尔·桑得斯和威尔逊通过对英国的专业进行研究,明确了专业所具备的核心特征,即基于自然和人文科学研究的专业知识长期专门的技能与智力培训、通过提供专业服务收取报酬、在专业服务过程中融入从业者的选择与判断、有自治的专业组织检验从业者的专业能力并维护其伦理规章。③ 我国学者也有类似的概括总结,认为专业的特殊或专门之处包括:该职业必须有特别的专门的知识和专门的技能、从业者必须经过和接受比从事普通职业更多的教育与训练、具有专门资格标准(包含相关的知识标准、技术技能标准以及有别于其他职业的本专业的伦理标准和惩戒办法)、对专业人员有严格的资格认可制度以及从业或开业的

---

① Anthony Biglan. Relationships between subject matter characteristic and the structure and output of university departments. *Journal of applied psychology*, 1973, 57(3), pp. 204 - 213.

② [英]托尼·比彻、保罗·特罗勒尔:《学术部落与学术领地——知识探索与学科文化》,唐跃勤等译,北京大学出版社2018年版,第40页。

③ Carr - Saunders A. M., Wilson P. A. *The Profession*. Oxford Clarendon Press, 1933, pp. 284 - 289.

整套注册登记制度。①

　　对于专业是否成熟的标准,有学者从社会学的角度提出了六个标准:
① 一个正式的全日制的职业;② 拥有专业组织和伦理法规;③ 拥有一个包含着深奥知识和技能的科学知识体系,以及传授(获得)这些知识和技能的完善的教育和训练机制;④ 具有极大的社会效益和经济效益(鉴于高度关注和力求达成客户利益和社会利益);⑤ 获得国家特许的市场保护(鉴于高度的社会认可);⑥ 具有高度自治的特点。②

　　有学者根据学科成熟度和专业成熟度,对专业学位类别进行了进一步的划分,认为不同专业学位可以划分为四类:一是"高学科成熟度、高专业成熟度"一般集中在应用硬科学领域,并且面向的行业标准明确,典型代表为临床医学、工程专业学位等;二是"高学科成熟度、低专业成熟度",同样集中于应用硬科学领域,但由于其准确型主要体现在方法论上,所以应该属于准应用硬科学,其面向的行业标准较为模糊,例如应用心理学、应用统计学专业学位等;三是"低学科成熟度、高专业成熟度",一般集中在应用软科学领域,并且主要以社会科学作为知识基础,研究对象主要为抽象符号,且面向的行业标准较为清晰,例如法律、会计专业学位等;四是"低学科成熟度、低专业成熟度",同样集中在应用软科学领域,并且主要以人文学科为知识基础,研究对象主要为包括人在内的具体事物,面向的行业标准相对比较模糊,例如教育、出版专业学位等。③

四、专业学位研究生教育是产教融合的育人模式

　　以产教融合为途径的专业学位研究生培养模式是实现专业学位特色化发展的主要方式。产教融合的广度和深度因专业学位发展成熟度的不同而有所不同。"高学科成熟度、高专业成熟度"的工程、临床医学、口腔医学等专业学位,产教融合应当贯穿于理论与实践学习的全过程,避免两者在培养

---

① 王沛民:《研究与开发"专业学位"刍议》,《高等教育研究》1999 年第 2 期。
② 赵康:《专业、专业属性及判断成熟专业的六条标准——一个社会学角度的分析》,《社会学研究》2000 年第 5 期。
③ 李伟、闫广芬:《专业学位研究生培养模式的理论探析与实践转向》,《研究生教育研究》2021 年第 5 期。

过程中发生脱节。"高学科成熟度、低专业成熟度"的应用心理、应用统计等专业学位,在选择产教融合时比较实际的培养路径是发挥培养单位的主导力量,强化理论学习的系统性,在此基础上融入行业力量,为学生创造良好的实践环境,使学生熟悉并深化理论运用。而"低学科成熟度、高专业成熟度"的法律、会计等专业学位在进行产教融合时,应当以行业为指导,积极与行业组织加强合作,以产业力量为主导加强案例库建设,通过丰富的案例教学,模拟实际的工作情境,使学生随时随地地理解法律、会计等学科知识,从而提升其专业实践能力。

产教融合的专业学位研究生培养模式,一方面,可以加强理论知识的学习,强化培养单位的培养力度,从而促使学生在实践中将所学知识运用到具体事务中,通过自己亲身的体会习得专业技能;另一方面,也可以加强培养单位与行业部门的协同关系,吸引产业界的力量参与到人才培养活动的各个环节中来,学校与实践单位共同制定培养标准,相关实体和企业可以优先得到自己所需的人才。产教融合式的培养似乎是一种定制化的培养,作为培养单位的高等院校能够使得自身的教育培养有的放矢,不脱离实际,具有现实意义,而参与培养的单位,通过全方位参与培养过程,优先挑选人才。当然,作为研究生,在整个培养过程中,学生们往往可以率先得到实践单位的选拔,尽快就业。可以说,这种产教融合的专业学位研究生培养模式是一种培养过程参与人多赢的培养模式。

第二节　法律自身的特殊性

涉外律师研究生培养尽管涉外,但依然是一种法律硕士培养模式,属于法律领域的专业学位教育,其法律属性不言而喻。而法律的特性,或者法律的特殊性对涉外律师研究生培养的特殊性具有决定性作用。

一、法律的社会意义

(一) 法律对经济的意义

近代以来,随着商品经济和市场经济的发展,社会对法律规则的需求增加,从而率先推动了资本主义民法、商法等规则的形成和发展,实现了经济领域的法治。现代社会以市场为经济基础,而市场机制的正常运行,首先需要对市场主体财产权进行尊重和保护,实现契约自由,保障契约履行和公平合理的市场竞争环境。

法治为商品交换提供了有序、安全、公正和高效的环境,保障了市场交易主体经济地位的平等和意志自由,限制了行政权力对市场经济的不当干预,为国内市场和国际市场的一体化提供了保障。

从历史发展的角度看,现代法治是以市场经济为经济基础的,甚至可以说市场经济本质上应当是法治经济。市场经济构成法治的物质性基石,而法治也为市场经济的维持和进一步发展提供了保障。

(二)法律对社会文明的意义

人们通过交往和合作取得物质上进步,而物质的充裕促进了人类精神上的发展。人类社会就是在物质和精神的相互促进中不断向前发展的。随着人类文明的不断丰富和发展,人际交往或者人际关系处理的规则愈益多样化,法治社会不仅是人类文明的需要,而且从某种意义上看也是人类文明的结果。

现代社会是文明社会,需要法律保障人类的基本文明成果,公平、正义等都需要法律予以维护。法律本身在其内容上,一方面,体现了人类社会的文明及其进步;另一方面,法律还为这种文明成果提供了保护和保障,使得这些人类文明成果得以存续和发展。

二、法律自身的规范性与实践性

(一)法律的规范性分析

法律是文明社会中人们的基本行为规范。从系统论的角度分析,法律是调节人的行为或社会关系的规范,由国家保证实施。作为调节人的行为和调整社会关系的规范,法律既区别于思想意识和政治实体内部的行为规则,又区别于某些技术规范,具有告知、指引、评价、预测、教育和强制等作用。法律具有国家意志的属性,因此具有高度的统一性、权威性和普遍适用性。法律以权利和义务作为运行机制,影响和指引人们的行为,调节社会关系,法的这种调整方式也使它与道德和宗教相区别。作为由国家保证实施的社会规范,法律在性质、范围、程度和方式等方面与道德等其他社会规范存在差别,在法律的实施过程中,国家强制力是相对于最后一道防线意义上的,并不意味着每一个法律规范的实施都要借助国家强制力,也不等于国家强制力是保证法律实施的唯一力量。①

从要素论的视角分析,法律的规范性要求法律由概念、规则、原则等构成,在法学论著和日常语言中,人们往往用"法律规范"(广义的)作为法律规则、原则和概念的统称。但在法律要素的分析中必须将这三种要素区分开。

规则是指具体规定权利和义务及其具体法律后果的准则,或者说是对一个事实状态赋予一种确定的具体后果的各种指示和规定。规则具有较为严密的逻辑结构,每一个完整的法律规则都包含有假定(行为发生的时空、各种条件等事实状态的预设)、行为模式(权利和义务规定)和法律后果(包括否定式后果和肯定式后果)三个部分。缺少其中任何一部分,都不能算作完整的规则;规则的前两项如果是有效的,那么它的后一项也应是有效的。法律原则是指可以作为规则的基础或本源的综合性、稳定性原理和准则,是规则和价值观念的会合点。②概念则是对各种法律事实进行概括,抽象出它们的共同特征而形成的权威性范畴;概念虽然不规定具体的事实状态和具体的法律后果,但每个概念都有其确切的法律意义和应用范围(领域、场合),当人们把某人、某一情况、某一行为或某一物品归于一个法律概念时,有关的规则和原则即可适用。③

在现代国家中,法不仅必须适应总的经济状况,而且还必须是不因存在矛盾而推翻自己的内部和谐一致的表现。④ 而这一点决定了法律能够随着社会环境的变迁而不断发展变化,无论是成文法体制下由立法部门积极、主动地修改,还是判例法体制下司法部门通过判决推翻先例都是如此。

(二) 与法律规范性相伴随的法律的理论性

法律有着与其他人类社会规范不一样的运行机制。这些不同导致法律

---

① 张文显:《法哲学范畴研究》,中国政法大学出版社 2001 年版,第 40—48 页。

② N. MacComick and O. Weinberger. *An Institutional Theory of Law*: *New Approaches to Legal Positivism*. P. D. Reidel Publishing Company, 1986, p. 73.

③ 张文显:《法哲学范畴研究》,中国政法大学出版社 2001 年版,第 49—57 页。

④ 《马克思恩格斯全集》(第 4 卷),中共中央马克思恩格斯列宁斯大林著作编译局译,人民出版社 1958 年版,第 453 页。

必然是理性的,是具有说服力和可操作性的。具有理论性或者在一定理论指导下的法律才可以被人类社会广泛应用。法律的规范性决定了法律有其道德基础,而建立在道德基础上的实践性法律必然也具有哲学、心理学、社会学、人类学等人文、社会方面的理论意义。换言之,法律较之于其他行为规范,例如风俗、习惯、乡规民约等,更具有理论素养。法律规范的理论性特征决定了法律职业者需要具备一定的理论素养,法律教育需要理论层面的教育和培训。

（三）法律的规范性所内含的实践性

法律在具有鲜明的理论性的同时,其实践性也是非常突出的。一方面,法律是人们的基本行为规范,旨在指导和引领人们的基本行为模式和行为选择;另一方面,法律有至高无上的权威地位,是法治国家、法治政府、法治社会建设的基础和前提。法治国家、法治政府和法治社会建设需要一切自然人和组织,包括国家各权力机构和部门必须在法律的范围内行事。法律必须是普遍的、统一的、现实的,也必须有强制性。

第三节　律师角色和行业的特殊性

一、律师的角色分析

律师是法律职业共同体中一个不可或缺的组成部分,是以法律为行为基础、以正义为核心价值追求的法律职业。与法官、检察官代表国家利益或者公共利益,以国家公职人员的身份示人不同,律师是不同法律关系当事人的代言人,可为当事人追求自身利益最大化,并维护当事人合法权益。作为委托人,律师是为当事人提供法律服务的市场主体。不同于法官、检察官等法律公职人员可以利用国家公权力做后盾,律师是在掌握和熟悉法律规则、了解国家规章制度的基础上,依据法律规范,最大限度地维护当事人的合法权益,因此律师与其他市场主体一样,必须具有市场意识和服务意识。

基于律师在社会和市场中的特殊法律地位和属性,法律职业教育中律师专业的教育必须具有和体现律师行业的特点,而不能实行与法官、检察官一样的教育。在教育过程中,不仅需要重视学生法律专业知识和能力的培养,而且还需要培养学生所应具备的服务意识和市场意识。

二、律师行业的特殊性

(一)律师行业具有市场属性

律师行业是通过提供法律服务而谋求自身市场地位的一个主体,因此需要以市场规则作为自己的执业规则,融入市场的竞争机制,通过为他人提供法律服务而获取自身的利益。一名合格的律师必须是全面、复合型人才。正如国外的法律教育是本科层次后的职业教育一样,我国现行的法律硕士也是本科层次后的高层次、复合型的职业教育。

(二)律师服务内容的复杂性

律师以提供法律服务为自己立身市场的资本,而法律的复杂性决定了法律服务的复杂性,法律在法治国家和法治社会的特殊性决定了法律服务的特殊性和律师行业的特殊性。例如法律被区分为公法和私法,前者涉及国家机关及国家性事务,往往具有强制性和原则性;后者关系私人事务及其利益,常常具有自由裁量性和灵活性。提供不同法律服务的律师,不仅需要了解公法、私法等不同的法律关系性质,而且还需要明确自身因代理关系而处的法律地位,懂得如何在不同的法律关系中基于不同的立场,提供优质的法律服务。

第四节 涉外法律事务的特殊性

涉外律师的培养需要充分利用和挖掘我国改革开放以来的各种涉外资源,正确认识涉外事务的复杂性,以及涉外事务对国家内外利益的重要性。

一、涉外法律事务的复杂性

涉外法律事务关系不同国家和地区,因此涉外法律服务人员需要了解国际政治、经济、社会和文化知识,需要国际视野和素养。

二、涉外事务中国家声誉与国家利益保护的问题

我国《宪法》第51条规定:"中华人民共和国公民在行使自由和权利的时候,不得损害国家的、社会的、集体的利益和其他公民的合法的自由和权利";第52条规定:"中华人民共和国公民有维护国家统一和全国各民族团结的义务";第54条规定:"中华人民共和国公民有维护祖国的安全、荣誉和利益的义务,不得有危害祖国的安全、荣誉和利益的行为";第55条第1款规定:"保卫祖国、抵抗侵略是中华人民共和国每一个公民的神圣职责"。

法律职业尤其是律师在处理涉外法律事务时,不得损害国家的利益,有维护国家统一和全国各民族团结以及维护祖国安全、荣誉和利益的义务,需时刻铭记"保卫祖国、抵抗侵略是中华人民共和国每一个公民的神圣职责。"法律硕士专业涉外律师研究生教育培养过程中应重视和强调爱国主义教育。

第五节　涉外律师研究生培养的特殊性

涉外律师研究生培养项目是法律硕士专业学位下新设的一个子项目,其特殊性与现行的专业学位培养以及具体的法律硕士学位的培养环境和模式有着非常密切的关系。

一、专业学位研究生培养模式的特殊性

(一) 基于专业学位研究生教育外部环境的分析

从专业学位产生的目的来看,专业学位研究生在模式上应当与学术型学位实行差异化培养,并且也应当注意与高等职业教育相区别。专业学位研究生培养相较于学术型学位研究生培养,更加强调实践性,更关注研究生实务操作能力的培养。2014年教育部颁发的《现代职业教育体系建设规划(2014—2020)》中指出,要"系统构建从中职、专科、本科到专业学位研究生的培养体系,满足各层次技术技能人次的教育需求",这种将专业学位研究生教育置于现代职业教育体系之中的认识和做法,不仅有助于提高职业教

育的社会认可度,明确职业教育的类型和地位,而且也有利于专业学位教育提升自身的职业属性,摆脱对于学术型学位的路径依赖,实现独具特色的分类培养模式。

一是实行分类招生选拔。目前我国专业学位硕士研究生从学生来源看,主要是拥有学术型学位的应届本科毕业生;从考核内容上看,只是在硕士学术学位考试的基础上降低标准,缺少对专业实践能力和潜力的考核。因此,未来专业学位应实行"分类"招生,一方面,要求专业学位研究生教育要适度调整生源的结构,拓宽招生渠道,适当提高具备相关从业背景和潜力的在职人员的招生比例,并将正在试点的本科层次职业教育的毕业生纳入招生对象中;另一方面,专业学位研究生教育的招生过程应当提高针对性,即对不同背景的学生进行差异化考核,例如对在职人员的考核应当注重学生的专业实践能力,而非学科理论知识。

二是分类设计培养内容和培养方式。专业学位教育与学术型学位教育的差异不仅在于知识类型与技术(技能)含量,而且知识类型本身也因技术(技能)含量的高低存在差异,这就意味着作为专业学位知识主要获取途径的课程体系,以及相应的教学模式也与后者存在不同,相较于后者,专业学位研究生教育需要更加关注应用性和实践性,以及专业选修课与专业实践课的安排与设计。而且,专业学位研究生教育的课程内容应当是基于情境的技术知识,这就要求实务部门能参与到教学过程中来,切实推进作为责任单位的高等院校与企业共同制定培养方案,共同编写教材课本,开设实践课程,组织案例教学,并且鼓励和促进有条件的行业(企业)制定专业技术能力标准,推进和促成专业学位研究生课程体系与专业技术能力的有机衔接。在与高等职业教育的衔接上,需要实现专业学位研究生教育和本科层次职业教育的课程体系衔接,将两者的课程内容与课程组织统一协调,使本科层次职业教育学生习得的理论知识和实践能力能够得到进一步提升。

三是分类评价学位论文。不同于学术型学位教育重视学位论文的学术水平与理论创新能力,专业学位研究生教育应当关注和强化实践。在毕业论文的形式上,专业学位论文应当积极探索和认可"可替代品"作为毕业要求,例如工程专业学位的产品开发、社会工作专业学位的调研报告、建筑学专业学位的规划设计、工程管理专业学位的项目管理、艺术专业学位的艺术作品;等等。在学位论文的评价标准上,应当注重论文与行业的联系,例如毕业设计选题与行业情况的相关性、毕业设计内容解决行业实际问题的有效性等。

(二) 基于专业学位研究生教育内部环境的分析

专业学位研究生教育的外部环境决定了其培养教育的过程和内容的差异性。在专业学位内部,不同类别的专业学位,由于其所处学科和专业的发展不同,应当选择不同的人才培养路径。

二、基于法律硕士学位研究生教育环境的分析

(一) 我国法律硕士专业学位的现状

我国现行的法律硕士作为与法学硕士相对应的专业学位,是从后者脱胎而来,与后者有着密切联系,其不仅承担培养责任的高等院校是同一的,而且连授课的老师也存在重叠。基于双导师的制度安排和要求,法律硕士会有来自实践部门和基地的导师。法律硕士的培养过程可以分为理论能力和实践能力两个方面。

理论能力的培养是多数高等院校的长项,也是一直以来研究生培养教育的传统,但是与理论能力培养相比,实践能力的培养实际上是存在不足的。我国法律硕士专业学位的培养单位,都以理论研究为其追求的目标,即使导师们有实践经验,但对于学生未来的职业能力需求而言是远远不够的。在法律硕士培养实践中,主要承担实践能力培养的校外实践体制和机制不完善。实践导师对法律硕士法律实践能力的培养受到诸多因素的影响,学生常常只是浅层参与。

从目前的情况看,我国法律硕士的教育存在着诸多不足,这使得法律硕士教育实际上没有形成自己的高层次职业教育的特色,教学质量也因为各种因素而打了折扣。首先,课程设置没有体现专业方向,尽管各院校的法律硕士教育一般都依照专业型人才的培养思路,通过导师制大体划分了专业方向,但是课程设置却普遍没有与之配套,还是以"博学"的思路开设大量必修课程,而面向具体专业方向的课程则比较匮乏。其次,教学内容和教学方式不配套,目前大多数法律硕士培养院校的任课教师并不能完全满足法律硕士的教学需要,简单重复本科教学内容的现象较常见。再次,作为专业学

位特色的职业能力教育环节在法律硕士培养教育中显得比较薄弱,或者说是现行的法律硕士专业学位培养教育在大多数的培养院校始终无法摆脱法学硕士惯性的影响,有些培养院校的基本定位决定了其在培养高层次法律专业学位人才方面存在缺陷和不足,而培养能力和方式的缺陷使得法律职业教育的课程往往"名不副实"。

（二）法律硕士研究生培养实践性的补强

我国现行的法律硕士专业学位研究生培养有着扎实的理论基础,这一点能够较好地完成高层次法律职业人才的理论水平和能力提高和养成的需求,但法治实践是法律硕士培养不可或缺的。可以说,当下的法律硕士专业研究生培养有着丰富的实践资源。

一是日常生活资源。如今人们的法治意识、权利意识日益不断增强,运用法律手段解决矛盾纠纷的情形越来越多,法律硕士专业研究生完全可以积极主动地留心身边的法律案例,并作为自己法律学习和实践的资源,通过法律专业分析,形成并提高自己的专业实践能力。

二是丰富的司法案例资源。由于法治所内含的公开原则的要求,我们国家的各级政府部门和司法机关都有依法公开自身职务行为的法律义务和责任,这就为法律硕士专业研究生的专业学习提供了便利。

三是多样化的实践渠道。法律专业与其他专业的不同,这是由法律的性质和特点决定的。在现代法治国家中,法律具有至高无上的地位和约束力,不论是享有强制力的国家机关,还是公司、企业和个人都必须遵守法律,依法行事。法律硕士专业的研究生在学习时,需要从不同的角度去理解和运用。

三、涉外律师研究生培养的特殊性

（一）涉外律师研究生培养是法律硕士培养的特殊组成部分

涉外律师研究生培养项目是法律硕士研究生培养的一个子项目,既与现行的法律法硕和非法律法硕不同,却又存在于两者之中,是嵌在两者之间的一个特殊存在。涉外律师研究生培养与其他法律硕士培养存在诸多相同之处,例如生源相同、专业学位性质相同、培养过程和培养方式相同等。产生于法律硕士的涉外律师研究生不过是突出强调了律师方向和涉外性而已，在两年的培养实践中也可以看出这一点，例如大部分涉外律师研究生的培养院校都是从报考法律硕士的生源中挑选涉外律师方向的研究生，许多课程设置也是相同的。

涉外律师研究生是法律硕士研究生中一个特别的分支，其必然有着与法律硕士培养相同的理论和实践要求，正如其名称一样，需要在法律硕士的基础上再突出"涉外"和"律师"这两个核心，或者说是"特色"。

（二）律师培养的特殊性

《现代汉语词典》对"律师"的解释是："受当事人委托或法院指定，依法协助当事人进行诉讼，出庭辩护，以及处理有关法律事务的专业人员。"[①]律师按照工作性质划分可分为：专职律师与兼职律师；按照业务范围划分可分为：民事律师、刑事律师和行政律师；按照服务对象和工作身份划分可分为：社会律师、公司律师和公职律师。从法律服务的内容上看，律师业务可分为：诉讼业务与非诉讼业务。

《中华人民共和国律师法》（以下简称《律师法》）第 2 条规定："本法所称律师，是指依法取得律师执业证书，接受委托或者指定，为当事人提供法律服务的执业人员。律师应当维护当事人合法权益，维护法律正确实施，维护社会公平和正义；"第 3 条规定了律师执业应履行的法律义务，以及其受保护的法律地位："律师执业必须遵守宪法和法律，恪守律师职业道德和执业纪律。律师执业必须以事实为根据，以法律为准绳。律师执业应当接受国家、社会和当事人的监督。律师依法执业受法律保护，任何组织和个人不得侵害律师的合法权益。"这一规定在某种程度上反映了律师行业的特殊性。

《律师法》第 5 条规定："申请律师执业，应当具备下列条件：（一）拥护中华人民共和国宪法；（二）通过国家统一法律职业资格考试取得法律职业资格；（三）在律师事务所实习满一年；（四）品行良好。实行国家统一法律职业资格考试前取得的国家统一司法考试合格证书、律师资格凭证，与国家统一法律职业资格证书具有同等效力。"这一规定体现了律师职业的基本素

---

① 中国社会科学院语言研究所词典编辑室：《现代汉语词典》，商务印书馆 2016 年版，第 853 页。

养和资格要求。

律师执业最重要的就是获得执业证书,也就是需要获得国家的行业许可或准入,因此需要在涉外律师研究生培养过程中与执业资格要求相结合。在我国,律师获取执业资格的途径主要是通过司法部组织的国家统一法律职业资格考试,这是一种典型的竞争性、选拔性考试,这就要求培养单位在培养过程中,既需注重律师多重、复合素质的养成,又不能忽视具有应试特色的资格考试。2010年国务院学位委员会审议颁布的《硕士、博士专业学位研究生教育发展总体方案》曾指出,要大力推进专业学位教育与职业资格考试的衔接,以期专业学位研究生在专业知识和实践技能方面能满足社会经济发展对应用型人才的需要。李阳、贾金忠在《全日制专业学位研究生教育与职业资格认证衔接的模式、影响因素及改革路径》一文中[①]分析了专业学位研究生教育与行业职业资格认证衔接的模式,认为专业学位研究生应从招生、课程以及学位授予体系实现全方位衔接,部分专业学位应以职业资格作为研究生报考的必备条件之一,职业资格考试部分科目可以免考,以行业认证为基础减免考试或缩短实践时间。笔者认为这样的模式和路径是非常有道理的。

(三)"涉外"性培养的特殊性

1. "涉外"的含义及其涉及的问题

"涉外"在汉语中的意思就是"涉及与外国有关的"。[②] 而涉外律师中的"涉外"意味着律师需要立足于中国,或者代表中国的当事人,为了中国方面当事人的利益而解决发生在中方与外方当事人之间的法律事务。因此,涉外律师培养的目的不仅限于律师的素养,而且还涉及国家的荣誉和利益,以及公民与国家在面对域外法律问题时的关系处理。涉外律师除了要维护和实现被代理人的权利和利益,也需要顾及自己作为中国公民而需要承担和履行的法律义务。此时,涉外法律事务的处理不仅是法律上的事务,而且还可能涉及文化、宗教,甚至政治。因此,在培养涉外律师时,除了法律硕士所

---

① 李阳、贾金忠:《全日制专业学位研究生教育与职业资格认证衔接的模式、影响因素及改革路径》,《学位与研究生教育》2017年第6期。

② 中国社会科学院语言研究所词典编辑室:《现代汉语词典》,商务印书馆2016年版,第1156页。

必需的法律理论和实践能力外,还必须加强国际政治、经济、文化、宗教等方面的教育,并且不能忽视对学生的爱国主义教育。

2. 涉外律师培养中国际法律理论和实践方面的教育

在课程设置上,应增加国际政治、经济、文化、宗教的课程,并作为专业必修课。根据《法律硕士专业学位(涉外律师)研究生指导性培养方案》,涉外律师研究生作为未来高层次的法律职业人才,应该符合以下要求:能够自觉践行社会主义核心价值观,具有爱国情怀和国际视野;系统掌握国内法律专业知识和相关跨学科知识,熟悉国际法律规则和世界主要国家的法律制度;掌握国内、国际以及主要国家的基本诉讼程序,熟悉国际诉讼、仲裁业务;具备从事国内、国际非诉讼法律实务以及法律实务的组织和管理的能力;具有熟练运用外语处理涉外法律实务、撰写法律文书的能力;熟练掌握涉外法律检索、法律文书制作、法律谈判、法庭论辩技能。要让涉外律师研究生具备一定的国际政治、经济、文化、宗教等方面的知识,既可以通过课堂上老师的讲授,也可以通过学生的亲身实践。

第六章

法律硕士专业涉外律师研究生培养目标的实现基础

大学的运作和发展，与其所处的社会息息相关，大学关于学生的培养目标必须立足于社会、植根于社会需求，并随着社会需求的变化而进行动态调整。所谓高校的人才培养目标，就是该学校所规定的毕业生应该达到的思想境界、道德水平、知识储备、素质状况和能力水平，其中：既有软性或者隐性的目标，如思想境界、道德水平，也有硬性的目标，如知识、能力；还有既包括软性的内容，也包括硬性的内容，如素质方面的要求。在确立高校人才培养目标时，软性的或者隐形的目标常常因其不太容易衡量或体现而被忽视，而硬性指标则通常能够被院校重视，并成为重心。这实际上反映了院校对待人才培养的态度。大学人才培养的目标是人才培养的顶层设计，是人才培养的蓝图，只有确立了一定的目标之后，才能建构和实施相应的人才培养模式。①

第一节　涉外律师研究生培养目标实现
基础的确定及其依据

根据人类行为的科学有效规律，围绕目标而确定行动方案是合理的路

---

① 王秀丽：《"定制式"人才培养的实践逻辑：以 H 大学的试点班为例》，社会科学文献出版社 2020 年版，第 63 页。

径选择。"由于中国特有的社会背景,政府的政策导向功能和规范作用在高校的改革与调整中的影响极为明显。作为大学人才培养蓝图的人才培养目标,其设计和修订,也很难摆脱对上层主导意见的路径依赖,上层政策导向是培养目标修订的主要指导精神。"①教育部学位管理与研究生教育司、司法部律师局联合发布的《关于实施法律硕士专业学位(涉外律师)研究生培养项目的通知》明确其目标旨在:为涉外法律服务机构和大型企事业单位法务部门培养一批跨文化、跨学科、跨法域,懂政治、懂经济、懂外语的德才兼备的高层次复合型、应用型、国际型法治人才,为建设一支法学功底扎实、具有国际视野、通晓国际法律规则,善于处理涉外法律事务的涉外律师人才奠定基础。

本书立足于中国的国情和现实的迫切需要,比如:人类命运共同体建设和发展理念的需要,我国进一步改革开放的需要,以及我国正在进行的法治国家、法治政府、法治社会建设的需要,等等,这些需求构成了法律专业涉外律师研究生培养的现实基础。笔者在此基础上研究和探索相应的或者具有普遍适用意义的培养模式。

经济全球化具有不可逆性,无论在经济、政治、文化等哪一方面都不可能回到过去闭关锁国的状态。随着我国"一带一路"倡议的不断深化以及 2020 签署的 RCEP、中欧投资协定如期生效,我国牵涉的反倾销、反补贴、国际贸易纠纷以及与海关事务有关的涉外法律问题越来越多,涉外律师高水准的专业细分对于纠纷的顺利解决起到了关键作用。社会和政治生活也显现全球化趋势,各种事务的处理越来越多地需要国际视野和手段。唯其如此,方可实现稳定、持续的交流。这些来自经济、社会和政治等多方面的现实需要,构成了确定和实现涉外律师研究生培养目标的基础。

---

① 王秀丽:《"定制式"人才培养的实践逻辑:以 H 大学的试点班为例》,社会科学文献出版社 2020 年版,第 99 页。

第二节　涉外律师研究生培养目标实现 基础宏观层面的分析

一、法律专业基础

就像翻译人员不仅具有相当的外语水平,而且对母语也相当精通,如此才能做到翻译的信、达、雅一样,涉外律师除懂得国外法律外,也需要具备扎实的国内法基础。为此,涉外律师研究生的培养在深化国际法、国别法研究和运用的同时,不能忽视国内法的理论和实践教育。从涉外律师研究生的生源来看,他们或者是法学本科毕业,接受过法律基础教育,或者是非法学本科毕业,其法律基础比较薄弱。法学法硕在法律知识方面有些许优势,但在其他专业方面则十分匮乏,非法学法硕虽然法律基础薄弱,但有各自的基础专业,所以两种法律硕士的这两个类别互有短长,他们都需要在法律基础方面进一步提升,增加诸如经济、金融、知识产权、科技等多样化知识。

二、法律专业以外的基础

1. 是语言和文化方面的基础

律师开展国际法律业务,懂外语的重要性不必多言。除了语言之外,必须了解客户的思维方式和工作模式,理解中西文化和商务规则的不同,以国际客户熟悉并认可的方式提供法律服务。从某种意义上说,与企业中的执行官、财务官、税务官一样,担任涉外企业法律顾问的律师等法务人员也发挥着决定性的作用,也有人称承担法务的涉外律师为"企业外交官"。

2. 政治、经济、社会制度方面的基础

基于法律规则的特殊性,法律问题常常不是单纯的法律方面的问题,往往牵涉诸多与法律有关的其他问题。全球化以来国际社会出现的国际纠纷,更多是涉及多个领域的复合性难题,需要律师具备更为广博的知识、更为精深的法学理论与实务功底、更强的解决问题能力。华为、中信等公司所涉案件充分说明,需要高度关注国际商事活动的刑事法律风险,涉外律师应

当具备为当事人提供引渡、刑事司法协助、涉外法律咨询、翻译等多方面法律服务的能力。

涉外律师培养是一项比普通法律硕士培养更为复杂化和高水平的教育任务,需要更多的各方面、全方位的基础。为此,国务院学位委员会、教育部《专业学位研究生教育发展方案(2020—2025)》明确指出:要构建多元投入机制;健全以政府投入为主、受教育者合理分担、行业产业、培养单位多渠道筹集经费的投入机制;完善差异化专业学位研究生生均拨款机制,合理确定学费标准;探索实施企事业单位以专项经费承担培养成本的"订单式"研究生培养项目,引导支持行业产业以资本、师资、平台等多种形式投入参与专业学位研究生教育;完善政府主导、培养单位和社会广泛参与的专业学位研究生奖助体系。

第三节 涉外律师研究生培养目标实现基础微观层面的考量

一、国家关于研究生培养的总体要求与指标体系

教育部、国家发展改革委员会、财政部《关于深化研究生教育改革的意见》指出,我国研究生教育改革的总体要求:优化类型结构,建立与培养目标相适应的招生选拔制度;鼓励特色发展,构建以研究生成长成才为中心的培养机制;提升指导能力,健全以导师为第一责任人的责权机制;改革评价机制,建立以培养单位为主体的质量保证体系;扩大对外开放,实施合作共赢的发展战略;加大支持力度,健全以政府投入为主的多渠道投入机制。通过改革,实现发展方式、类型结构、培养模式和评价机制的根本转变。到2020 年,基本建成规模结构适应需要、培养模式各具特色、整体质量不断提升、拔尖创新人才不断涌现的研究生教育体系。

培养目标的实现与否以及实现的程度,可以具体化为一系列的指标体系。新修订的《中国教育监测与评价统计指标体系》(2020 年版)将指标体系分为综合教育程度、国民接受学校教育状况、学校办学条件、教育经费、科

学研究 5 类共 120 项。与修订前的指标体系相比,保留原指标 36 项,修订整合原指标 50 项,新增指标 34 项。修订后的指标体系中,有 18 项为国际组织的常用教育指标、18 项借鉴了联合国 2030 年可持续发展议程教育监测评价指标,并结合我国教育事业发展情况进行了适当调整。修订后的指标体系更具科学性和针对性,能够更好地监测与评价各级教育事业发展状况。①

总之,我国研究生培养需要加强精英培养、全面培养、分类培养、个性化培养和协同培养,均应围绕"为谁培养人、培养什么人、怎么培养人"这些基本问题而设定,既涉及理念层面、理论层面,也关涉实践层面,既有宏观的考虑,也有微观的安排。这些问题有的需要内含于研究生培养目标当中,有的需要具体体现于研究生的培养方案当中,有的需要转化到课程体系中,有的落实到具体的培养环节中,有的则需要贯穿于培养的全过程。

二、承担培养任务的培养单位需具备一定的软硬件基础

按照国务院学位委员会 2017 年 3 月颁布的《博士硕士学位授权审核办法》第 14 条规定:新增学位授予单位需同时通过单位整体条件及一定数量相应级别学位授权点的授权审核,方可获批为博士硕士学位授予单位;第 16 条规定:学位授予单位要根据经济社会发展对人才培养的需求,不断优化博士硕士学位点结构。新增学位点原则上应为与经济社会发展密切相关、社会需求较大、培养应用型人才的学科或专业学位类别,其中新增硕士学位点以专业学位点为主;第 20 条规定:国务院学位委员会根据研究生教育发展,逐步有序推进学位授予单位自主审核博士硕士学位点改革,鼓励学位授予单位内涵发展、形成特色优势、主动服务需求、开展高水平研究生教育。自主审核单位原则上应是我国研究生培养和科学研究的重要基地,学科整体水平高,具有较强的综合办学实力,在国内外享有较高的学术声誉和社会声誉。

上述规定既确立了对硕士学位授予单位的资格、条件和权限等方面的要求,也指出了硕士培养未来的发展方向。

---

① 《教育部关于印发〈中国教育监测与评价统计指标体系(2020 年版)〉的通知》,http：//www. moe. gov. cn/srcsite/A03/s182/202101/t20210113_509619. html,最后访问日期:2021 年 7 月 13 日。

《博士硕士学位授权审核办法》第 27 条规定：学位授予单位存在下列情况之一的，应暂停新增学位点：生师比高于国家规定标准或高于本地区普通本科高校平均水平；学校经费总收入的生均数低于本地区普通本科高校平均水平；研究生奖助体系不健全，奖助经费落实不到位；研究生教育管理混乱，发生严重的教育教学管理事件；在学位点合格评估、专项评估、学位论文抽检等质量监督工作中，存在较大问题；学术规范教育缺失，科研诚信建设机制不到位，学术不端行为查处不力。其第 28 条中规定：本省（区、市）研究生教育存在下列情况之一的，应暂停其所属院校新增学位授权：研究生生均财政拨款较低；研究生奖助经费未能按照国家有关要求落实。这两条规定明确了研究生培养单位应该具备的具体条件，例如生师比、学校经费总收入、研究生奖助体系、学术规范教育、科研诚信建设、研究生生均财政拨款等。

三、涉外律师专业研究生培养的特别软硬件基础

上述这些规定涉及培养院校的师资问题、经费问题、学生管理问题、教育管理体制问题等各个方面。

（一）师资问题

这包括导师的数量、质量，亦即导师的人数是否能够满足研究生的培养需要，导师的知识水平、知识结构等能否胜任涉外律师人才培养在理论和实践、传统和现代、国内和国际等多方面的需求，也包括导师的构成，有多少理论教学导师、实践导师，有多少国内导师、国际化的导师，等等。学校教育的核心就是教与学，关涉"教"这一重要部分的师资，本就具有主导地位，在涉外律师人才的培养过程中显得尤为重要和关键。导师的素养、能力和水平在某种程度上，影响甚至决定着其所培养的学生能否在毕业离开校园之后立即找到合适的工作，并很快胜任职位。

（二）学生管理问题

作为专业学位的研究生，尤其是国家急需的涉外法治人才的涉外律师专业的研究生，在培养方式上将较之于其他研究生存在非常大的区别，其需要有灵活的管理方式，需要学校提供更多的国内、国际资源，校内、校外资源，为其顺利完成学业提供便利和机会。

（三）涉外律师专业的研究生的教育管理体制

作为法律硕士这一专业学位研究生之特殊类型，必须既具有符合法律硕士管理体制的一面，又具有自身管理教育的特色，两者应该兼顾，不可偏废或等同。

（四）具有基础性意义的研究生教育经费的保障问题

教育部 2021 年 4 月发布《2020 年全国教育经费执行情况统计快报》显示：经初步统计，2020 年全国教育经费总投入为 53 014 亿元，比上年增长 5.65%。其中，国家财政性教育经费为 42 891 亿元，比上年增长 7.10%。2020 年全国学前教育、义务教育、高中阶段教育、高等教育经费总投入分别为 4 203 亿元、24 295 亿元、8 428 亿元、13 999 亿元，比上年分别增长 2.39%、6.55%、9.14%、3.99%。2020 年全国幼儿园、普通小学、普通初中、普通高中、中等职业学校生均教育经费总支出均比上年有所增长，增幅分别为 9.14%、4.43%、3.94%、6.10%、6.51%，全国普通高等学校生均教育经费总支出比上年下降 3.78%。这某种程度上反映了国家在教育方面的倾向性，作为高等教育的一部分，理应在培养过程中注意和重视国家的这一变化，以对培养制度及其实现作出必要的合理应对。

第四节　涉外律师研究生培养过程的
制度及其运行机制保障

涉外律师研究生的培养是在法律硕士培养的基础上进行的，鉴于我国法律硕士"理论培养突出而实践培养不足"的现状，所以涉外律师研究生的培养同样需要甚至更需要加强实践能力和技艺方面的培养教育。

一、加强案例教学，完善案例教学制度

案例教学是以学生为中心、以案例为基础，通过呈现案例情境，将理论与实践紧密结合，引导学生发现问题、分析问题、解决问题，从而掌握理论、形成观点、提高能力的一种教学方式。加强案例教学，是强化专业学位研究生实践能力培养，推进教学改革、促进教学与实践有机融合的重要途径，是

推动专业学位研究生培养模式改革的重要手段。

　　涉外律师研究生培养过程中必须重视案例编写，提高案例质量。培养单位和全国专业学位研究生教育指导委员会（简称教指委）要积极组织有关授课教师在准确把握案例教学实质和基本要求的基础上，致力于案例编写，同时吸收行业、企业骨干以及研究生等共同参与。鼓励教师将编写教学案例与基于案例的科学研究相结合，编写过程注重理论与实际相结合，开发和形成一批具有真实情境、符合案例教学要求、与国际接轨的高质量教学案例。

　　涉外律师研究生培养过程中需要积极开展案例教学，创新教学模式。培养单位要根据培养目标及教指委制定的指导性培养方案，明确案例教学的具体要求，规范案例教学程序，提高案例教学质量，强化案例教学效果。加强授课教师与学生的双向交流，引导学生独立思考、主动参与、团队合作，建立以学生为中心的教学模式。

　　当前我国培养法律硕士研究生主要是由一些传统上进行法学硕士研究生培养单位承担的，其教师的特长是理论研究和理论教学，在实践教学方面普遍匮乏。现行的15所涉外律师研究生培养院校也是如此。为此，这些承担涉外律师研究生培养的高等院校需要加强师资培训与交流，开展案例教学研究。培养单位和教指委要积极开展案例教学师资培训和交流研讨，推出案例观摩课和视频课，帮助教师更新教学观念，了解案例教学的内涵实质，准确把握案例教学的特点和要求，熟练掌握教学方法，提高案例教学的能力和水平。同时，组织开展相关理论与实践研究，解决案例编写和教学中的难点问题，探索提高案例编写和教学水平的思路与方法，为推广和普及案例教学提供指导。

　　为真正提升案例教学在涉外律师研究生培养过程中的质量和效果，培养单位需要完善评价标准，建立激励机制。完善教师考核评价机制和人才培养评价标准，调动教师和学生参与案例教学的积极性。培养单位要把案例研究、编写、教学以及参加案例教学培训等情况，纳入教师教学和科研考核体系。有条件的教指委和培养单位，可以组织开展优秀案例、优秀案例视频课评选和案例教学竞赛等活动，引导和推动广大教师更加深入地研究和实施案例教学。

　　为了提高案例教学的质量，实现案例资源的利用效率，更重要的是能够尽快高质量地补齐目前法律硕士研究生培养的短板,培养国家和社会急需的涉外律师人才,不同的培养单位和院校之间应该整合案例资源,探索案例库共享机制。鼓励不同专业学位类别之间、培养单位之间积极开展案例研究、开发和使用等方面的交流与合作。完善案例库建设、管理和使用办法,提高案例使用效率。有条件的机构、组织和培养单位可以充分运用网络媒介和信息化手段,搭建案例研究、开发、使用和共享的公共平台。整合案例资源,支持建设"国家级专业学位案例库和教学案例推广中心"。

为了实现涉外律师研究生培养中的涉外性,在案例库制度建设和完善过程中需要加强开放合作,促进案例教学国际化。各培养单位和教指委,要积极搭建合作交流平台,逐步将国内优秀案例推向国际,展示中国专业学位研究生教育成果;同时,根据实际需要,积极引进国外高质量教学案例,通过学习和借鉴,逐步建立起具有中国特色、与国际接轨的案例教学体系。

二、强基地建设,推进产学结合

基地是培养单位为加强专业学位研究生实践能力培养,与行业、企业、社会组织等共同建立的人才培养平台,是专业学位研究生进行专业实践的主要场所,是产学结合的重要载体。加强基地建设,是专业学位研究生实践能力培养的基本要求,是推动教育理念转变、深化培养模式改革、提高培养质量的重要保证。为了保证涉外律师研究生实践技能的培养需要,培养院校需要加强基地建设,推进产学研结合。具体地说需要从以下一些方面做起:

(一)创新建设模式,构建长效机制

培养单位要根据社会需求和人才培养目标,坚持创新,讲求实效,积极探索多种形式的联合培养机制。充分发挥合作单位在专业学位研究生培养过程中的积极性、主动性和创造性,共同制订培养目标、建设相关课程、参与培养过程、评价培养质量,建立产学有机融合的协同育人模式。以基地建设为纽带,充分发挥各自优势,构建人才培养、科学研究、成果转化、社会服务、文化传播等多元一体、互惠共赢的资源共享机制和合作平台。

(二)健全标准体系,规范基地管理

培养单位应根据不同专业学位类别的特点和培养目标定位,紧紧围绕行业和区域人才需求,分类制定基地遴选与建设标准,建立一批满足人才培养需求的规范化基地。协调合作单位,建立健全基地管理体系,组建基地运行专门管理机构,完善管理制度和运行机制,妥善解决知识产权归属等问题,明确各方责权利,推动基地科学化管理。针对不同专业学位类别,建立多样化的基地评价体系,定期开展自我评估,重点考核基地人才培养的实际效果。

（三）严格培养过程,创新培养模式

培养单位要依托基地,建立健全合作单位在招生录取、课程教学、实践训练和学位论文等方面全程参与研究生培养的合作机制。会同合作单位,根据培养方案,结合基地实际,制定研究生在基地期间的培养细则,明确培养考核要求,落实学生在培养单位与培养基地的时间分配和具体培养内容,加强对基地期间培养过程监督。要紧密结合基地实际,创新培养模式,通过采用阶段考核和终期考核相结合等方式,加强对研究生实践能力的培养。

（四）建立激励机制,加强示范引领

各教指委和省级教育部门要悉心指导基地建设工作,可根据实际需要组织开展示范性基地遴选和优秀实践教学成果评选,积极推进示范性基地建设工作,发掘先进典型,及时总结并推广典型经验和做法,加强示范引导。各培养单位应会同合作单位制定切实可行的基地建设和实施方案,以创建示范基地为驱动,大力推进实践教学工作,充分发挥示范基地先行先试的引领带动作用,深入推动专业学位研究生培养模式改革。

三、加大投入,完善政策配套和条件保障

为了满足涉外律师研究生实践能力培养的需要,各培养单位以及相关教育行政管理部门需要加大投入,完善政策配套和条件保障。

（一）高度重视

各培养单位要高度重视案例教学和基地建设,科学规划、创造条件,加大经费和政策支持力度。

设立案例教学和基地建设专项经费,为案例教学和基地建设提供必要的条件保障,通过人才培养项目、实验室建设、联合科研攻关等途径加大对案例教学和基地建设等方面的投入。

（二）加强指导

各教指委要加强对案例教学和基地建设的指导,研究制订案例教学和

基地建设的基本要求,积极推广普及案例教学和基地建设经验,引导培养单位做好案例教学和基地建设工作。

(三)加强组织领导

各省级教育部门要加强组织领导,会同有关部门,统筹区域内案例教学和基地建设,加强政策引导和经费支持,调动行业、企业的积极性,推动专业学位研究生教育与地方经济社会发展的紧密结合。鼓励有条件的地区,设立专项资金支持本地区研究生培养单位的案例教学和基地建设工作。

(四)学位授权点的合格评估

案例教学和基地建设情况将作为专业学位授权点合格评估的重要内容。各省级教育部门和教指委要针对案例教学和基地建设情况加强督促检查,切实推动案例教学和基地建设工作积极发展。

四、创新人才培养模式

按照《关于深化研究生教育改革的意见》的要求,涉外律师研究生培养单位需要从以下方面进行人才培养模式的创新。

(一)拓展思想政治教育的有效途径

加强中国特色社会主义理论体系教育,把社会主义核心价值体系融入涉外律师研究生教育全过程,把科学道德和学风教育纳入涉外律师研究生培养各环节。广泛开展社会实践和志愿服务活动,着力增强研究生服务国家、服务人民的社会责任感;加强人文素养和科学精神培养,培育研究生正直诚信、追求真理、勇于探索、团结合作的品质;认真组织实施涉外律师研究生思想政治理论课课程新方案;加强涉外律师研究生党建工作;加强涉外律师研究生心理健康教育和咨询工作。

(二)建立培养模式

建立以提升职业能力为导向的涉外律师研究生培养模式。面向特定涉外律师职业领域,培养适应专业岗位的综合素质,形成产学结合的培养模式。引导和鼓励行业企业全方位参与人才培养,充分发挥行业和专业组织在培养标准制定、教学改革等方面的指导作用,建立培养单位与行业企业相结合的专业化教师团队和联合培养基地;加强实践基地建设,强化法律硕士专业学位涉外律师研究生的实践能力和创业能力培养;大力推动法律硕士专业学位涉外律师研究生培养过程与职业资格的有机衔接。

（三）加强课程建设

重视发挥课程教学在研究生培养中的作用、建立完善培养单位课程体系改进、优化机制，规范课程设置审查，加强教学质量评价；与学术学位研究生课程内容突出前沿性，通过高质量课程学习强化研究生的科学方法训练和学术素养培养不同，涉外律师研究生培养教育需要构建符合其专业学位特点的课程体系，改革教学内容和方式，加强案例教学，探索不同形式的实践教学。

（四）建立创新激励机制

根据涉外律师研究生的学术兴趣、知识结构、能力水平，制订个性化的培养计划，发掘研究生创新潜能，鼓励涉外律师研究生自主提出具有创新价值的研究课题，在导师和团队指导下开展研究，由培养单位提供必要的条件支持；制订配套政策，支持涉外律师研究生为完成高水平研究适当延长学习时间；加强涉外研究生职业发展教育和就业指导，提高涉外律师研究生就业创业能力。

（五）加大考核与淘汰力度

加强培养过程管理和学业考核，实行严格的中期考核和论文审核制度，畅通分流渠道，加大淘汰力度；建立学风监管与惩戒机制，严惩学术不端行为，对学位论文作假者取消学位申请资格或撤销学位；完善研究生利益诉求表达机制，加强涉外律师研究生权益保护。

五、健全导师责权机制

在涉外律师研究生培养的过程中导师的作用是不言而喻的。为了保障涉外律师研究生培养质量和培养目标的实现，切实健全导师责权机制非常必要、非常重要。为此，需要从以下方面做起。

（一）改革评定制度

改变现行单独评定研究生导师资格的做法，强化与招生培养紧密衔接的岗位意识，防止形成导师终身制。根据年度招生需要，综合考虑学科特点、师德表现、学术水平、科研任务和培养质量，确定招生导师及其指导研究生的限额。完善研究生与导师互选机制，尊重导师和学生的双向选择权。

（二）强化导师责任

导师是研究生培养的第一责任人，负有对研究生进行学科前沿引导、科研方法指导和学术规范教导的责任。完善导师管理评价机制。全面落实教师职业道德规范，提高师德水平，加强师风建设，发挥导师对研究生思想品德、科学伦理的示范和教育作用。研究生发生学术不端行为的，导师应承担相应责任。

（三）提升指导能力

加强导师培训，支持导师学术交流、访学和参与行业企业实践，逐步实行学术休假制度。加强高校、科研院所和企业之间人才交流与共享，建设专兼结合的导师队伍，完善校所、校企双导师制度，重视发挥导师团队作用。

六、改革现行法律硕士专业学位评价监督机制

通过事后合理而科学的评价监督机制促进法律硕士专业学位，包括涉外律师研究生培养制度具有十分重要的意义。

（一）改革质量评价机制

发布培养单位质量保证体系建设规范。按照一级学科和专业学位类别分别制订博士、硕士学位基本要求。学术学位注重学术创新能力评价，专业学位注重职业胜任能力评价。涉外律师研究生教育质量评价要更加突出人才培养质量，人才培养质量评价要坚持在学培养质量与职业发展质量并重，强化质量在资源配置中的导向作用。

（二）强化培养单位质量保证的主体作用

培养单位要加强培养过程的质量管理。按照一级学科和专业学位类别，分别设立涉外律师研究生培养指导委员会，负责制定培养标准和方案、建设课程体系、开展质量评价等。专业学位研究生培养指导委员会应有一定比例的行业和企业专家参加。定期开展自我评估，加强国际评估。建立毕业生跟踪调查与用人单位评价的反馈机制，主动公开质量信息。

（三）完善外部质量监督体系

加快建设以教育行政部门监管为主导，行业部门、学术组织和社会机构共同参与的质量监督体系。加强涉外律师研究生教育质量评估，加大学位论文抽检力度，改进优秀博士学位论文评选办法，统筹学科评估。对评估中

存在问题的单位,视情做出质量约谈、减少招生计划、停止招生直至撤销学位授权等处理。建立涉外律师专业学位教育质量认证体系,鼓励培养单位参与国际教育质量认证。

（四）建立质量信息平台

建设在学研究生学业信息管理系统,建立研究生教育质量信息分析和预警机制;加大信息公开力度,公布质量标准,发布质量报告和评估结果,接受社会监督。

（五）规范培养工作管理

规范在职人员攻读硕士专业学位和授予同等学力人员硕士、博士学位工作的管理。进一步强化培养单位办学责任,加强统一管理,建立定期检查机制,将在职人员攻读硕士专业学位纳入研究生学业信息管理系统,同等学力人员申请学位,须将学位论文在研究生教育质量信息平台上公示。研究生培养单位不得以"研究生"和"硕士、博士学位"等名义举办课程进修班。

高等教育评价正进入重大的变革期,教育评价伴随教育活动产生,教育评价在规范行为、保证质量提升内涵、引领方向等方面具有基础性和保障性作用。2020年是我国教育评价改革元年,《深化新时代教育评价改革总体方案》出台,这是我国第一个关于教育评价系统性改革的文件,体现了国家对教育评价的高度重视,开启了我国教育评价系统性综合改革的新征程,加快推进教育治理体系和治理能力现代化。从世界范围来看,当前世界高等教育质量评估评价正呈现新的趋势,在评估理念方面以学生为中心,例如英国质量评估常设委员会（UKSCQA）和高等教育质量保障局（QAA）发布《英国高等教育质量规范修订版》。在评估体系机制运行方面,政府发挥宏观调控职能,委托专门机构或第三方负责在评估组织与程序方面加强评估的可追踪性,持续跟踪,在评估专业性方面加强评估专家遴选与培训,例如美国高等教育机构委员会（CIHE）明确规定了现场评估前的所有活动程序;日本高等教育评估所（JIHEE）对所有评估专家进行培训,在评估方法方面强调证据和证据的质量等。可以看出,世界高等教育评估评价更加注重过程性、可持续性、自我完善性,不断向高质量和专业化迈进,具有独立性、专业性、权威性、公正性等特点,各国相互交流借鉴,共同促进世界高等教育的繁荣与发展。[①]

专业学位水平评估要紧紧围绕教学质量、学习质量、职业发展质量,聚焦立德树人、突出职业道德,聚焦培养质量、强化特色定位,聚焦行业需求、强调职业胜任,为专业学位研究生教育实现内涵式发展增添新动能。

七、深化开放合作

根据目前法律硕士的培养状况,单靠高等院校的独立培养是远远不够的,对于涉外律师研究生的培养更是如此。为此,涉外律师研究生培养院校以及提供政策和各方面保障的相关行政管理部门需要做到以下几方面。

(一) 推进校所、校企合作

进一步加强高等学校与科研院所和行业企业的战略合作,支持校所、校企联合建设拔尖创新人才培养平台,完善校所、校企协同创新和联合培养机制。紧密结合国家重大科研任务,通过跨学科、跨院校、产学研联合培养等多种途径,培养和造就科技创新和工程技术领域领军人才。

(二) 增强对外开放的主动性

服务国家对外开放战略,加快建设有利于国际互认的学位资历框架体系,继续推动双边和多边学位互认工作,加强与周边国家、区域的研究生教育合作。完善来华留学研究生政策,适时提高奖学金标准,扩大招生规模,提高生源质量,创新培养方式;扩大联合培养博士生出国留学规模,继续实施"国家建设高水平大学公派研究生"项目;支持有条件的学校建设海外教学实践基地。

(三) 营造国际化培养环境

加强国际化师资队伍建设,吸引国外优秀人才来华指导研究生,推动中外合作办学,支持与境外高水平大学合作开展"双学位""联合学位"项目,合作开发研究生课程;加大对研究生访学研究、短期交流、参加国际学术会议的资助力度,提高具有国际学术交流经历的研究生比例,提高管理与服务的国际化水平,形成中外研究生共学互融、跨文化交流的校园环境。

---

① "教育部学位与研究生教育发展中心主任黄宝印在'本科及以上高水平中外合作办学质量建设研讨会'上的发言",http://www.cdgdc.edu.cn/xwyyjsjyxx/sy/syzhxw/285566.shtml,最后访问日期:2021 年 11 月 2 日。

八、强化政策和条件保障

鉴于我国以公立性为主的高等教育培养体系的现状,为了实现涉外律师研究生培养目标,在原有法律硕士学位培养的基础上,强化相关管理部门的政策和条件保障也是非常必要的。

(一)完善投入机制

健全以政府投入为主、受教育者合理分担培养成本、培养单位多渠道筹集经费的研究生教育投入机制,培养单位要按国家有关规定加大纵向科研经费和基本科研业务费支持研究生培养的力度,统筹财政投入、科研经费、学费收入、社会捐助等各种资源,确保对研究生教学、科研和资助的投入。

(二)完善奖助政策体系

建立长效、多元的研究生奖助政策体系,强化国家奖学金、学业奖学金和国家助学金等对研究生的激励作用,健全研究生助教、助研和助管制度;提高研究生国家助学贷款年度最高限额,确保符合条件的研究生应贷尽贷;加大对基础学科、国家急需学科研究生的奖励和资助力度,奖助政策应在培养单位的招生简章中予以公开。

(三)加强培养条件和能力建设

在国家高等教育重点建设项目中,突出对研究生教育改革和发展的支持,建立优质资源共享机制,国家各类重大项目投资的仪器设备与平台,应向研究生开放;培养单位要改善培养条件,支持研究生教育教学改革,对生均资源过低的培养单位,减少其招生规模,对参与研究生培养和建设实践基地的企业,按规定落实税收优惠政策等。

(四)鼓励改革试点

着力破除制约研究生教育质量提高的体制机制障碍和政策瓶颈,营造良好的政策环境,鼓励有条件的地区和培养单位开展研究生教育综合改革试点,建设拔尖创新人才和高层次应用型人才培养示范平台,积极探索提高质量的新机制。

九、加强组织领导

党的十九大以来,坚持党的领导,坚持国家新历史时期的方针政策,是全社会范围内的基本要求,高等教育领域也是如此。为了实现国家和社会对急需人才的培养,在涉外律师培养过程中必须加强党和组织对培养教育工作的领导。

深化改革、提高研究生教育质量是贯彻落实党的十八大精神和教育规划纲要的一项重要任务。各级教育部门要转变职能,加强宏观指导和监督,加大地方统筹力度,扩大培养单位的自主权;研究生培养单位要高度重视研究生教育工作,认真制订本单位改革方案,强化改革的主体和责任意识,重视发挥基层学术组织在学科建设、研究生培养和质量评价中的作用;各地区和培养单位要重视宣传引导,加强风险评估,处理好推进改革与维护稳定的关系,保证改革顺利进行。

第七章

法律硕士专业涉外律师研究生培养目标的实现途径

人才培养目标的实现是一个长期而连续的系统工程,需要借鉴现行一些院校(例如北京大学、清华大学、中国人民大学等)涉外法治人才培养的经验,在每个阶段、每个环节上,坚持党的教育方针政策,坚持立德树人,坚持问题导向,分阶段做好每一项工作:招生阶段,重在做好人才的选拔。依据培养目标以及培养单位自身的特色确定招生的条件和要求,做到既有原则性又有灵活度;在学校培养过程中,课程设置需要具有科学性,健全国际法学科体系,建立以实践为导向的涉外律师人才培养机制,并确保执行到位;在培养过程中期和事后的评价、评估中,须适时灵活地进行必要的调整,避免结构性缺陷。

第一节 招生机制的原则性和灵活性

一、涉外律师研究生招生的原则性

《法律硕士专业学位(涉外律师)研究生指导性培养方案》(以下简称《指导性培养方案》)中"培养对象"部分指出两点,即对招生对象的要求:一是符合法律专业学位全国硕士研究生招生考试报名的基本要求,具有较高外语水平;二是通过法律专业学位全国硕士研究生招生考试或获得推免资格,并通过培养院校选拔录取。这意味着涉外律师研究生不需要单独的招生渠道，培养院校只要在每年招收的法律硕士研究生中进行招生和挑选即可。

我国现行的研究生招生录取政策是非常复杂的。对于报考法律硕士研究生的考生来说，他们必须经过初试和复试两个阶段。初试由教育部统一组织和实施，复试则是在考生通过初试之后由招生高校按照教育部的相关要求自行组织。考生参加的虽然是全国统一考试，即考试科目和试卷统一，并执行统一的初试合格分数线，但能够获准进入报考高校的复试分数线，因学校的不同而有所差别，但教育部规定一个准入复试的最低分数线。报考法律硕士研究生的考试科目是 4 门，教育部所设定的最低分数线有三条：政治理论和外语，这两门考试科目单科满分为 100 分，划定一条最低线；两门专业课，单科各自均为 150 分，再划定一条分数线；第三条分数线是针对考生这四门考试科目的总成绩，再划定一条最低分数线。这三条分数线又将根据考生报考的学校所在的区位不同而分为一区和二区。所谓一区，就是报考的学校位于我国的东中部地区；二区就是位于国务院规定的西部省份范围内的高校。这两个区域之间对应不同的最低分数线，即因学校所在区位不同，通常有 10 分左右的差距，西部地区要低于东中部地区。例如，2020 年报考东中部地区高校的法律硕士的最低分数线，总分为 325 分，西部地区则为 315 分。总之，三条最低分数线必须全部通过，有一条不通过都不行。

全国硕士研究生的录取工作首先从 34 所重点大学开始。这 34 所大学是教育部特别授权可以自行设定研究生初试合格分数线的高校。除此之外的其他高校都必须执行教育部公布的全国统一的初试合格最低分数线。34 所大学之间各自设定的分数线有高有低，有时高于国家线，偶尔也会低于国家线，但一般情况下通常是高于国家最低分数线。以 2020 年为例，教育部规定的法律硕士初试最低合格分数线的总分，一区是 325 分，二区是 315 分，但北京大学的最低线是 345 分，清华大学是 350 分，浙江大学也是 350 分，中国人民大学是 360 分。

教育部划定的分数线只是最低的合格线。事实上，每年都有大量达到该分数线但不能被录取的考生，从而带来相当大的调剂工作量。随着考研人数逐年上涨，报考法律硕士的人数也在不断增加，与报考人数大幅增长相对应的招生录取名额却并未随之大幅增加,导致报考和录取依然存在较大的矛盾和紧张关系。

二、涉外律师研究生招生的灵活性

经过网络上资料信息调查,笔者发现,涉外律师研究生培养院校在招生过程中,应其所处社会经济环境自身培养能力和经验等的不同,对招生的人数、生源(法学或非法学类)等方面,显示出不同的偏好,招生也有变动。

与传统的、一般的法律硕士研究生培养不甚相同,法律硕士专业涉外律师研究生培养项目的出台,在一定意义上是应国家的紧迫需求,或者说是教育部和司法部应市场和社会的需求,向具有相应培养能力和符合条件的高等院校发出的订单,15所高等院校对涉外律师研究生的培养在一定意义上就是类似订单式的人才培养,即来自教育部和司法部或者说国家订单的培养项目。

在培养方式方面,当下各所涉外律师研究生培养院校基本上都是招收全日制学生,未来随着培养模式的成熟完善,国家和社会的进一步开放,实务界对高层次涉外律师的需求将随之增加,需要接受涉外律师研究生培养的在职人士也会增多,非全日制的招生因此也将变得非常必要,甚至也会产生一些"定制式"或"订单式"培养。[①]

所谓"订单式"培养,通常是指学校根据用人单位的标准和岗位的要求,与用人单位共同确定培养目标,制定并实施教学计划,实现人才定向培养的教育模式,核心就是供需双方签订用人及人才培养协议,形成一种法定或近于法定的委托培养关系。在培养协议中双方明确各自的职责,学校保证按需培养人才,学以致用;用人单位保证录用合格人才,用其所学。订单式培养模式建立在校企双方相互信任、紧密合作的基础上,在一定程度上能为高校的传统教育注入活力,同时也为校企合作搭建平台、寻找途径。这么做将促进高等院校在人才培养观念上的转变,学校的市场意识也会增强,使学校逐步改变传统重理论研究轻实践能力的倾向,积极落实国家教育行政管理

---

① 王秀丽:《"定制式"人才培养的实践逻辑:以H大学的试点班为例》,社会科学文献出版社2020年版,第46页。

部门的政策要求,注重岗位职业能力的培养。订单式的培养因其就业导向明确、需求方参与程度深,有力促进了人才供需双方零距离对接,提高了毕业生就业质量和就业率,从而降低了教育成本,减少了风险,提高了人才配置及利用效率。

第二节　学校培养机制的建设和保障

一、涉外律师培养机构需具备的资质和要求

按照涉外律师研究生培养的基本需要,承担和履行具体培养任务的机构一定或至少包括培养院校和联合培养单位。只有具备这些资质、能充分满足涉外律师研究生培养的需求的高等院校方可承担该份职责。

《法律硕士专业学位(涉外律师)研究生指导性培养方案》对"培养院校的基本要求"主要有:一是培养院校须在国际法、国际贸易、国际政治、国际关系、金融和外语等方面师资力量雄厚、研究基础扎实;二是培养院校所在地域的涉外法律服务业务较多、需求较大,从事涉外法律业务的机构数量较多、规模较大;三是培养院校应具有法学一级学科硕士学位授予权点;四是培养院校近 3 年年均法律硕士专业学位研究生招生规模原则上不少于 100 人;五是培养院校从事法律硕士教育教学工作、具有一年以上境外学习经历且具有法律实务经验(限于兼职律师、仲裁员和在立法、司法、行政机关挂职或曾在法律实务部门工作 3 年以上)的教师不少于 20 人。

《指导性培养方案》对"联合培养单位的基本要求"主要有:一是联合培养法律实务部门限于涉外律师事务所、涉外仲裁机构、涉外大中型企业、全国性或者地区性的法律服务行业协会(统称联合培养单位);二是联合培养单位成立时间不少于 5 年,专职从事涉外法律工作人员不少于 10 人;三是联合培养单位能为涉外律师人才培养提供充足的实践岗位,在境外具有合作机构或者设置境外法律服务工作机构;四是联合培养单位具有稳定的涉外法律服务业务源,能够为涉外律师人才培养提供稳定的参与涉外法律服务业务的实践机会。

综上可以看出，涉外律师研究生的培养机构的选择立足于我国现行法律专业学位培养体制和涉外律师所应具备的基本素质，将培养需要与培养单位的培养资质和能力进行匹配，由此选择和确定涉外律师的培养院校和联合培养单位。

二、涉外律师研究生联合培养的具体要求

涉外律师研究生的培养是在我国现行法律硕士学位的培养体制下进行的，所以其坚持和利用了法律硕士的培养基础，但鉴于我国多数高校在法律硕士培养过程中重理论轻实践的现状，《法律硕士专业学位（涉外律师）研究生指导性培养方案》明确了关于"联合培养的具体要求"，主要有内容如下。

一是培养院校根据自身学科实力、办学特色和区位优势，建立法学与外语、政治学、应用经济学等跨学科的培养模式，确定"法律＋外语＋N"（N可以为国际政治/国际关系、国别/区域、国际组织等，也可以为金融、应用统计、会计、税务、国际商务、保险、资产评估、审计）差异化、特色化的涉外律师人才培养定位。

二是培养院校可与涉外法律服务机构、行业协会、企事业单位等相关机构合作开设课程，重视和加强实践教学，注重实务能力的培养。

三是培养院校须成立导师组，采取集体培养与导师个人负责相结合的指导方式，校内导师一般应具有涉外法律实务经历。

四是实施"双导师制"，须聘请具有培养涉外法律实务经验的专家担任校外导师，参与涉外律师人才培养等各项工作。

五是签订联合培养协议，培养院校按照地区就近、资源共享等原则与联合培养单位签订联合培养协议，协议内容应包含联合培养单位参与招生面试、日常教学培养工作、接受培养院校学生进入联合培养单位开展专业实习等。

三、现行涉外律师培养管理机构的管理保障

法律硕士培养的最高主管部门是教育部，具体由教育部的下属部门参与组织实施，比如：规划司决定法学院的招生计划，尤其是招生名额的多少；学生司负责法律硕士研究生招生政策和考试管理，包括考试科目的设

置、录取最低分数线的确定以及调剂政策的制定等;日常的培养业务指导则由学位管理与研究生教育司联合负责,主要针对法学院校的教育培养内容和方式方法以及学位论文评价标准等问题加以行政性管理。

除此之外,全国法律专业学位硕士研究生教育指导委员会在培养工作中也发挥着重要作用,它是法律硕士教育的专家咨询和业务指导组织,特别是在对培养方案提供指导意见,发布指导性培养方案、组织编写教学大纲、学生的学业指导、案例库建设、优秀论文评选,以及法学院校举办法律硕士资质等方面发挥重要作用。这个组织的常设办事机构是秘书处,设在司法部,中国人民大学法学院承担秘书处相当多的工作任务。

承担培养任务的高等院校无疑是招收和培养法律硕士研究生的责任主体,它们不仅承担具体的培养任务,而且也承担对这些全日制的涉外律师研究生日常的组织和管理工作。法律硕士教育机构通常设在高校的法学院,5所政法大学的设置方式稍有差异,有的附属于研究生教育管理部门,有的独立设置法律硕士教育学院。当然,其他一些法学教学机构在具备一定资质的条件下,也能招收培养法律硕士研究生,如中国政法大学,除了法律硕士教育学院外,在法学院、民商法学院、新闻传播学院、证据科学研究院等机构,也有招收和培养法律硕士研究生。但涉外律师研究生的培养多数是在法学院或者法律硕士学院等以法律为主业或专业的学院里。

四、法律硕士培养机构状况与未来涉外律师研究生培养

(一) 涉外律师研究生培养机构的数量

从我国法律硕士培养院校的数量上来看,自 1995 年设置法律硕士教育制度后,到 2020 年全国已批准 253 个法律硕士教育机构,其中有 3 所高校被暂停或撤销,目前实际还有 250 个高等院校及机构在开办法律硕士研究生教育和培养,是 632 个开设法学本科专业的全国高校系统法学教育机构总量的 40%。依据法律硕士培养标准和条件来看,凡是承担法律硕士教育的机构,都是开展法学教育工作条件比较好的机构,其绝大多数同时承担法学硕士研究生教育。截至 2020 年 5 月,全国设有法学一级学科硕士点有220 个,其中还有 50 多个具有法学博士研究生教育。随着国家不断的发展和开放,越来越多的高等院校具有培养涉外律师研究生的资质和能力,而国

家和社会的涉外事务增多,导致需要更多涉外法律服务和涉外律师,研读涉外律师研究生亦会随之增多。

（二）涉外律师研究生培育机构在地域上的分布

从地域分布上看,上述 250 个法律硕士培养点覆盖全国各省、自治区、直辖市(统称省份)。按大区域分布看,华北地区有 55 个,东北地区有 23 个,华东地区有 72 个,中南地区有 49 个,西南地区有 29 个,西北地区有 22 个。按省份分布看,北京作为国家政治文化中心,法律硕士点最多,共 31 个;其次是江苏省,共有 15 个;第三位的是四川省,共有 14 个;第四位是上海,共有 13 个;第五位的是山东省,共有 12 个;接下来是湖南、湖北,各有 11 个;法律硕士点最少的海南,只有海南大学 1 个。青海、宁夏、山西、内蒙古、西藏等地也都比较少。

就涉外律师研究生培养而言,目前只有 15 所学校有资格招收法律硕士(涉外律师),这 15 所学校包含了五院四系[中国政法大学、西北政法大学、西南政法大学、华东政法大学、中南财经政法大学以及北京大学、中国人民大学、吉林大学、武汉大学的法学院(系)]。除这 9 所名校外,还有清华大学、对外经贸大学、复旦大学、上海政法学院、中山大学、广东外语外贸大学等 5 所学校。在上述法律硕士点的分布和格局中,5 所政法大学的法律硕士教育,基于其政法类专科属性,无论从开办时间还是规模角度看,都是最大的。法律硕士教育强调培养服务法律实务领域的专门人才,而这些政法院校的办学性质决定了其与政法实务部门有着紧密的联系,其他如北京大学、清华大学、中国人民大学等的法学院,也基于其实力、资质和办学模式等,与法律实务部门有着密切联系,并培养了大批优秀法律实务人才。

五、涉外律师研究生培养课程体系分析

法律院校开展法律硕士专业培养工作,通常是根据法律硕士专业组织制定的原则性培养方案进行的。培养方案是支撑法律硕士教育的基本依据,是实施法律硕士教育工作的总章程、总纲领。一个制式化的培养方案里包括诸多的内容,但最核心的是课程体系。所以如何设置课程体系成为涉外律师研究生培养中的一个重要环节。

按照《指导性培养方案》,涉外律师研究生的培养内容除少部分必修课

程外,主要以模块化为主,各培养院校可根据自身办学特色,充分发挥自身优势学科实力,围绕涉外法律服务,开设相关课程,但总学分不得低于 75 学分。具体来看,在课程设置方面,要求不低于 51 学分,课程分为必修课和强化模块课,其中必修课(不低于 17 学分)包括:中国特色社会主义理论(2 学分)、法律职业伦理(2 学分)、法律专业外语(4 学分)、国际关系基础理论(2 学分)、国际公法原理与实务(2 学分)、国际私法原理与实务(2 学分)、国际经济法原理与实务(3 学分)。这些必修课以在校教学方式为主,主要由校内教师完成授课,在第一学年完成,其中后 4 门必修课鼓励采用全外语或者双语教学。

《指导性培养方案》推荐了强化模块课,明确各培养院校按照专业课程、职业能力、素质提升三个模块开设强化模块课,每个模块课可从以下推荐课程中选定,也可根据培养目标及本单位特色,自行开设相关特色课程,并且要求这些课程不得低于 34 学分,其中全外语或双语教学课程不低于 17 学分。

专业课程模块(不低于 14 学分)主要包括:国际贸易组织法、国际公约与国际惯例、国际投资法、海商法、国际知识产权保护、国际民事诉讼与仲裁、国际冲突与危机管理、国际法院和仲裁组织等。

职业能力模块(不低于 14 学分)包括:国际规则制定与应用、国际商事经典案例研究、境外投资与收购案例研究、国际商务谈判与冲突解决、国际环境法、国际竞争法(反倾销、反垄断)、国际法律信息检索等。

素质提升课程(讲座)模块(不低于 6 学分)包括:国际政治、国际经济、国际贸易、国际组织、国际金融、国际新闻、国际体育等。

强化模块课以在校教学方式为主,主要由校内教师和校外法律实务专家共同完成授课,其中校外法律实务专家参与授课(单独或者联合授课)课时比例不少于 50%,鼓励聘请境外相关领域专家学者来校讲授完整课程。

除了上述《指导性培养方案》所列举课程外,类似法律写作、法律职业道德和职业伦理等课程,对于涉外律师研究生而言也是一门非常重要的课程。

六、涉外律师研究生实践能力培养

从某个角度看,法律工作实际上也是一种社会工作,法律职业者就是一种特殊的社会工作者。而社会工作者须具备从事社会工作的基本素质和素养，比如善于和各类人群进行沟通协调、具有一定的文字和口头表达能力等。法律专业实际上就是一个大量运用语言文字的职业，为此在进行课程设置时，在进行法律职业训练内容和方式设计时，就有必要强化法律写作和法律辩论等科目。

按照《指导性培养方案》要求，涉外律师研究生的实践教学与训练，在学分上不得低于19学分；在内容上，包括涉外法律文书写作（3学分）、涉外法律检索（2学分）、涉外模拟法庭、模拟仲裁、模拟调解等（3学分），涉外法律谈判（2学分）。明确要求涉外模拟法庭、模拟仲裁、模拟调解等由各培养院校教师负责组织，校外具有涉外法律实务经验的专家参加；而且要求以上实践训练可采取案例研习、法律诊所等方式进行，其中全外语或者双语教学课程不少于10学分。以上实践教学与训练环节由联合培养单位组织教学为主，时间安排灵活，主要由联合培养单位具有涉外法律实务经验专家授课。

关于涉外律师研究生的涉外专业实习（9学分）要求，各培养院校与联合培养单位联合组织专业实习，时间不少于6个月，可以在国际或区域组织、涉外机构、跨国公司、涉外律师事务所等分阶段进行。由联合培养单位组织实施并负责评价考核，以执业能力量化评价作为专业实习考核评价依据；并且鼓励培养院校支持研究生在学期间到国外学习、实习，其中在境外学习6个月以上，并实习3个月以上的可以折抵涉外专业实习的全部学分。

七、涉外律师研究生培养中的毕业环节

作为法律硕士培养训练的最后一个环节，学生需要在毕业之前，在专业导师或者实务导师的指导下，独立完成一篇严谨的书面作品的写作，即学位论文。法律硕士撰写学位论文，选题应注意法律实践中的真实问题，能解决实际问题。多年来许多法学院校都坚持这个原则，不鼓励选择纯学术性、理论性强的标题作为论文题目。通过答辩的学位论文，是取得法律硕士学位的一个必要条件。在双导师制的基本要求下，学位论文应该有实务导师参加评阅和答辩，这对于提升学位论文的应用价值很有必要。

按照《指导性培养方案》要求，涉外律师研究生的学位论文在学分上不低于5学分；要求其学位论文选题应贯彻理论联系实际的原则，论文内容应

强化应用导向,着眼涉外实际问题、面向涉外法律实务,反映学生综合运用所学理论与知识解决涉外法律实务问题的能力。学位论文应以涉外法律实务研究为主要内容,可以方案设计、案例分析、研究报告、专项调查等为内容,以论文形式呈现。

对于涉外律师研究生而言,其学位论文写作应达到以下要求:论题具有理论和实践意义,题目设计合理;梳理和归纳同类问题的研究或实践现状;论据充分,论证合理,资料完整;作者具有问题意识,能够采取综合的研究方法,如社会调查与统计方法、规范实证方法等;符合写作规范,中英文双语写作,正文部分中文字数不少于 2 万字,英文单词数不少于 1.5 万字。

论文答辩与学位授予方面的要求是:学位论文必须由 3 名本专业具有高级专业技术职务的专家评阅,其中至少 1 名为校外具有涉外法律实务经验的专家;学位论文答辩委员会成员中,应有校外 1—2 名具有涉外法律实务经验专家。符合学位授予条件者,可授予法律硕士专业学位。

八、涉外律师研究生培养方式和培养年限

在培养方式上,《指导性培养方案》明确指出,要发挥高校是法治人才培养的第一阵地作用,实行"高校+行业"的联合培养方式,积极探索"境内+境外"培养机制、"培养+就业"合作培养模式,要求培养各方以协议方式明确培养过程中的权利义务。多个不同性质、特长的培养单位,在对涉外律师研究生进行联合培养的过程中,负责理论学习和实践能力的培养,需要通过和采取包括课堂讲授、社会调研、辩论、模拟法庭等多样化且具有科学性和合理性的方式。

实地训练,即实习实践是法律硕士训练过程中一个特别重要和必须加强的环节。让学生在学习的过程中,到真正的法律场景中去感受、去观察、去体验、去练习,亲身体验和耳濡目染,理论联系实践就不会是老生常谈式的口号,一定要实质性地参与法律实务环境中去学习和践行。只有在现实的法律场景中,学生才可以真正地看到、听到、感受到在法律教科书中看过学过但未必真的能够理解明白的东西。

此外,联合培养单位的选择也是非常重要的。为提高法律硕士专业学位(涉外律师)研究生实践创新能力,有关省(市)司法厅(局)推荐辖区内政

治可靠、涉外法律服务能力强的优秀律师事务所等法律实务部门,这些律师事务所须具有一定的标杆性、示范性。通过联合培养协议明确联合培养、实习实践等要求,并要求联合培养单位参与培养方案的制定、日常教学培养工作、接受培养院校学生在联合培养单位开展专业实习等。

《指导性培养方案》中关于"培养年限"部分明确规定:全日制法律(法学、非法学)硕士专业学位(涉外律师)基本修业年限为 3 年。基于当前法律硕士培养基础,涉外律师研究生培养期限定为 3 年是合适的,但综观《指导性培养方案》中如此多的课程,以及来自国内和国外的实习实践,笔者认为 3 年期限原则上应该是最低期限。当然,在未来的涉外律师研究生培养过程中,可以参考现行的培养效果和培养实践,培育机构根据具体培养状况进行灵活的调整是可行的。

第三节　培养过程中的中期和事后评价、评估

一、管理部门关于研究生评价监督的政策性规定

《教育部、国家发展改革委 财政部关于深化研究生教育改革的意见》要求,有关培养部门应从以下方面入手改革评价监督机制。

(一) 改革质量评价机制

发布培养单位质量保证体系建设规范。按照一级学科和专业学位类别分别制订博士、硕士学位基本要求。学术学位注重学术创新能力评价,专业学位注重职业胜任能力评价。研究生教育质量评价要更加突出人才培养质量,人才培养质量评价要坚持学业培养质量与职业发展质量并重。强化质量在资源配置中的导向作用。

(二) 强化培养单位质量保证的主体作用

培养单位要加强培养过程的质量管理。按照一级学科和专业学位类别,分别设立研究生培养指导委员会,负责制订培养标准和方案、建设课程体系、开展质量评价等。专业学位研究生培养指导委员会应有一定比例的

行业和企业专家参加。定期开展自我评估,加强国际评估。建立毕业生跟踪调查与用人单位评价的反馈机制,主动公开质量信息。

(三) 完善外部质量监督体系

加快建设以教育行政部门监管为主导,行业部门、学术组织和社会机构共同参与的质量监督体系。加强研究生教育质量评估,加大学位论文抽检力度,改进优秀博士学位论文评选办法,统筹学科评估。对评估中存在问题的单位,视情做出质量约谈、减少招生计划、停止招生直至撤销学位授权等处理。建立专业学位教育质量认证体系,鼓励培养单位参与国际教育质量认证。

(四) 建立质量信息平台

构建在学研究生学业信息管理系统,建立研究生教育质量信息分析和预警机制。加大信息公开力度,公布质量标准,发布质量报告和评估结果,接受社会监督。

(五) 规范学位工作的管理

规范在职人员攻读硕士专业学位和授予同等学力人员硕士、博士学位工作的管理。

进一步强化培养单位办学责任,加强统一管理,建立定期检查机制。将在职人员攻读硕士专业学位纳入研究生学业信息管理系统。同等学力人员申请学位,须将学位论文在研究生教育质量信息平台上公示。研究生培养单位不得以"研究生"和"硕士、博士学位"等名义举办课程进修班。

二、涉外律师研究生培养过程考核评价

涉外律师研究生属于法律硕士培养的一个组成部分,可以说直接就是法律硕士培养。在现行的培养过程中已然按照上述规定和要求存在着一定的监督管理制度。然而基于涉外律师研究生培养的特殊性,对涉外律师研究生培养应该具有必要的、特别的、全过程的监督和管理,以提高培养的成功率,真正实现培养目标,满足国家和社会对涉外法治人才的需求。

对于涉外律师研究生培养的过程性监督管理,每一个承担培养责任的培养院校都会按照培养方案,设计必要且合理的考核项目和程序,以监督或督促相关教师和学生完成培养任务,这一点也是教学的基本规律和基本要

求;就特殊性而言,应该更加严格地执行考核标准,加强过程性考核评价。

三、涉外律师研究生培养过程评价的特殊性

(一)法律职业资格理应成为涉外律师研究生培养的评价指标

从学校培养的目标角度,能否获取法律职业资格证书理应成为法律硕士专业涉外律师研究生培养的一个评价指标。虽然越来越多的法律硕士研究生都会在学习期间考取法律职业资格证书,甚至不少法学本科生在本科毕业时已经考取法律职业资格证书,但依然有至少一半的非法学的法律硕士研究生仅仅具有初步的法律基础。鉴于法律职业资格是涉外律师研究生未来职业的门槛,在涉外律师研究生培养过程中不得忽视或者无视法律职业资格考试,任由学生们自行选择安排,而应该在培养过程中将其作为一个基本指标要求,并为学生尤其是非法学类学生通过法律职业资格考试提供必要的、相应的安排,并将法律职业资格考试的通过率作为必要的评价指标,或者至少应将其纳入教学目标中。类似城市管理与监察、国际商务等专业的教学过程中将全国信息化工程师 GIS、资料员(管网数据)、报关员、国际商务单证员等证书的考取纳入高等职业教育的教学目标一样。

(二)涉外律师研究生培养的后续评估

对涉外律师研究生毕业后的状况进行持续跟踪、评估,是一种对培养效果的长期考察,对于评价和完善正在进行的涉外律师研究生培养具有一定的反思意义。已经毕业的涉外律师研究生的从业状况、社会反响,他们自己的职业认知和体会,都会对现行正在进行的涉外律师研究生培养形成某种反思,为其培养过程扬长避短、调整培养方式、改革和完善培养制度提供参考或依据。

《哪些(法学)院校产生的法检两长多?》一文①对全国 31 个省级法检系统的院长和检察长所毕业的院校做了一个统计,包括本科和硕士、博士研究生毕业院校情况。31 个省级法院院长和检察院检察长共 62 人,排第一位的是西南政法大学,共有 14 位毕业于这个学校,包括江苏、辽宁、湖北、上

---

① 参见微信公众号"法律人夜读"2021 年 2 月 7 日发布的同名文章:《哪些(法学)院校产生的法检两长多?》。

海、浙江、云南、陕西、河北 8 位法院院长,以及贵州、重庆、安徽、甘肃、青海和福建 6 位检察院检察长,占总量的 22.5%;排第二位的是西北政法大学,共有 10 位毕业于这个学校,包括山东、重庆、北京 3 位法院院长和浙江、吉林、河南、山西、北京、内蒙古、黑龙江 7 位检察院检察长,占 16.1%;排第三位的是中国政法大学,共有 8 位毕业于这个学校,包括福建、山西、广东、甘肃 4 位法院院长和河北、辽宁、新疆、江西 4 位检察院检察长,占 12.9%;排第四位的是华东政法大学,共有 7 位,包括吉林、天津、宁夏、江西 4 位法院院长和江苏、广西、西藏 3 位检察院检察长,占 11.3%;排第五位的是北京大学,共有 4 位,包括黑龙江、四川、青海 3 位法院院长和湖南的 1 位检察院检察长。这些数字一定程度上说明了政法大学办学的目标和服务方向,也反映了政法院校和法律实务部门办学传统形成的紧密关系。结合我国政法系统的任职习惯等因素,可以联想到,如果省级法院、检察院的领导有这么多毕业于这些政法院校,那么中级和基层的法院、检察院的毕业生就更多了。不论这些院校是否具有 985、211 等重点大学的耀眼光环,但它们确实是中国法治建设培养大批专门人才的平台和基地。

由上我们可以看到法律职业人才培养的某种效果,虽然未必准确,但对培养院校本身应该具有反思意义。对我国涉外法治人才如涉外律师研究生培养来说也是如此。

微

观

篇

第八章

涉外律师研究生培养招生制度及其完善

　　招生是高等院校学生培养的重要环节,能否招到符合培养需求和培养目标的优秀学生,招生制度是关键。涉外律师研究生是我国法律硕士研究生新的组成部分,从属于法律硕士,但又是其中一个全新的部分,承担着国家和社会特殊的历史使命。在现行法律硕士招生制度的基础上,科学而理性地构建招生制度,形成必要的招生体制非常重要。虽然涉外律师研究生与法律硕士实行统一考试、统一招生制度,但各培养院校增加了一些条件和要求。

第一节　我国现行硕士研究生招生制度简介

　　教育部每一个年度都会颁发《全国硕士研究生招生工作管理规定》,指导和规范该年度的全国硕士研究生的招生工作,其内容有时会有一些调整,但通常属于微调,基本制度规范大体不变。本章以此作为了解和分析我国硕士研究生招生的基本依据。

一、我国硕士研究生招生的目的

　　每年度的《全国硕士研究生招生工作管理规定》第 2 条都规定了我国硕士研究生招生的目的:高等学校和科学研究机构(简称招生单位)招收硕士

研究生,旨在培养热爱祖国,拥护中国共产党的领导,拥护社会主义制度,遵纪守法,品德良好,具有服务国家服务人民的社会责任感,掌握本学科坚实的基础理论和系统的专业知识,具有创新精神、创新能力和从事科学研究、教学、管理等工作能力的高层次学术型专门人才以及具有较强解决实际问题的能力、能够承担专业技术或管理工作、具有良好职业素养的高层次应用型专门人才。各个招生院校均以此规定安排招生工作,以便能招到具有培养潜力、实现培养目标的硕士研究生。

二、我国硕士研究生招生的原则

(一) 按需招生原则

基于培养院校的公立学校的属性及其培养能力,我国硕士研究生招生应坚持按需招生、全面衡量、择优录取和宁缺毋滥的原则。关于招生人数,则由国家根据经济、社会发展需要确定年度招生计划。招生单位根据国家下达的招生计划、社会需求和办学条件,确定各学科(类别)、各专业(领域)的招生人数。

教育部、国家发展改革委 财政部《关于深化研究生教育改革的意见》要求: 根据国家发展需要和高层次人才培养规律,合理确定研究生招生规模。加强和改进招生计划管理,对全日制和非全日制研究生招生计划实行统一管理,改革全日制研究生招生计划形式,取消国家计划和自筹经费"双轨制";加强宏观管理,逐步建立研究生教育规模、结构、布局与经济社会发展相适应的动态调整机制;进一步完善计划分配办法,通过增量安排和存量调控,积极支持优势学科、基础学科、科技前沿学科和服务国家重大需求的学科发展。

(二) 招生权限原则

各招生单位的招生学科(类别)、专业(领域)必须经国务院学位委员会或其授权单位批准。我国绝大部分硕士研究生的培养院校都是国家成立的,也就是公立院校,其使命就是按照国家的需求和要求,培养国家和社会所需要的人才,所以在招生权限上主要由国家教育行政管理部门以及其他相关部门的授权决定。而授权决定一般会考虑各所培养院校自身的客观状况和培养因素,即培养院校的培养能力与偏好、培养院校所在地域的人口及经济社会发达程度、培养院校自身的培养方式(全日制与非全日制、订单式培养)等因素将决定一所学校的招生规模。

(三) 招生对象限定原则

我国硕士研究生的招生对象主要为国家承认学历的应届本科毕业、本科毕业以及具有与本科毕业同等学力的中国公民,并要求报名参加全国硕士研究生招生考试的人员,须符合下列条件：中华人民共和国公民;拥护中国共产党的领导,品德良好,遵纪守法;身体健康状况符合国家和招生单位规定的体检要求。

对于考生学业水平则有具体的要求,即必须符合下列条件之一：① 国家承认学历的应届本科毕业生(含普通高校、成人高校、普通高校举办的成人高等学历教育等应届本科毕业生)及自学考试和网络教育届时可毕业本科生。考生录取当年入学前(具体期限由招生单位规定)必须取得国家承认的本科毕业证书或教育部留学服务中心出具的《国(境)外学历学位认证书》,否则录取资格无效。② 具有国家承认的大学本科毕业学历的人员。③ 获得国家承认的高职高专毕业学历后满 2 年(从毕业后到录取当年入学之日,下同)或 2 年以上的人员,以及国家承认学历的本科结业生,符合招生单位根据本单位的培养目标对考生提出的具体学业要求的,按本科毕业同等学力身份报考。④ 已获硕士、博士学位的人员。

另外,对于在校研究生报考,要求其须在报名前征得所在培养单位同意。而对于专业学位硕士研究生报考通常有具体的规定,例如 2022 年报名参加法律硕士、工商管理、公共管理、工程管理硕士中的工程管理(代码 125601)和项目管理(代码 125602)、旅游管理、教育硕士中的教育管理、体育硕士中的竞赛组织专业学位硕士研究生招生考试的人员,专业学位全国硕士研究生招生考试的,按相应的规定执行。

涉外律师研究生招生项目开始于 2021 年春季,各个培养单位研究生招生报名和招录工作可能存在一些不同之处。中南财经政法大学法律硕士教育中心《法律硕士教育中心 2021 年法律硕士专业学位(涉外律师)培养项目拟录取名单公告》：①经法律硕士教育中心考核小组综合考评,拟录取以下

① 《法律硕士教育中心 2021 年法律硕士专业学位(涉外律师)培养项目拟录取名单公告》,http：//fszx. zuel. edu. cn/2021/0724/c4858a275968/page. htm,最后访问日期：2021 年 11 月 1 日。

42 名同学为 2021 年法律硕士专业学位(涉外律师)培养项目的培养对象,其中法律(非法学)33 人、法律(法学)8 人、留学生 1 人。

（四）考试原则

我国现行的硕士研究生招生主要采取考试的方式,全国硕士研究生招生考试分初试和复试两个阶段进行。初试和复试都是硕士研究生招生考试的重要组成部分。初试由国家统一组织,复试由招生单位自行组织。初试方式分为全国统一考试(含联合考试)、单独考试以及推荐免试。全国统一考试的部分或全部考试科目由教育部考试中心负责统一命题,其他考试科目由招生单位自行命题。单独考试由具有单独考试资格的招生单位进行,考生须符合特定报名条件,考试科目由招生单位单独命题、委托其他招生单位命题或选用全国统一命制试题。推荐免试是指依据国家有关政策,对部分高等学校按规定推荐的本校优秀应届本科毕业生,及其他符合相关规定的考生,经确认其免初试资格,由招生单位直接进行复试考核的选拔方式。关于考试命题,一般有两种方式:全国统一命题;招生单位自主命题。全国统一命题科目及招生单位自命题科目试题(包括副题)、参考答案、评分参考(指南)等应当按照教育工作国家秘密范围的有关规定严格管理。

（五）统一招生原则

我国硕士研究生实行统一招生的方式。尽管硕士研究生学习方式分为全日制和非全日制两种,但为了保证生源的质量,全日制和非全日制研究生考试招生依据国家统一要求,执行相同的政策和标准。

（六）招生平等原则

招生平等原则要求招生单位不得按单位、行业、地域等限定单独考试生源范围,也不得设置其他歧视性报考条件。这是"法律面前人人平等"这一宪法原则在硕士研究生招生过程中的具体化和应用。

教育部、国家发展改革委 财政部《关于深化研究生教育改革的意见》要求:建立健全科学公正的招生选拔机制;以提高研究生招生选拔质量为核心,积极推进考试招生改革,建立与培养目标相适应、有利于拔尖创新人才和高层次应用型人才脱颖而出的研究生考试招生制度;优化初试,强化复试,发挥和规范导师作用,注重对考生专业基础、综合素质和创新能力的考查。

招生平等并不意味着教条和僵化,为了能把符合培养目标但存在某些不足的特殊人才招录进研究生队伍,研究生招生需要科学的筛选机制以确保优秀学生被招录。比如,有些培养院校规定：对初试公共科目成绩略低于全国初试成绩基本要求,但专业科目成绩特别优异或在科研创新方面具有突出表现的考生,可允许其破格参加第一志愿报考单位第一志愿专业复试(简称破格复试)。破格复试应优先考虑基础学科、艰苦专业以及国家急需但生源相对不足的学科、专业。对第一志愿合格生源不足的专业,招生单位要积极做好调剂工作,不得单纯为完成招生计划或保护第一志愿生源而降低标准进行破格复试。合格生源(含调剂生源)充足的招生专业一般不再进行破格复试。破格复试考生不得调剂。

三、招生选拔方式的灵活性

根据现行的研究生培养政策,高等教育领域一直在优化人才培养类型结构。通过基本稳定学术学位授予单位和学位授权学科总体规模,建立学科动态调整机制,国家鼓励学科交叉与融合,进一步突出学科特色和优势。而积极发展硕士专业学位研究生教育,稳步发展博士专业学位研究生教育,重视发展非全日制研究生教育,将是未来研究生培养工作的重点。

按照教育部印发的《全国硕士研究生招生工作管理规定》,硕士研究生学习方式分为全日制和非全日制两种。全日制和非全日制研究生考试招生依据国家统一要求,执行相同的政策和标准。原则上招生单位非全日制硕士研究生招收在职定向就业人员。招生过程的科学性要求在专业学位研究生招生中,执行的政策和标准是相同的,但应根据不同的培养方式适用不同的选拔方式,全日制与非全日制研究生的招生选拔应该有所不同。

2016年9月教育部办公厅印发《关于统筹全日制和非全日制研究生管理工作的通知》：全日制研究生是指符合国家研究生招生规定,通过研究生入学考试或者国家承认的其他入学方式,被具有实施研究生教育资格的高等学校或其他教育机构录取,在基本修业年限或者学校规定年限内,全脱产在校学习的研究生。非全日制研究生是指符合国家研究生招生规定,通过研究生入学考试或者国家承认的其他入学方式,被具有实施研究生教育资格的高等学校或其他教育机构录取,在学校规定的修业年限(一般应适当延长基本修业年限)内,在从事其他职业或者社会实践的同时,采取多种方式和灵活时间安排进行非脱产学习的研究生。

从 2017 年起,教育部会同国家发展改革委按全日制和非全日制两类分别编制,分别下达全国博士、硕士研究生招生计划;在所下达计划内(国家下达的专项招生计划除外),各研究生培养单位可根据社会需求和培养能力自主安排已有学位授权点招生规模。全日制和非全日制研究生毕业时,所在高等学校或其他高等教育机构根据其修业年限、学业成绩等,按照国家有关规定发给相应的、注明学习方式的毕业证书;其学业水平达到国家规定的学位标准,可以申请授予相应的学位证书。全日制和非全日制研究生实行相同的考试招生政策和培养标准,其学历学位证书具有同等法律地位和相同效力。

据此,在硕士研究生的招生上应该多样化,而在毕业和获得学位上则应该标准化、统一化。人才培养上的"宽进严出",在当前状况下是一个较为合理的培养模式。

第二节　我国法律硕士及涉外律师研究生招生概况

一、法律硕士研究生招生概况

教育部、国家发展改革委、财政部《关于加快新时代研究生教育改革发展的意见》明确相关部门要:优化培养类型结构,大力发展专业学位研究生教育;稳步发展学术学位研究生教育,以国家重大战略、关键领域和社会重大需求为重点,增设一批硕士、博士专业学位类别;新增硕士学位授予单位原则上只开展专业学位研究生教育,新增硕士学位授权点以专业学位授权点为主;各培养单位要根据经济社会发展需求和自身办学定位,切实优化人才培养类型结构。据此,在法律领域,法律硕士学位将是未来发展的重点。

我国法律硕士研究生招生与其他专业学位硕士研究生相似,主要由全国具有研究生培养资质的高等院校负责。这些高等院校一般都已经具有多年的学术研究生招生培养的资质和经验,作为专业学位的招生培养与学术学位的招生一般同时进行,但分属于不同的体系。两者的不同主要在于考试的方式。与学术学位研究生是招生单位根据自身的情况自主命题考试不同,专业学位研究生考试通常都是由全国统一命题考试。

法律硕士研究生考试就是由全国统一命题,其考试科目主要包括:法律硕士专业基础(非法学)、法律硕士综合(非法学)、法律硕士专业基础(法学)、法律硕士综合(法学)。由于命题考试的方式不同,所以第一志愿报考法律(非法学)专业学位硕士的考生一般不得调入其他专业,其他专业的考生也不得调入该专业。

二、涉外律师研究生招生现状

(一)涉外律师研究生招生制度的背景

2021年2月2日,教育部决定选取部分高校实施法律硕士专业学位(涉外律师)研究生培养项目。随着我国日益走近世界舞台中央,更加深度参与全球治理,我国企业和公民"走出去"步伐不断加快,我国急需加快涉外法治工作战略布局,推进涉外法律服务业发展,培养一大批通晓国际法律规则、善于处理涉外法律事务的涉外律师人才,更好维护我国国家主权、安全、发展利益,维护我国企业和公民海外合法权益,保障和服务高水平对外开放。通知明确,通过实施法律硕士专业学位(涉外律师)研究生培养项目,支持有关高校和法律实务部门积极探索和创新涉外法治高层次人才培养模式,培养一批政治立场坚定、专业素质过硬、跨学科领域、善于破解实践难题的高层次复合型、应用型、国际型法治人才,为建设一支法学功底扎实、具有国际视野、通晓国际法律规则,善于处理涉外法律事务的涉外律师人才队伍奠定基础。

涉外律师的稀缺性决定了涉外律师研究生培养的使命性,而涉外律师专业特点决定了对涉外律师研究生生源的高要求。例如,中南财经政法大学《法律硕士教育中心法律硕士专业学位(涉外律师)培养项目2021年遴选通知》显示:招生名额共40名,从参加2021年全国硕士研究生招生考试拟录取的考生中选拔;申请条件为:① 考生应为一志愿报考我校法律硕士教育中心法律(非法学)、法律(法学)专业的考生。② 考生初试成绩达到本项目复试分数线,外语单科不低于60分。③ 考生具有出色的英语水平者优先录取,主要包括如下情况:一是国家英语六级 550 分以上,或雅思 6.5 分以上,或托福 90 分以上,或其他小语种达到相应水平;二是本科辅修法学或英语、小语种专业双学位。④ 本科专业为国际金融、国际经济学、国际贸易、国际投资等专业同学优先录取。

按照教育部和司法部的联合发文,北京大学、清华大学等 15 所全国高校入选第一批法律硕士专业学位(涉外律师)研究生培养单位,2021 年计划招生人数为 500 人。

(二)涉外律师研究生招生院校与招生人数

目前有 15 所学校有资格招收法律硕士(涉外律师),这 15 所学校是:中国政法大学、西北政法大学、西南政法大学、华东政法大学、中南财经政法大学、北京大学、中国人民大学、吉林大学、武汉大学、清华大学、对外经贸大学、复旦大学、上海政法学院、中山大学、广东外语外贸大学。其中,有 5 所地处北京的高等院校各培养了 40 名涉外律师研究生,共计 200 名;其他 10 所高等院校各培养 30 名涉外律师研究生,共计 300 名;全国 2021 年共招收 500 名涉外律师研究生。

北京是我国的首都,是全国的政治、文化中心,经济也属于全国前列,不仅是特大型国际化的大城市,也是我国大学最多、重点大学最多的城市,其集中全国各种优秀和先进的教育资源,在涉外律师研究生培养上是最有优势的地方。

上海有 3 所院校,湖北与广东各有 2 所院校,重庆、吉林、西安各有 1 所高校具有培养资格。这些院校都有自身的独特优势,能够因地制宜地为所属地区的经济和社会发展需求培养合适的人才(见表 8 - 1)。

表 8 - 1   15 所涉外律师研究生招生院校所在地区

地 区	院 校	院 校	院 校	院 校	院 校
华北	北京大学	清华大学	中国人民大学	中国政法大学	对外经贸大学
华东	复旦大学	华东政法大学	上海政法学院	—	—

地　区	院　校	院　校	院　校	院　校	院　校
华南	中山大学	广东外语外贸大学	—	—	—
华中	武汉大学	中南财经政法大学	—	—	—
东北、西北、西南	吉林大学	西北政法大学	西南政法大学	—	—

北京大学、清华大学,社会上简称为"清北",有着全国几乎最优秀的生源,几乎囊括了全国各地的高考优秀生,也有着全国最优质的师资力量。北京大学、清华大学以及中国人民大学,作为排名全国前列、国际知名的综合性大学,其在法律硕士培养方面也有着雄厚的实力。

《复旦大学法学院 2021 年法律硕士涉外律师方向(双硕士国际班)招生说明》,关于"招生人数"部分是这样的:"根据教育部学位管理与研究生教育司与司法部律师工作局联合颁发的《关于实施法律硕士专业学位(涉外律师)研究生培养的通知》(教研司〔2021〕1 号)以及复旦大学 2021 年招生计划,复旦大学法学院(以下简称复旦法学院)法律硕士涉外律师方向(双硕士国际班)项目(以下简称国际班项目)将分别在法律硕士(非法学)和法律硕士(法学)项目学生中招收 30 人左右。"

中国人民大学法学院专业学位(非法学)法律涉外律师方向 2022 年的招生人数为 102(不含推免);法学院专业学位法律(法学)涉外律师方向招生人数为 47(不含推免),该招生计划根据往年录取情况编制,因教育部暂未下达 2022 年总规模,实际招生人数会因国家下拨招生计划和实际报考人数等因素有所调整。

对外经济贸易大学:(专业学位)法律(非法学)涉外律师招生人数 33(不含推免);法律(法学)涉外律师方向招生人数为 46(不含推免)。

中国政法大学:法律(非法学)设于法律硕士学院,区分全日制/非全日制,全日制招生计划中包含涉外律师项目招生计划 50 人(其中推免生招生计划 30 人)。

中南财经政法大学《法律硕士教育中心 2021 年法律硕士专业学位（涉外律师）培养项目拟录取名单公告》①显示，经法律硕士教育中心考核小组综合考评，拟录取以下 42 名同学为 2021 年法律硕士专业学位（涉外律师）培养项目的培养对象，其中法律（非法学）33 人、法律（法学）8 人、留学生 1 人。

根据《中国人民大学法学院 2022 年全日制法律硕士（非法学）专业学位研究生招生简章（含涉外律师项目）》②以及《中国人民大学法学院 2022 年全日制法律硕士（法学）专业学位研究生招生简章（含涉外律师项目）》③显示：中国人民大学的涉外律师研究生从法律（非法学）考生中招收 10 人左右；法律（法学）考生中招收 11 人左右。

（三）涉外律师研究生招生条件

涉外律师研究生的招生条件，可以从学生和培养院校两个角度来分析。

1. 学生角度的条件分析

从学生角度，涉外律师研究生只从培养院校所招收的全日制法律硕士（含非法学和法学）中选取，学业均为 3 年。报考条件和法律硕士一样，初试和法律硕士一样，即参加研究生统一入学考试，试卷也是法律硕士的试卷。关于外语语种，法律硕士（涉外律师）要求掌握 1—2 门外语。可以看出，涉外律师研究生要比一般的法律硕士研究生具有更高的要求和条件，不仅在外语方面，而且在法律专业知识和其他的基础方面。这是律师职业和涉外性的基本要求及其体现。

对学生的要求，往往体现在培养院校的遴选要求中，需要培养院校通过科学合理的考核内容结构、考核方式，予以评价和选拔。例如，在中南财经政法大学法律硕士教育中心发布的《法律硕士专业学位（涉外律师）培养项

---

① 《法律硕士教育中心 2021 年法律硕士专业学位（涉外律师）培养项目拟录取名单公告》，http：//fszx. zuel. edu. cn/2021/0724/c4858a275968/page. htm，最后访问日期：2021 年 11 月 1 日。

② 《中国人民大学法学院 2022 年全日制法律硕士（非法学）专业学位研究生招生简章（含涉外律师项目）》，http：//www. law. ruc. edu. cn/home/t/? id＝57560，最后访问日期：2021 年 11 月 1 日。

③ 《中国人民大学法学院 2022 年全日制法律硕士（法学）专业学位研究生招生简章（含涉外律师项目）》，http：//www. law. ruc. edu. cn/home/t/? id＝57561，最后访问日期：2021 年 11 月 1 日。

目 2021 年遴选通知》①中,明确指定该项目招生名额共 40 人,从参加 2021 年全国硕士研究生招生考试拟录取的考生中选拔;涉外律师研究生的申请条件为:① 考生应为一志愿报考我校法律硕士教育中心法律(非法学)、法律(法学)专业的考生;② 考生初试成绩达到本项目复试分数线,外语单科不低于 60 分;③ 考生具有出色的英语水平者优先录取,主要包括如下情况:一是国家英语六级 550 分以上,或雅思 6.5 分以上,或托福 90 分以上,或其他小语种达到相应水平;二是本科辅修法学或英语、小语种专业双学位;本科专业为国际金融、国际经济学、国际贸易、国际投资等专业同学优先录取。在招生审核方面,明确由法律硕士教育中心对申请本项目的考生提交材料进行审核,经审核合格后(英语水平等),公布进入该项目面试考生名单。还进一步要求,若申请本项目的考生初试语种为英语以外语种,在面试中必须且只能参加英语语种的考核。

现行涉外律师研究生培养院校在培养不同学科基础的学生时,一般会有自身的偏好,主要是法学与非法学不同学科基础的涉外律师研究生考生的差异。全国法律硕士研究生考试实行法学和非法学不同的考试类型;而各个培养院校在法律硕士培养方面一直存在着不同偏好,这也决定了涉外律师研究生培养上有所差异:有的学校招收较多的法律(法学)类,如对外经济贸易大学(专业学位)法律(非法学) 涉外律师招生人数 33(不含推免),法律(法学)涉外律师方向招生人数为 46(不含推免);有的院校招收较多的法律(非法律)类,例如中南财经政法大学在 2021 年度的涉外律师研究生中来自法律(非法学)33 人,法律(法学)8 人;有的学校则在选择涉外律师研究生时同等对待,如 2021 年复旦大学法学院法律硕士涉外律师方向(双硕士国际班)项目分别在法律硕士(非法学)和法律硕士(法学)项目学生中招收 30 人左右。

2. 院校角度的条件分析

从目前招生院校看,几乎涵盖了国内顶尖的 top10 法学院校。从招生

---

① 《中南财经政法大学法律硕士教育中心法律硕士专业学位(涉外律师) 培养项目 2021 年遴选通知》,http://fszx.zuel.edu.cn/2021/0611/c4858a273267/page.htm,最后访问日期:2021 年 11 月 1 日。

人数看,北京地区的相关高校每所可以招收 40 人,其他地区的学校可以招收 30 人。研究生期间的课程,要求"法律＋外语＋N"(N 可为国际政治/国际关系等,也可为金融、财税、保险及审计等),其中必修课国际关系基础理论、国际公法、国际私法、国际经济法要求全外语或双语教学,培养方式是双导师制度,由大学和涉外律所联合培养。这样的培养需求决定了培养院校的基本培养资质方面的原则,综观当前这 15 所涉外律师研究生招生院校在资质和能力方面都有着其他高等院校不可比拟的优势。

此外,对涉外律师研究生培养单位的要求还表现在其他一些方面,比如:一定的培养经验,符合涉外律师培养要求的师资;招收法律硕士的院校要求最近 3 年法律硕士招生规模原则上不得少于 100 人,且要求本校具有一年以上海外学习经历且具有法律实务经验(限于兼职律师、仲裁员或在立法、司法、行政机关挂职或曾在法律实务部门工作 3 年以上)的教师不少于20 人。

第三节　涉外律师研究生招生制度的改革与完善

一、现行关于研究生招生制度改革和完善的政策规定

《关于深化研究生教育改革的意见》中关于改革招生选拔制度明确:

第一,优化人才培养类型结构。基本稳定学术学位授予单位和学位授权学科总体规模,建立学科动态调整机制,鼓励学科交叉与融合,进一步突出学科特色和优势。积极发展硕士专业学位研究生教育,稳步发展博士专业学位研究生教育,重视发展非全日制研究生教育。

第二,深化招生计划管理改革。根据国家发展需要和高层次人才培养规律,合理确定研究生招生规模。加强和改进招生计划管理,对全日制和非全日制研究生招生计划实行统一管理,改革全日制研究生招生计划形式,取消国家计划和自筹经费"双轨制"。加强宏观管理,逐步建立研究生教育规模、结构、布局与经济社会发展相适应的动态调整机制。进一步完善计划分

配办法,通过增量安排和存量调控,积极支持优势学科、基础学科、科技前沿学科和服务国家重大需求的学科发展。

第三,建立健全科学公正的招生选拔机制。以提高研究生招生选拔质量为核心,积极推进考试招生改革,建立与培养目标相适应、有利于拔尖创新人才和高层次应用型人才脱颖而出的研究生考试招生制度。优化初试,强化复试,发挥和规范导师作用,注重对考生专业基础、综合素质和创新能力的考查。

第四,完善招生选拔办法。学术学位与专业学位硕士研究生是实行分类考试的。完善专业学位研究生考试办法,未来会注重选拔具有一定实践经验的优秀在职人员。对具有特殊才能的人才建立专门的选拔程序。加强对考试招生工作的管理和监督。强化考试安全工作。

在原先研究生教育改革的基础上,教育部、国家发展改革委、财政部《关于加快新时代研究生教育改革发展的意见》做了新的招生方面的管理改革,其中明确规定相关部门要从以下一些方面做起,深化体制机制改革,创新招生培养模式:

一是深化招生计划管理改革,健全供需调节机制。要求培养院校和相关管理机关建立健全与经济社会发展相适应的研究生招生计划调节机制,实施国家关键领域急需高层次人才培养专项招生计划。招生计划向重大科研平台、重大科技任务、重大工程项目、关键学科领域、产教融合创新平台和"双一流"建设取得突破性进展的高校倾斜。在硕士专业学位研究生招生计划管理中,积极支持有效落实产教融合机制的培养单位和高水平应用型高校。继续在部分高水平研究型大学实施博士招生计划弹性管理。在现有财政拨款制度基础上,探索实施以国家重大科学研究、工程研发等科研经费承担培养成本的科研项目博士研究生专项招生计划。探索建立研究生招生计划管理负面清单制度,对学位点评估、博士论文抽检、师德师风、考试招生违规违法等问题突出的培养单位予以必要限制。

二是深化考试招生制度改革,精准选拔人才。完善分类考试、综合评价、多元录取、严格监管的研究生考试招生制度体系。深化硕士研究生考试招生改革,优化初试科目和内容,强化复试考核,综合评价考生考试成绩、专业素养、实践能力、创新精神和一贯学业表现等,择优录取;研究探索基础能力素质考试和招生单位自主组织专业能力考试相结合的研究生招生考试方式。健全博士研究生"申请—考核"招生选拔机制,扩大直博生招生比例,研究探索在高精尖缺领域招收优秀本科毕业生直接攻读博士学位的办法。

2020 年 1 月,习近平总书记就政法工作作出重要指示,强调努力建设更高水平的平安中国、法治中国,①这对大力提高法治队伍职业素养和专业水平提出了新要求。为实现此目的,一要健全法律职业准入和管理制度。进一步完善法律职业资格管理办法,健全国家统一法律职业资格考试制度。完善法治工作人员有序流动机制,使从符合条件的律师、高校法学教师、法学专家中招录立法执法司法人员制度化、常态化。二要健全法律职业联合培训机制。推动落实法律职业人员统一的、联合的、混同的培训制度,把习近平法治思想作为共同的必训内容,运用案例分析、集中研讨等形式,加强对立法原意、司法解释和法治实践的统一解读,形成共识,扎实推进中国特色社会主义法律职业共同体建设。三要健全交流锻炼制度。搭建多领域、多层次交流锻炼平台,有计划地安排优秀年轻法律工作者到基层一线任职,到困难艰苦岗位锻炼,提高解决实际问题能力。为了实现这些目标,作为一种具有复合型、高素质人才培养途径的法律硕士专业学位,应该适度扩大招生规模,多样化招生方式,使得更多的法律职业人士有机会接受专业的、复合型、高层次法律职业教育和培训。

上述规定或指导性建议,无疑将指导未来一段时期法律硕士研究生的招生制度改革与完善。而涉外律师研究生的招生制度也将据此不断发展和完善,为我国涉外法治和法律服务人才的培养奠定基础。

二、涉外律师专业研究生研究生招生制度及其改革、完善

基于上述关于研究生招生制度改革与完善的政策上的规定,以及法律硕士研究生培养教育的现状、有限的涉外律师研究生培养经验,笔者认为在涉外律师研究生招生制度方面主要从以下方面进行改革和完善。

---

① "习近平对政法工作作出重要指示　强调着力提高政法工作现代化水平　建设更高水平的平安中国法治中国",https：//jhsjk. people. cn/article/31553992,最后访问日期：2021年 9 月 30 日。

（一）招生制度在涉外律师研究生培养过程中的重要地位

从涉外律师研究生培养目标、培养要求等方面，涉外律师研究生是比普通法律硕士研究生要求更高的、国家迫切需要的高层次、复合型人才，若只符合法律硕士研究生的一般要求还是不够的，他们必须具有较高的外语水平，必须同时熟悉国内和国外两方面的法律，甚至还必须熟悉国外的经济、政治、文化等与法律密切相关的知识。所以，在招录涉外律师研究生的过程中，不仅满足于其符合法律硕士研究生的条件和要求，而必须同时考查其外语、国际法律、国际方面的知识基础和学习能力，为后续培养奠定基础。

（二）涉外律师研究生招生选拔应坚持的原则

涉外律师研究生培养项目是我国在新的历史时期的一个迫切需求，从某种程度上说是一个必须尽快实现且高质量实现的培养项目。这一培养项目具有明确的目标性和指向性，所以在招录涉外律师研究生的过程中，必须基于目标和要求，设置合理和准确的考查指标，审慎地选择符合条件和要求的生源，尽可能找到有基础、有潜质的符合培养目标的学生，为培养项目的成功奠定基础，为培养出符合要求的高水平人才提高可能性。

（三）涉外律师研究生招生对象范围的改革与拓展

随着我国经济和社会等各方面的深入发展，高等教育在一定程度上的普及化，使越来越多的人可以获得这一高层次的教育，与此同时，也有越来越多的人可以接受研究生这一更高层次的培养和教育。这一变化为涉外律师研究生的招生提供了有利条件，提供了更为广泛的生源范围。笔者认为，作为对生源要求严格的专业学位培养项目，涉外律师研究生在招生对象范围方面可以进行下述改革或调整。

1. 招生方式上的改革

作为新生事物的涉外律师研究生培养，不只是为了其内部成员，比如作为培养对象的研究生，或者作为培养职责具体承担者的教师等，其还必须考虑到国家与社会对高等教育功能的各种需求。因此，其必然将随着理论和实践的不断发展和完善而逐步成熟，进而为国家和社会的需求满足作出贡献。

鉴于涉外法治人才，尤其是涉外律师人才在我国的匮乏，以及需求的紧迫性，在未来招录涉外律师专业研究生的过程中，培养院校应该对不同类型的学生采用不同的招生方式,既要保留统一的法律硕士研究生考试制度,也应该尝试类似在我国诸多高等院校普遍开始施行的博士招生的申请制。对那些刚刚从法学院毕业的应届生,以及没有丰富工作经验的往届生,采用统一考试的方式较为合适;而对于那些在实践领域,尤其是法律领域摸爬滚打多年,已有一定经验积累的人员,或者已经具备较高学历的人员,更适合采用申请制。

鉴于涉外律师所需素质的多样性、综合性、全面性,实行多样化、具有灵活性的招生方式,在很大程度上能确保将具有涉外律师潜质的各种人才网罗进来。既要保证所招收的学生具有培养的潜质,提高培养成功的可能性,又要减少漏掉一些符合培养目标和培养要求的好学生的可能性,给那些热爱涉外律师行业的人士以获得正规培养的机会。

2. 应届学生与往届生及其结构比例

当前,高等院校越来越多的应届毕业生直接报考研究生,越来越多的往届毕业生也参与研究生报考。在这里,笔者要说的是,涉外律师研究生招生中应该重视和增加往届毕业生,准确地说是具有一定实践经验的考生的招生比例。

之所以这么做,在于法学本科生刚刚成年,涉世未深,基本没有多少社会实践经验,导致他们在解决法律问题时常常脱离实际,顾此失彼。而那些具有多年实践经验的往届生,他们在社会生活、工作中的实践和经历,更能使他们立足于实际,将法律与实际情况相结合,对当事人以及案件等有深刻的见解,对法律、对社会实践往往能够有更切实际的理解和适用性。

或者说具有一定社会实践经验的往届生,更容易满足涉外律师指导性培养方案中"拥护中国共产党的领导和中国特色社会主义制度,遵守宪法和法律,政治立场坚定、理论功底扎实、熟悉中国国情,具有良好的政治素质和道德品质,遵循法律职业伦理和职业道德规范;全面掌握马克思主义法学基本原理,特别是习近平法治思想和中国特色社会主义法治理论,具备从事涉外法律实务所要求的法律知识、法律术语、法律思维、法律方法和法律技能;善于综合运用法律和其他专业知识,具备独立从事涉外法律实务工作的能力"的要求。对于具有丰富实践经验的往届考生,以及一些已经通过法律资格考试的考生,在招生过程中应该予以重视,增加他们的录取比例。这是尽快培养我国当下所迫切需要的涉外律师时应该采取的一个重要方面。

3. 全日制与非全日制学生及其结构比例

为了保障涉外律师研究生的培养质量,15 所培养院校的涉外律师研究生都是全日制,没有像其他法律硕士一样进行非全日制培养。根据《指导性培养方案》中关于涉外律师研究生培养年限的规定,全日制法律(法学、非法学)硕士专业学位(涉外律师)基本修业年限为 3 年。

随着社会生活水平的提高,人们日常学习和能力提升需求的增加,以及高等教育的进一步发展,专业学位硕士研究生培养制度的成熟,未来的涉外律师研究生培养也应该随之进行调整,即对于那些具备一定条件的涉外律师研究生也可以进行非全日制的培养。通过健全教学培养的过程性监督和督促机制,以及毕业环节的考核评价,即通过放松进入门槛、严守出口环节的"宽进严出"制度,逐步提高非全日制的招生比例,这样不仅能够保证涉外律师人才培养的质量,而且给予更多的人成为涉外律师人才的机会和可能性。

至于涉外律师研究生的培养年限,我们认为 3 年,或者至少 3 年是合适的。无论是来自法学法硕,还是非法学的法硕,涉外律师研究生作为高层次、复合型、懂法律、懂经济、懂外语的国家急需的专业性、职业性人才,需要学习"法律＋外语＋N"型的专业知识,需要经历实践能力的锻炼,而且还不仅仅是国内,还有国外方面的培养,所有这些理论和实践上的知识、能力的培养和提高,没有时间上的保障,是不可能实现的。

4. 国内学生与国外学生及其结构比例

一定数量的留学生参与涉外律师研究生的培养,对于培养过程中的国际化是非常必要的,这些来自不同国家和地区的留学生很大程度上促进了学生们对本土文化的了解和沟通,实属一种便捷、低成本、本土范围内的国际化。

教育部、外交部、公安部于 2017 年 3 月联合公布《学校招收和培养国际学生管理办法》,明确国际学生招收和管理的目的或意义,在于"增进教育对外交流与合作,提高中国教育国际化水平",同时,在招生管理方面明确,招收国际学生的高等学校,应当具备相应的教育教学条件和培养能力,并依照国家有关规定自主招收国际学生,高等学校按照其办学条件和培养能力自主确定国际学生招生计划和专业,国家另有规定的除外;高等学校按照国家招生规定,制定和公布本校国际学生招生简章,并按照招生简章规定的条件和程序招收国际学生;高等学校应当对报名申请的外国公民的入学资格和经济保证证明进行审查,对其进行考试或者考核;国际学生的录取由学校决定,对不符合招生条件的,学校不得招收;高等学校经征得原招生学校同意,可以接收由其他学校录取或者转学的国际学生。在教学管理方面,则要求相关高等学校应当将国际学生教学计划纳入学校总体教学计划,选派适合国际学生教学的师资,建立健全教育教学质量保障制度;国际学生应当按照高等学校的课程安排和教学计划参加课程学习,并应当按照规定参加相应的毕业考试或者考核。学校应当如实记录其学习成绩和日常表现。

鉴于我国的特殊国情,依据上述规章,在现有基础上增加来自国外的留学生不仅是必要的,而且也是可行的。

5. 法学专业学生与非法学专业学生及其结构比例

法学专业学生与非法学专业学生的结构和比例,在涉外律师研究生培养过程中,具有非常重要的意义,是培养单位必须予以慎重考量的重要因素,它决定着培养方式的选择、课程的选择安排、考核要求的具体确定,也决定着不同特长、优质学生的培养成效。在一定意义上,也是因材施教的决定性因素,不同专业背景的学生须有不同的培养方案。唯其如此,方可发现人才,真正成功地培养出人才。

国务院学位委员会、教育部印发的《专业学位研究生教育发展目标(2020—2025)》明确要求:推进设立用人单位"定制化人才培养项目",将人才培养与用人需求紧密对接。当下一些企业设有人才培训部门,实行企业人才自培训,以保持人才发展的可持续性,这种由企业进行的自培训,具有极强的内部性,其组织管理、课程开发、师资来源都以公司企业内部人员为主,以企业需要为目标,能够较为高效地、快速地将企业岗位所需要的知识与技能传授给员工,多属于经验介绍与分享。随着涉外律师研究生培养模式的成熟与完善,国家和社会对涉外律师的需求会逐步增多,未来企业培训与高等院校相关专业的合作,进行定制化的人才培养势必成为一种常态化的选择。

第九章

涉外律师研究生培养
课程设置及其实现

课程设置是涉外律师研究生培养的重要组成部分,也是一个必不可少的重要环节,如何科学、合理地设置课程,关系涉外律师研究生培养效果,甚至可以说,其直接决定着培养目标的达成。涉外律师研究生课程的设置不单纯是培养院校的职责,也是国家和社会人才培养这一大工程需要关注的问题。涉外律师研究生培养既是个体意义上人才的塑造和养成,也是国家和社会层面人才需求的满足,课程设置及其实现状况直接决定着涉外律师研究生的培养质量,因此受到学生、学校、国家和社会等多重因素的影响,或者由其决定。作为培养重要内容和环节的课程设置,各培养院校必然或应该基于自身的特色、优势而有所差别,但在国家、社会一体化的需求下,又存在非常多的相似、相同之处。根据国家法律、法规、教育行政部门现行的方针政策,以及涉外律师研究生培养院校现行的课程设置状况,本章对涉外律师研究生培养中的课程设置及其实现进行探讨和分析。

第一节　涉外律师研究生课程设置与实施的指导思想

一、《关于深化研究生教育改革的意见》中的要求

早在 2013 年,教育部、国家发展改革委、财政部《关于深化研究生教育

改革的意见》要求相关培养单位做到以下要求。

一是建立以提升职业能力为导向的专业学位研究生培养模式。面向特定职业领域,培养适应专业岗位的综合素质,形成产学结合的培养模式。引导和鼓励行业企业全方位参与人才培养,充分发挥行业和专业组织在培养标准制定、教学改革等方面的指导作用,建立培养单位与行业企业相结合的专业化教师团队和联合培养基地。加强实践基地建设,强化专业学位研究生的实践能力和创业能力培养。大力推动专业学位与职业资格的有机衔接。

二是加强课程建设。重视发挥课程教学在研究生培养中的作用。建立完善培养单位课程体系改进、优化机制,规范课程设置审查,加强教学质量评价。增强学术学位研究生课程内容前沿性,通过高质量课程学习强化研究生的科学方法训练和学术素养培养。构建符合专业学位特点的课程体系,改革教学内容和方式,加强案例教学,探索不同形式的实践教学。

二、《教育部关于改进和加强研究生课程建设的意见》中的要求

2014 年 12 月 5 日印发的《教育部关于改进和加强研究生课程建设的意见》中要求相关单位做到以下几点要求。

(一) 进一步明确加强研究生课程建设的重要意义和总体要求

一是高度重视课程学习在研究生培养中的重要作用。课程学习是我国学位和研究生教育制度的重要特征,是保障研究生培养质量的必备环节,在研究生成长成才中具有全面、综合和基础性作用。重视课程学习,加强课程建设,提高课程质量,是当前深化研究生教育改革的重要和紧迫任务。

二是立足研究生能力培养和长远发展加强课程建设。坚持服务需求、深化改革、立德树人,以研究生成长成才为中心,以打好知识基础、加强能力培养、有利长远发展为目标,尊重和激发研究生兴趣,注重培育独立思考能力和批判性思维,全面提升创新能力和发展能力。以强化单位责任、加强制度和机制建设为主线,充分发挥培养单位主体作用,调动单位、教师和研究生的积极性,加强规范管理,鼓励特色发展,为研究生培养质量提高提供稳固支撑。

（二）强化研究生培养单位的课程建设责任

一是发挥培养单位课程建设主体作用。培养单位应科学认识课程学习在研究生培养中的重要地位和功能，重视课程建设工作，全面承担课程建设责任，加强对课程建设的长远和系统规划。切实转变只重科研忽视课程的倾向，把课程建设作为学科建设工作的重要组成部分，将课程质量作为评价学科发展质量和衡量人才培养水平的重要指标。

二是完善投入机制，健全奖励体系。培养单位应统筹使用各类经费，加大对研究生课程建设、教学改革的常态化投入。支持和奖励研究生教学，建立完善课程建设成果奖励政策，把课程建设、教学改革和教学管理工作纳入学校和院系工作考核、评价指标体系，加大考核评价指标权重，提升课程教学工作地位。

（三）构建符合培养需要的课程体系

一是把培养目标和学位要求作为课程体系设计的根本依据。完整贯彻本学科研究生培养目标和学位要求，重视课程体系的系统设计和整体优化。坚持以能力培养为核心、以创新能力培养为重点，拓宽知识基础，培育人文素养，加强不同培养阶段课程体系的整合、衔接，避免单纯因人设课。科学设计课程分类，根据需要按一级学科设置课程和设置跨学科课程，增加研究方法类、研讨类和实践类等课程。

二是提供丰富、优质的课程资源。加大课程开发投入力度，跨院（系）统筹课程资源，建立开放性、竞争性课程设置申请机制；增加开设短而精的课程和模块化课程；探索在线开放等形式的课程纳入课程体系的机制及办法；鼓励培养单位与企事业单位合作开设实践性课程。

（四）建立规范、严格的课程审查机制

一是严格审查新开设课程。建立完善新开设课程申报、审批机制，明确课程设置标准，坚持按需、按标准审查课程。对于申请新开设课程，应从课程的目标定位、适用对象、课程内容、教学设计、考核方式、师资力量、预期教学效果等方面进行全面审查。对初步审查通过的新开设课程，应加强对课程开发的指导监督，通过试讲等确认达到预期标准的，方可批准正式开设。

二是定期审查已开设课程。对已设置课程的开设情况和教学效果进行定期审查,保证课程符合培养需要、保持较高质量。除管理部门和内外部专家外,注意吸收毕业研究生和用人单位参与课程审查。对于不适应培养需要的课程应及时进行调整,对于质量未达到要求的课程提出改进要求,对于无改进可能或改进后仍不能达到要求的,应及时调整任课教师另行开设或停止开设。

(五) 加强研究生选课管理

一是重视研究生课程学习计划的制订和审查。课程学习计划是研究生培养计划的重要组成部分,是实施培养和进行管理的重要依据。制订课程计划,应以培养目标和学位基本要求为依据,综合考虑研究生已有基础和兴趣志向,重视全面能力培养和长远发展需要。要进一步完善制度机制,更好发挥导师组和培养指导委员会作用,加强对研究生课程学习计划制订的指导和审查,严格对计划执行的管理和监督。

二是形成开放、灵活的选课机制。建立完善研究生跨学科、跨院(系)和跨校选课的制度机制,支持研究生按需、择优选课。扩大研究生的课程选择范围,增加课程选择和修习方式的灵活性。在相对集中安排课程学习的同时,支持研究生根据培养需要在论文工作阶段修习部分相关课程。

(六) 改进研究生课程教学

一是促进学生、教师之间的良性互动。尊重研究生的主体地位,鼓励研究生参与教学设计、教学改革和教学评价。注意营造良好的学术民主氛围,促进课程学习中的教学互动。重视激发研究生的学习兴趣,发掘提升研究生的自主学习能力,要求和指导研究生积极开展自主学习。

二是优化课程内容,注重前沿引领和方法传授。根据学科发展、人才需求变化和课程实际教学效果,及时调整和凝练课程内容,加大课程的教学训练强度。重视通过对经典理论构建、关键问题突破和前沿研究进展的案例式教学等方式,强化研究生对创新过程的理解。加强方法论学习和训练,着力培养研究生的知识获取能力、学术鉴别能力、独立研究能力和解决实际问题能力。结合课程教学加强学术规范和学术诚信教育。

三是加强对研究生课程学习的支持服务。构建研究生课程学习支持体系,为研究生提供个别化的学习咨询和有针对性的课程学习指导,开展各类研究生课程学习交流活动。加强教学服务平台和数字化课程中心等信息系统建设,对研究生课程学习提供信息和技术支持。

(七) 完善课程考核制度

一是创新考核方式,严格课程考核。根据课程内容、教学要求、教学方式等的特点确定考核方式,注重考核形式的多样化、有效性和可操作性,加强对研究生基础知识、创新性思维和发现问题、解决问题能力的考查。重视教学过程考核,加强考核过程与教学过程的紧密结合,通过考核促进研究生积极学习和教师课程教学的改进提高。

二是探索建立课程学习综合考核制度。根据学校、学科、博士和硕士层次的实际情况,结合研究生中期考核或设立单独考核环节,对研究生经过课程学习后的知识结构、能力素质等是否达到规定要求进行综合考核。对于综合考核发现问题的,指导教师和培养指导委员会要对其进行专门指导和咨询,针对存在的问题进行课程补修或重修,必要时应对培养计划做出调整,不适宜继续攻读的应予分流或淘汰。

(八) 提高教师教学能力和水平

一是加大对教师参与课程建设和教学改革的激励与支持。深化教师薪酬制度改革,提高课程建设和教学工作在教师薪酬结构中特别是绩效工资分配中的比重。将承担研究生课程建设和教学工作的成果、工作量以及质量评价结果列入相关系列教师考评和专业技术职务评聘要求中。加大对教师承担研究生课程建设和教学改革项目的资助力度。对在课程建设和教学改革工作中做出突出成绩的教师予以表彰。

二是加强师德与师能建设,提升课程教学能力。完善制度体系,强化政策措施,引导和要求教师潜心研究教学、认真教书育人。明确研究生课程任课教师资格要求,加强对教师的教学指导与服务。支持教师合作开发、开设课程,鼓励国际和跨学科合作。实施新、老教师结对制度,充分发挥教学经验丰富教师的传、帮、带作用。建设教学交流和教学技能培训平台,有计划地开展经验交流与培训活动。

(九) 加强课程教学管理与监督

一是严格课程教学管理。培养单位要建立健全研究生课程教学管理制度,按照规定程序办法严格教学管理。已确定开设的研究生课程,必须按计划组织完成教学工作,不得随意替换任课教师、变更教学和考核安排、减少学时和教学内容。研究生课程开课前,教师应按照课程设置要求、针对选课学生特点认真进行教学准备,制订课程教学大纲。课程教学大纲应对课程各教学单元的教学目标、教学内容、教学方法及考核形式做翔实安排,对学生课前准备提出要求和指导;课程教学大纲应在开课前向学生公布并提交管理部门备案,作为开展教学和教学评价的重要依据。

二是完善课程教学评价监督体系。培养单位要加强研究生课程教学评价,制定科学的评价标准,定期实施课程评价。建立以教学督导为主、研究生评教为辅的研究生课程教学评价监督机制,对研究生教学活动全过程和教学效果进行监督。完善评价反馈机制,及时向教师和相关部门反馈评价结果,提出改进措施,并督促和追踪整改工作。注重通过评价监督发现优秀教学典型和进行经验推广。鼓励引入社会或行业的专业机构以及国际认证组织对研究生课程教学质量进行诊断式评估。

(十)强化政策和条件保障

一是有关教育主管部门要高度重视研究生课程建设工作,通过规划引导、资源配置和质量监管等手段,鼓励和支持研究生培养单位不断加强课程建设、教学改革和管理。

二是鼓励省级教育行政主管部门组织实施课程建设试点和课程建设示范项目,组织开展课程建设经验交流,营造重视课程建设的良好氛围。进一步完善国家教学成果奖励政策,对研究生教学成果的评审奖励实行分类管理,加大对研究生教学成果的奖励力度。

三、《专业学位研究生教育发展目标(2020—2025)》中的要求

国务院学位委员会、教育部印发的《专业学位研究生教育发展目标(2020—2025)》明确要求:专业学位研究生教育要坚持正确育人导向,加强专业学位研究生思想政治教育,加强学术道德和职业伦理教育,提升实践创新能力和未来职业发展能力,促进专业学位研究生德智体美劳全面发展。显然,这些目标的落实需要具体化于每一门课程及其教学过程当中。

综上,构成了涉外律师研究生课程设置和实施的指导思想及行为准则。

第二节　涉外律师研究生课程设置的依据

有学者认为,专业和课程设置的实质说到底,就是选取一定领域的知识组成一定知识体系从而培养人才的问题;选取哪些知识取决于对知识效用和价值观的认识,必须对社会本位、学科本位和以人为本的价值观进行调适和超越,才能找到解决专业和课程设置困境的良方。① 2004 年,王义遒教授从市场对人才需求的多层次性出发,以社会分工原理为基础,呼吁高等院校做好自己的定位,实现多样化发展,一方面应对市场的多样化需求,同时也可借此合理建构高等院校系统内部的生态结构。②

人才培养方案应该对学校的人才培养过程充当指挥棒的角色,其中培养目标与要求是灵魂,而学分要求、课程设置与进程安排则是为实现这一目标而设置的手段。③ 培养目标是培养院校进行学生培养的蓝图和规划,是培养院校对国家和社会实践需求的具体体现,是一系列关于所培养学生的知识和能力的集合。为了实现该培养目标,使学生毕业时具备必要的能力,培养院校必须按照学生毕业时所具备的知识和能力要求安排相应的课程。

而每一类专业知识和能力的培养,必须是一系列课程传授学习或实践锻炼的结果,其体现在课程设置上就是课程的模块化,每一课程模块都旨在系统性地传授某一领域的知识,或有效地养成学生的某种专业能力。就像医生治疗疾病时联合用药、强化药效一样,教师在培养学生时为了学生能系统地掌握专业知识、熟练地运用于实践,也需要相关课程模块化,以为学生在专业知识和能力上打下扎实的基础,实现学校和工作实践的无缝衔接。

法律硕士专业学位涉外律师研究生的培养目标,如《法律硕士专业学位(涉外律师)研究生培养项目的通知》所指出的:"法律硕士专业学位(涉外律

---

① 汤智:《高校专业和课程设置依据的哲学思考》,《现代教育科学》2003 年第 6 期。
② 王义遒:《学生就业再次呼唤高等教育多样化》,《北京大学教育评论》2004 年第 4 期,第15—16 页。
③ 王秀丽:《"定制式"人才培养的实践逻辑:以 H 大学的试点班为例》,社会科学文献出版社 2020 年版,第 158 页。

师)是法律硕士专业学位的专项培养项目,旨在为涉外法律服务机构和大型企事业单位法务部门培养一批跨文化、跨学科、跨法域,懂政治、懂经济、懂外语的德才兼备的高层次复合型、应用型、国际型法治人才,为建设一支法学功底扎实、具有国际视野、通晓国际法律规则、善于处理涉外法律事务的涉外律师人才队伍奠定基础。"

《法律硕士专业学位(涉外律师)研究生指导性培养方案》(简称《指导性培养方案》)明确:涉外律师研究生的培养要求包括基本要求和具体要求两方面。

基本要求是:① 拥护中国共产党的领导和中国特色社会主义制度,遵守宪法和法律,政治立场坚定、理论功底扎实、熟悉中国国情,具有良好的政治素质和道德品质,遵循法律职业伦理和职业道德规范;② 全面掌握马克思主义法学基本原理,特别是习近平法治思想和中国特色社会主义法治理论,具备从事涉外法律实务所要求的法律知识、法律术语、法律思维、法律方法和法律技能;③ 善于综合运用法律和其他专业知识,具备独立从事涉外法律实务工作的能力;④ 熟练掌握一至两门外语。

具体要求是:① 自觉践行社会主义核心价值观,具有爱国情怀和国际视野;② 系统掌握国内法律专业知识和相关跨学科知识,熟悉国际法律规则和世界主要国家的法律制度;③ 掌握国内、国际以及主要国家的基本诉讼程序,熟悉国际诉讼、仲裁业务;④ 具备从事国内、国际非诉讼法律实务以及法律实务的组织和管理的能力;⑤ 具有熟练运用外语处理涉外法律实务、撰写法律文书的能力;⑥ 熟练掌握涉外法律检索、法律文书制作、法律谈判、法庭论辩技能。

按照《指导性培养方案》,各个涉外律师培养院校在其培养方案中做了具体规定。比如:对外经济贸易大学将法律(法学)涉外律师研究生的培养目标定位是:为国家和法律职业部门、公司企业等培养坚持马克思主义法学思想、中国特色社会主义法治理论特别是习近平涉外法治思想,掌握涉外法治领域坚实的基础理论和宽广的专业知识,具有较强的解决涉外法治实际问题的能力,能够承担涉外法治专业工作,具有良好职业素养的高层次涉外法治人才。培养要求:① 掌握中国马克思主义的基本原理,自觉遵守宪法和法律,具有良好的政治素质和公民素质,深刻把握社会主义法治以及涉外法治理念和法律职业伦理原则,恪守法律职业道德规范。② 掌握法学以及涉外法治的基本原理,具备从事涉外法律职业所要求的法律知识、法律术语、法律思维、法律方法和职业技术。③ 能综合运用涉外法律和其他专业知识,具有独立从事涉外法律实务工作的能力,达到有关部门相应的任职要求,具有较强的适应性和竞争力。④ 较熟练地掌握一门外语,能阅读专业外语资料。《中南财经政法大学全日制专业学位研究生培养管理办法》①第12条明确:课程体系框架与课程内容的设计是培养方案的核心内容。课程体系和课程内容的设置,必须充分体现理论联系实际的要求,侧重于运用理论来分析和解决实际问题;同时,应积极推进其与国际、国内职业资格认证的有机衔接。

从培养目标到培养方案、课程设置的过程,是从抽象到具体的过程。在这个演绎过程中,有着对培养单位所处现实条件和环境的考虑,也有对各种场域关系的现实权衡。这一过程,既体现了方案设计者对培养目标的忠诚与坚守,也体现了对学校所处场域环境制约的一定妥协。

基于涉外律师研究生的培养目标和培养要求,以及现行法律硕士的培养模式,决定了其课程设置绝不能照搬以往现成的课程,而必须有新的设置和安排。另外,根据法律硕士当前的招生模式,不仅存在法学法硕,也存在非法学法硕,这种生源上的差异,其实就是涉外律师研究生知识背景和基础方面的差异,再加上涉外律师研究生培养目标的复合性,这些因素决定了涉外律师研究生的课程设置必然是多样而复杂的。

第三节　涉外律师研究生课程设置的模块化

一、法律硕士专业学位的类型与课程模块化的必要性

模块化设置课程,已经成为当今各个培养院校对法律硕士专业学位的

---

① 《中南财经政法大学全日制专业学位研究生培养管理办法》,http://fszx. zuel. edu. cn/2018/0717/c4874a196758/page. htm,最后访问日期:2021 年 10 月 22 日。

基本配置,这是适应法律硕士专业学位学生来源多样化的现实需求的结果。法律硕士学位包括法学法硕和非法学法硕两种类型,法学法硕学生本科以法律为专业基础,已经学习过法律基础课程,对法律的了解和掌握初步具有一定的能力和水平,不少学生本科毕业时已经通过国家法律职业资格考试;而非法学法硕,其在本科学习的专业基础五花八门,不仅有文理之别,而且即使在文科、理科内部也存在非常明显的差异,对于法律专业能力和水平而言,多数属于自学或者本科期间曾经辅修过而已,鲜见通过国家法律职业资格考试。为了适应法学法硕和非法学法硕学生的不同专业基础和进一步学习的需求,在有限的两年或三年的期限内,不同基础的学生都能达到法律硕士专业学位的基本要求,顺利地获得毕业证和学位证书,合理安排课程是非常必要的。而模块化设置法律硕士专业学位所需要的课程,根据培养方案和培养目标的要求,将课程进行必要的排列、组合、模块化,这是科学设置课程的必然要求。

二、涉外律师研究生课程模块化

涉外律师研究生培养与其他法律硕士存在诸多相似之处,尤其在生源上,大多数培养院校招收的涉外律师研究生存在着法学和非法学两种不同的专业基础,据此,必然要求实施课程设置的模块化。即使少数只招收法学法硕的培养院校,由于法硕生的专业基础以及其他方面也存在差别,为了适应学生们的不同需求,因材施教,充分发挥学生们的特长和优势,设置符合学生需求的课程,将相关课程予以模块化,一方面便于学生们进行选择,另一方面也体现课程设置的科学性,以满足学生们专业素质和专业能力科学化和全面化的需求。

《指导性培养方案》要求各培养院校按照专业课程、职业能力、素质提升三个模块开设强化模块课,每个模块课可从以下推荐课程中选定,也可根据培养目标及本单位特色,自行开设相关特色课程(不低于34学分,其中全外语或双语教学课程不低于17学分),主要包括下列课程模块:

一是专业课程模块(不低于14学分),具体包括:国际贸易组织法、国际公约与国际惯例、国际投资法、海商法、国际知识产权保护、国际民事诉讼与仲裁、国际冲突与危机管理、国际法院和仲裁组织等。

二是职业能力模块(不低于 14 学分),具体包括:国际规则制定与应用、国际商事经典案例研究、境外投资与收购案例研究、国际商务谈判与冲突解决、国际环境法、国际竞争法(反倾销、反垄断)、国际法律信息检索等。

三是素质提升课程(讲座)模块(不低于 6 学分),具体包括:国际政治、国际经济、国际贸易、国际组织、国际金融、国际新闻、国际体育等。

《指导性培养方案》还明确,强化模块课以在校教学方式为主,主要由校内教师和校外法律实务专家共同完成授课,其中校外法律实务专家参与授课(单独或者联合授课)课时比例不少于 50%,鼓励聘请境外相关领域专家学者来校讲授完整课程。

第四节　涉外律师研究生课程的实现

涉外律师研究生培养,在当下是法律硕士培养中的一个特殊项目。一方面在于涉外律师在法律职业中的特殊性,导致在法律硕士培养中的特殊性;另一方面在于这个培养项目乃是国家和社会的迫切需求,强调培养成效或成功率的,由此决定了培养院校必须在课程设置上须更科学、更合理。

一、涉外律师研究生课程的原则性

涉外律师研究生的基本属性决定了课程的原则性。涉外律师研究生是法律硕士这一法律专业学位的组成部分,从属于法律硕士学位,目的在于培养法律职业人才,所以课程的设置理应立足于法律职业的需求,再加上"涉外"所内含的一般知识基础,比如外语方面的课程、国外政治、经济、文化方面的课程。

涉外律师研究生所属法律硕士专业学位要求的原则性。法律硕士学位研究生的来源,既包括具有一定法律基础(有的已经通过国家法律资格考试而具有较高水平的法学法律硕士),也包括只具有初级法律水平的、大多数属于法学辅修生的非法学法律硕士。这种生源上的基本差别决定了在课程设置上必须作出必要的区分。综观 15 所培养院校的课程设置方案,会发现它们都做了区别化的课程设置和安排。

二、涉外律师研究生培养的灵活性

涉外律师研究生课程的灵活性,很大程度上是由法律专业的广博性与"涉外"专业的广泛性决定的,当然也与培养院校的特色和优势等密切相关。

法律专业之"法律",不仅包括宪法、行政法、民商法、刑法、经济法、诉讼法、国际公法、国际私法、劳动与社会保障法、环境与资源法等传统法律人才培养的基础性核心课程,还有个人信息保护、反垄断、反不正当竞争、知识产权保护、公共卫生健康等更具体的部门法。前述课程设置的原则性决定了基础性课程是不可或缺的,而在此基础上各个培养院校可以根据自身的培养优势和特色,以及学生的需求和偏好等,根据具体的专业方向要求设置和安排相应课程。就像成为医生之前,所有的医学生需要全科学习、然后才是专科学习一样,法律学生需要基本法律课程的全方位学习,然后在此基础上选择自己的优势方向。基于职业的特殊性和重要性,以及专业高层次培养的需求,法律与医学非常相似,需要在"博"的基础上"专"。

涉外律师研究生培养之"涉外",因为"外"的广泛性,决定了培养过程中课程设置必然存在灵活性。这里"外",可以是英美德法等发达国家,也可能是发展中国家,或者不发达国家;可能是亚洲国家,也可能是欧洲、非洲、南北美洲国家,或者澳洲国家;可能是伊斯兰国家,也可能是基督教、佛教国家;等等。"涉外"因素的复杂性,决定了涉外律师研究生培养的灵活性和适应性。

作为涉外律师研究生培养单位的高等院校,地处我国的不同地区,学校作为当地主要的人才培养单位,其地域特色、经济发展特色等决定了该院校的培养倾向和偏好,而这些偏好和倾向性也就构成了培养过程的灵活性。

三、涉外律师研究生课程模块化

按照教育部与司法部关于涉外律师研究生项目的相关要求,以及现行 15 所涉外律师研究生培养高校的课程模块化,其基本构成如表 9-1 所示。

表 9-1　涉外律师研究生课程模块化构成

知识模块		教学模式	
		理论教学	实践教学
专业方向模块		专业方向模块	毕业实习与设计(论文)
		专业选修课模块	
学科基础模块	本学科基础	一级学科基础模块	综合设计(论文) 法律文献检索、文书制作
		二级学科基础模块	实习、实践课程设计或论文辩论、谈判与法律文书制作
	跨学科基础	相关学科基础模块	
专业通识教育模块		人文社科基础模块	社会调查与统计、商业谈判、文献检索、论文写作等
		自然科学基础模块	
		工具性学科模块	计算机应用、外语掌握
		政治与体育模块	社会实践、体育锻炼

　　将上述课程模块具象化,法律硕士涉外律师专业研究生的课程体现为 T 形图(见图 9-1),其中 T 中的横向代表了涉外律师研究生培养的基础性课程,T 之纵向则反映涉外律师研究生培养中知识和能力向深度和广度方面的安排。

　　无论哪个学校,其课程设置都是由培养目标决定的,基于培养目标设计和安排相应的课程,这种 T 形的课程模块设计在某种程度上既对应着涉外律师研究生培养目标,也体现了涉外律师研究生作为法律硕士专业学位的一个特别方向。其所具有的层次性,意味着涉外律师研究生在培养目标上,首先,要使得其具有法律硕士应具备的职业能力,这是一个基础性的培养目

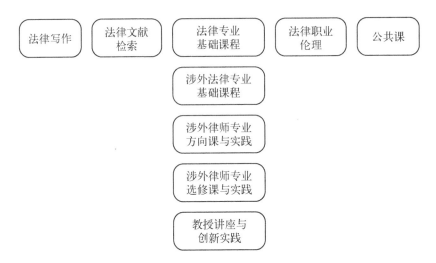

图 9-1   涉外律师研究生课程 T 形图

标;其次,是要使得学生在学习期间习得作为涉外律师的基本知识和能力,以及为未来的职业发展储备必要的创新和发展能力。

四、涉外律师研究生课程的实现

(一) 涉外律师研究生课程实现的地位

对于培养院校而言,根据培养目标设计好培养方案,之后选择适当的技术路线、搭建专业的课程模块体系,完成相应的课程模块设置与作为实施方案的教学计划。涉外律师研究生的课程模块在实现方面也体现出一定的原则性和灵活性。有学者对高等院校在"融传授知识、培养能力和提高素质为一体"的培养模式下实现培养方案、课程体系(或教学计划)的流程做了示意图(见图 9-2),[①]非常清晰地反映了人才培养的基本框架,也蕴含着一定的原则性和灵活性。

在图 9-2 中,不仅有传授知识的理论教学体系,也有以培养能力为目标的实践教学体系,而以提高素质为主的各种通识教育体系则被融入理论教学体系和实践教育体系中,非常典型的如当下高校普遍施行的思政教育以及实践教育中的语言表达能力、团队合作能力等,无论是理论教学还是实

①　王秀丽:《"定制式"人才培养的实践逻辑:以 H 大学的试点班为例》,社会科学文献出版社 2020 年版,第 148 页。

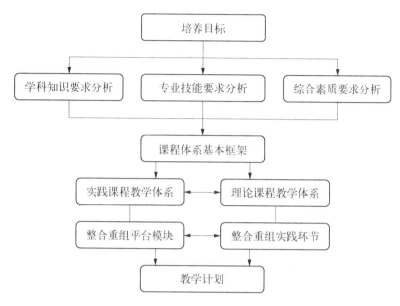

图9-2　实现培养方案、课程体系的流程

践过程都会有所运用和培养。作为国家和社会人才培养主要途径和渠道的高等院校,必须加强理论教学体系与实践教学体系的紧密联系,以达成在整个培养过程中知识传授与能力培养的相辅相成,而且将素质教育贯穿理论教育和实践教育的全过程,从而实现人才培养与人才需求的无缝对接。

（二）涉外律师研究生课程实现的原则性

涉外律师研究生课程实现的原则性决定于其涉外律师属性——法律性,其培养的目的属于法律职业人才,法律才是涉外律师研究生的职业基础。所以法律性质的课程是主体和核心,也是基础。培养单位具体承担培养职责的二级院系,无论是法学院、法律硕士学院,还是国际法学院等,也都属于法律性质的学院。所以涉外律师研究生课程实现主要由具有法律属性的二级学院进行配置和组织,并对课程的实现过程进行全程监督和管理。

笔者在前文对涉外律师研究生课程模块 T 形图的分析指出,处于 T 形横向的课程属于基础性课程,无论哪一个培养院校都必须予以配置和实施,而处于 T 形纵向的课程,越往下,或者越往深处,培养的能力和要求越高,其灵活性也越强。此种情形,主要是从学生的角度考量,每个学生的学习能力和学习偏好不甚相同,在学生具备硕士法律能力的基础上,涉外律师研究生有自己的特别专业基础课程,这些属于基础性课程,是原则性的、不能随意变通的必修课程;在实现方式上,也必须按照国家教育行政管理部门和学校自己的培养计划,从课堂到实践岗位、从理论到案例实践等基本方式予以实行。

(三) 涉外律师研究生课程实现的灵活性

涉外律师研究生课程实现的灵活性,也和培养院校的培养能力和培养基础的偏向性有关联。此种情形,一方面,是从学生的角度考量,每个学生的学习能力和学习偏好不甚相同,在学生具备硕士法律能力的基础上,涉外律师研究生有自己的特别专业基础课程,法学类的法律硕士和非法学类的法律硕士,他们在具体的专业基础方面不相同,在硕士学习阶段对学习内容上的要求以及法律能力和偏好也会有差异;即使在法学类法律硕士内部,学生们也会存在有的偏好私法、有的偏好公法、有的偏好实体法、有的偏好程序法,而在非法学类的学生中可能差异就更加明显,他们会按照自己之前的专业基础及学习能力,结合前期的专业寻找适合自己的法律课程学习。所以在前述基础课程之外,必须设置在灵活的、可选择的课程,供涉外律师研究生选择,再加上涉外因素之多元复杂,其灵活性随之增强。

另一方面,则是从培养院校自身角度考量,不同的培养院校有着不同的优势和特色,综合性院校、政法类院校、财经类院校,以及较强理工科背景如清华大学等院校,在学生培养上一定会存在差异。另外,从地域角度上,地处北京、上海、东北、西北、中南、西南、南部的不同院校也一定存在差异,作为承担地方人才培养的高等院校,其在学生培养过程中必然将发挥自身的优势和特色,适应国家和社会对涉外法治和律师人才的需求,培养多元化、有个性特长的学生,也是高等教育高层次人才培养的基本目标。从某种意义上讲,涉外律师研究生课程安排和实现的灵活性是人才培养过程中因材施教和发挥培养院校优势及特色的双重需求和体现。

(四) 涉外律师研究生课程实现与决策

涉外律师研究生课程中的公共课主要包括政治、英语、计算机科学等内容,一般由培养院校的马克思主义学院、外语学院、信息学院等专业学院,作为学校的公共课程统一安排承担。涉外律师研究生这部分课程的实现只要按照学校的统一安排进行课程学习,即可完成培养任务和目标。传统的、已成熟的课程实现方式足以解决涉外律师研究生公共课程的培养需求。

涉外律师研究生对外语水平的要求相较于其他普通的法律硕士来说,是非常高的。所以,涉外律师研究生课程中的外语课除了作为上述公共课外,更多地需要增加专业外语课,以及专业课的外语授课、双语课等多种方式提高学生的专业外语能力和水平。涉外律师研究生课程中涉外政治、经济、文化等课程也是如此,其需要有针对性的、相对专业的学习,而不能仅限于普通公共课的学习内容和程度。

涉外律师研究生课程中的实践课,一般需要通过两种方式实现:一是课堂上的实践教学,比如案例教学,这种课程是理论和实践相结合的典型实践。在这种类型的课程中,学生不仅强化对理论的学习和认知,而且还有具体实践的考量,不再是单纯理论学习的抽象思维或纸上谈兵,当然这类课程的教学也必须或应该有理论和实践两方面的导师来承担;二是实践基地的实践,完全走出校园和课堂,学生必须作为法律职业人士亲自投身社会实践中,尤其是作为律师参与其中,当然这需要实践导师的指导或引导。没有这两种实践课的锻炼,将影响涉外律师研究生培养的效果或质量,进而影响涉外律师研究生毕业之后为国家和社会提供涉外法律服务的水平和效果。

课程设置好之后的下一步就是具体培养单位的教学决策了。就教学决策来说,主要是确定课堂上教与学的进度及其内容,并评价学生在这些方面的表现。培养单位所做的主要教学决策大致如下:① 选择并分配合格的教师;② 选择教材;③ 选择教学内容;④ 确定教学目标;⑤ 选择要教授的内容主体和技能并加以调整;⑥ 选择教学方法;⑦ 确定评价标准。① 相对于培养目标、课程设置而言,这些是更具体的培养举措,是培养单位较为熟悉且擅长的常规工作,但对于具有涉外因素和更注重实践、更为务实的涉外律师研究生培养而言,除了保留一些传统的教学手段外,更需做涉外、实践方面的调整。

---

① 王秀丽:《"定制式"人才培养的实践逻辑:以 H 大学的试点班为例》,社会科学文献出版社 2020 年版,第 164 页。

五、涉外律师研究生培养中的课程实践

(一) 复旦大学涉外律师研究生课程设置

复旦大学法律(非法学)硕士涉外律师研究生 2021 级培养方案中的课程设置,显示其课程被分为学位公共课、学位核心课、选修课三大模块,其中: 学位公共课包括政治理论课、中国特色社会主义理论与实践、第一外语(英语)、专业外语即法律英语Ⅰ、法律英语Ⅱ;学位核心课即学位基础课、必修课,包括国际经济法、国际私法、国际法学、律师职业道德、国际关系基础理论 5 门;专业选修课被分为 3 组,第一组包括律师诉讼实务专题、公司治理实务、交易律师实务、法律谈判、律师金融与并购、企业风险防范、数字技术与法治专题、英国合同法 8 门课(要求学生至少选 7 门,最低 14 个学分的课程)。第二组包括法理学、刑法学、民事诉讼法学、刑事诉讼法学、金融法、民法学、外国法律史、比较法、欧陆法、国际经济合同、国际商法、国际税法、英美法、国际贸易的知识产权法、国际组织法、西方法律思想史、海商法专题、欧盟法专题、国际环境法专题、国际金融法专题、国际贸易法专题、国际投资法专题 22 门课程(要求学生最少选够 7 门,共 14 学分的课程)。第三组包括法律与人文、法律与商业、全球法律前沿、中国宪法与行政法 4 门课(要求学生至少选够 3 门、最低 6 学分的课程)为非法学基础的学生提供了较多的选修课,以巩固其法律基础。

从学分角度来看,复旦大学法律(非法学)硕士涉外律师研究生 2021 级的培养方案明确最低学分要求为 81 学分,其中: 课程分为学位公共课、学位核心课、选修课三大类。学位公共课分为政治理论课(2 学分)、专业外语(4 学分);核心课为学位基础课(11 学分);选修课为专业选修课(34 学分),也就是要求学生修满共 81 学分,其中基础必修课 17 学分(含政治理论课与专业外语课 6 学分,学位基础课模块 11 学分),专业选修模块 34 学分。

复旦大学 2021 级法律(法学)国际班(涉外律师方向),其学制为 2.5 年(非法学为 3 年),其课程包括学位公共课、学位核心课和专业选修课三大模块。学位公共课包括政治理论、第一外语课、专业外语课(法律英语Ⅰ、法律英语Ⅱ);学位核心课,也就是学位基础课、必修课,包括国际经济法、国际私法、律师职业道德、国际法学、国际关系基础理论 5 门,共 11 个学分;专业选

修课分为三组。第一组：律师诉讼事务专题、公司治理实务、法律谈判、律师金融与并购、企业风险防范、数字技术与法治专题、英国合同法 7 门课，要求学生至少选 7 门，最低 14 个学分的课程；第二组：金融法、外国法律史、比较法、欧陆法、国际经济合同、国际商法、国际税法、英美法、国际贸易的知识产权法、国际组织法、西方法律思想史、海商法专题、欧盟法专题、国际环境法专题、国际金融法专题、国际贸易法专题、国际投资法专题 17 门课程，要求学生最少选够 7 门、共 14 学分的课程；第三组：法律与人文、法律与商业、全球法律前沿 3 门课，要求学生至少选够 3 门、最低 6 学分的课程。相较于非法学学生而言，法学类的学生在选修课中少了刑法、民法、诉讼法、行政法等基础课程。

（二）对外经济贸易大学涉外律师研究生课程设置

对外经济贸易大学与复旦大学相比存在些许的差异，其在《法律（法学）（涉外律师方向）专业学位硕士培养方案》中明确：本专业的学习形式为全日制，涉外律师方向的基本学习年限为 3 年；本专业硕士生最低学分要求为 83 学分，其中包括课程学分和必修环节学分。

课程学分为 73 学分，其中必修课 29 学分、选修课 44 学分。必修课包括：学位公共课（7 学分）、学位基础课（9 学分）、专业必修课（13 学分）；选修课包括：专业限选课（不少于 34 学分）、专业选修课（不少于 6 学分）、跨专业课及公选课。

学位公共课包括：高级英语Ⅰ、高级英语Ⅱ、中国特色社会主义理论与实践研究 、马克思主义与社会科学方法论 4 门，共 7 个学分。

学位基础课包括：国际关系基础理论、国际公法原理与实务、国际经济法原理与实务、国际私法原理与实务 4 门，共 9 个学分。

专业必修课包括：涉外法律文书写作、涉外法律检索、涉外法律谈判、涉外模拟法庭训练、法律职业伦理、论文写作方法 6 门，共 13 个学分。

专业限选课包括：比较商事组织法、比较合同法、比较侵权法、比较知识产权法、国际金融法专题、国际货物买卖法专题研究、美国国际货物买卖法、国际公法前沿、国际经济法前沿、国际商法理论与实务、WTO 法精要、普通法精要、国际税法、WTO 争端解决制度与实务、国际谈判与争端解决、海商法专题、国际谈判与争端解决、国际商事仲裁法、国际商事统一法专题、国际商事法律(仲裁法理论与实务)、国际商事法律(英国合约法理论与实务)、国际商法专题、网络法原理与实务、比较破产法、比较诉讼法学、比较司法制度、英美刑法学、大陆刑法学、国际刑法学、海上货物运输法、英美保险合同法——理论与经典案例、法律方法、国际投资法前沿问题及实务、英美法案例研习、美国民事侵权责任法、国际商事仲裁经典案例、国际经济政策与法律、国际商事争端解决:实务与训练,共 38 门 76 学分。

专业选修课包括民法学模块、商法学模块、经济法学模块、诉讼法学模块、刑法学模块、理论法学模块、宪法学和行政法学模块,其中:民法学模块包括:民法总论、担保法、物权法、中国侵权法、中国合同法、知识产权法原理、知识产权法理论与实务、典型合同专题、合同法专题、人格权法、债权法、民法前沿问题与实务、合同法疑难案例研习、知识产权法前沿问题与实务,共 14 门;商法学模块包括:证券法、公司融资法、公司投资法、公司并购法、金融法、法律与金融、保险法专题、仲裁法律理论与实务专题、公司治理法律理论与实务、商事仲裁实务、商事仲裁实务,共 11 门课程;经济法学模块包括:竞争法实务、劳动与社会保障法、宏观调控法专题、产品质量与安全法专题、劳动法前沿问题与实务、税法原理、经济法专题、信托与基金法专题、就业歧视法、竞争法经典文献选读、法律经典案例分析,共 11 门课程;诉讼法模块包括:刑事诉讼前沿问题与实务、证据法学、民事诉讼法专题、民事诉讼前沿问题与实务,共 4 门课程;刑法学模块包括:犯罪学、刑法学原理、经济刑法理论与实务、刑法前沿问题与实务、互联网犯罪专题研究、财产犯罪前沿问题与实务、刑法分则案例研讨、比较刑法学,共 8 门课程;理论法学模块包括:比较法、法理学专题、法律与科技、法律经济学专题,共 4 门课程;宪法学与行政法学模块包括:比较宪法、比较行政法、行政法理论与实务前沿、基本权利的宪法保护:原理与案例、公法名著导读、行政诉讼案例研讨、宪法学经典文献选读、市场监管前沿法治问题研究,共 8 门课程。

对外经济贸易大学在《法律(非法学)(涉外律师方向)专业学位硕士培养方案》中明确,本专业的学习形式为全日制,基本学习年限为 3 年。本专业硕士生最低学分要求为 87 学分(比法学类多 4 个学分),其中包括课程学分和必修环节学分。

课程学分为 77 学分,其中,必修课 41 学分,选修课 36 学分。与法学类必修课 29 学分、选修课 44 学分的设置相比,具有基础性的必修课更多,选修课相对要少些,具体包括:学位公共课、学位基础课、专业必修课、专业限选课、专业选修课五大类。

学位公共课包括:高级英语Ⅰ、高级英语Ⅱ、中国特色社会主义理论与实践研究 、马克思主义与社会科学方法论 4 门,共 7 个学分。

学位基础课与法学类不太相同,包括国际关系基础理论、国际公法原理与实务、国际经济法原理与实务、国际私法原理与实务、民法学基础、刑法学基础 6 门,共 11 个学分。

专业必修课包括:涉外法律文书写作、涉外法律检索、涉外法律谈判、涉外模拟法庭训练、法律职业伦理、论文写作方法、知识产权法原理、商法学专题、经济法学、民事诉讼法学、刑事诉讼法学、行政法与行政诉讼法学,共 12 门 23 个学分。

专业限选课包括:比较商事组织法、比较合同法、比较侵权法、比较知识产权法、国际金融法专题、国际货物买卖法专题研究、美国国际货物买卖法、国际公法前沿、国际经济法前沿、国际商法理论与实务、WTO 法精要、普通法精要、国际税法、WTO 争端解决制度与实务、国际谈判与争端解决、海商法专题、国际谈判与争端解决、国际商事仲裁法、国际商事统一法专题、国际商事法律:仲裁法理论与实务、国际商事法律:英国合约法理论与实务、国际商法专题、物权法、债权法、网络法原理与实务、比较破产法、比较诉讼法学、比较司法制度、英美刑法学、大陆刑法学、国际刑法学、海上货物运输法、英美保险合同法理论与经典案例、法律方法、中国法制史、法理学、宪法学、国际投资法前沿问题及实务、英美法案例研习、美国民事侵权责任法、国际商事仲裁经典案例、国际经济政策与法律、国际商事争端解决:实务与训练,共 43 门 85 学分。

与法学研究生类课程相比,非法学类研究生增加了物权法、债权法、中国法制史、法理学、宪法学 5 门法学基本课程;关于专业选修课,和法学类课程设置相同,包括民法学模块、商法学模块、经济法学模块、诉讼法学模块、刑法学模块、理论法学模块、宪法学和行政法学模块,每个模块中的课程设置与法学类是基本相同的。

（三）中南财经政法大学

《中南财经政法大学法律硕士教育中心法律硕士专业学位（涉外律师）培养项目 2021 年遴选通知》①指出：本项目在课堂教学方面联合开设"三类课程"：一是与涉外律师事务所共同开设"案例课程"，培养学生的涉外实务能力；二是与校内学院联合开设跨学科的"融通课程"，提高学生的跨学科素养；三是联合培养单位与校内学院开设"全英文课程"，提升学生法律英语运用能力。

（四）中国人民大学法学院

中国人民大学在其法律硕士（涉外律师）项目简介中，将其开设的课程进行了分类，主要涵盖以下几类课程。

一是国际法系列课程，突出双语教学特色，邀请国际组织、涉外法律实务专家参与教学，突出涉外法治人才培养的国际性导向。

二是国内法基础课程，增设民法与民事诉讼法原理与实务、刑法与刑事诉讼法原理与实务、行政法与行政诉讼法原理与实务等国内法课程，加强学生国内法知识储备。

三是推广外国法系列课程，采取英语教学并邀请实务专家授课，丰富学生对主要外国法律的理解及适用。

四是适应区域化及全球化的并行发展，推进地区法律课程，邀请相关国家或地区的专业人士讲授。

五是开展实习类课程，在涉外法治人才培养中密切与合作单位合作，突出涉外法治人才培养的实践性要求。

六是辅助性的合开课程以及语言类课程：中国人民大学法学院与新闻学院、经济学院、国际关系学院、外国语学院等学院，北京外国语大学以及实务部门开展合作，突出特色课程，开设国际新闻、国际经济、国际政治、法律翻译等方面跨学科课程。②

---

① 《中南财经政法大学法律硕士教育中心法律硕士专业学位（涉外律师）培养项目 2021 年遴选通知》，http：//fszx. zuel. edu. cn/2021/0611/c4858a273267/page. htm，最后访问日期：2021 年 11 月 1 日。

② 《中国人民大学法学院法律硕士涉外律师项目简介》，http：//www. law. ruc. edu. cn/home/t/？id＝57554，最后访问日期：2021 年 11 月 6 日。

第十章

涉外律师研究生培养的实践基础

从本质上讲,涉外律师研究生属于法律硕士,是我国专业学位研究生的一种。专业学位区别于学术学位的主要方面是其实践性,无论是课程设置,还是教育培养手段等诸多方面都突出了学生实践能力。随着时代的发展进步,我国高等教育也有所发展进步,在人才培养模式和培养能力等方面不断完善。专业学位教育在既有的学术教育基础上,更加重视实践课程和实践能力的培养,成为我国当下学位教育的重点。涉外律师研究生所具备的高层次、复合型、创新性、应用型的人才培养特点和要求决定了我们必须重视和直面涉外律师研究生培养过程中的实践能力培养问题。

第一节 专业学位的本质与实践能力培养的重要性

专业学位研究生教育主要针对社会特定职业领域需要,培养具有较强专业能力和职业素养、能够创造性地从事实际工作的高层次应用型专门人才。专业学位一般在知识密集、需要较高专业技术或实践创新能力、具有鲜明职业特色、社会需求较大的领域设置。国务院学位委员会、教育部印发的《专业学位研究生教育发展方案(2020—2025)》明确:专业学位研究生教育是培养高层次应用型专门人才的主渠道。以实践能力培养为重点、以产教融合为途径的中国特色专业学位培养模式,是支撑行业产业发展,针对行业产业需求设置的专业学位类别,到目前为止,专业学位研究生教育基本覆盖了我国主要行业产业,部分专业学位类别实现了与职业资格的紧密衔接。国家主导、行业指导、社会参与、高校主体的专业学位研究生教育发展格局,形成了中国特色专业学位发展特色。

专业学位研究生教育是经济社会进入高质量发展阶段的必然选择。新时代我国经济进入了高质量发展阶段,经济和产业转型升级加快,各行各业的知识含量显著提升,对从业人员的职业素养、知识能力、专业化程度提出了更高要求,从数量到质量的转变更加需要高层次专业化教育。专业学位是现代社会发展的产物,科技越发达、社会现代化程度越高,社会对专业学位人才的需求越大,越需要加快发展专业学位研究生教育。

专业学位研究生教育理应是主动服务创新型国家建设的重要路径。随着新一轮科技革命和产业变革蓬勃兴起,全球科技创新进入密集活跃期,新经济、新业态不断涌现,国际科技竞争日趋激烈,大国竞争越来越体现在科技和人才方面的竞争。目前,我国在很多领域需要大量创新型、复合型、应用型人才。专业学位以提高实践创新能力为目标,在适应社会分工日益精细化、专业化、对人才需求多样化方面具有独特优势,已成为高层次应用型人才培养的主阵地,需要大力发展专业学位研究生教育。

专业学位是学位与研究生教育未来改革发展的战略重点。长期以来,研究生教育把培养教学科研人员作为目标,高等学校和科研机构是研究生就业的主要渠道,但随着经济社会的发展,人才市场的需求结构发生了巨大变化,研究生在行业产业就业的比例逐年提高,各行各业对专业学位研究生的需求量越来越大。从国际上看,美英法德日韩等发达国家高度重视专业学位发展,以职业导向或较强应用性的领域为重点,设置类型丰富、适应专门需求的专业学位,有力支撑其经济社会发展。专业学位具有相对独立的教育模式,以产教融合培养为鲜明特征,是职业性与学术性的高度统一。国内外的需求变化表明,专业学位研究生教育地位日益重要。

我国专业学位研究生教育发展目标是:到 2025 年,以国家重大战略、关键领域和社会重大需求为重点,增设一批硕士、博士专业学位类别,将硕士专业学位研究生招生规模扩大到硕士研究生招生总规模的 2/3 左右,大幅增加博士专业学位研究生招生数量,进一步创新专业学位研究生培养模式,产教融合培养机制更加健全,专业学位与职业资格衔接更加紧密,发展机制和环境更加优化,教育质量水平显著提升,建成灵活规范、产教融合、优质高效、符合规律的专业学位研究生教育体系。

为了实现上述目标,支持培养单位联合行业产业探索实施"专业学位＋能力拓展"育人模式,使专业学位研究生在获得学历学位的同时,取得相关行业产业从业资质或实践经验,提升职业胜任能力。未来 5 年的专业学位研究生教育需要让研究生在扎实掌握相关行业产业或职业领域的基础理论、系统专门知识的基础之上,进一步形成和提高研究和解决实践问题的能力。由是,必然需要立足于现行我国完备的学术和理论教育,并重点发展实践教育,夯实实践教育的基础,进一步提高专业学位研究生的实践操作能力,方可实现研究生从学校到实践工作单位的无缝衔接。

为了促进和监督,乃至真正实现面向实践需求的专业学位教育,《专业学位研究生教育发展方案(2020—2025)》还明确,要建立需求与就业动态反馈机制。遵循"谁提出、谁负责"的原则,提出设置专业学位类别的行业产业部门应建立人才需求和就业状况动态监测机制,每年发布人才需求和就业状况报告。依托用人单位调查、毕业生追踪调查等,对各单位人才培养质量进行真实反映;对需求萎缩、培养质量低下的专业学位类别,实行强制退出。

根据教育部学位管理与研究生教育司与司法部律师工作局在 2021 年 2 月 2 日发布的《关于实施法律硕士专业学位(涉外律师)研究生培养项目的通知》,法律硕士专业学位(涉外律师)研究生培养项目,是有关高校和法律实务部门积极探索和创新涉外法治高层次人才培养模式,完善具有中国特色的高层次法治人才培养体系,发挥示范引领作用,而确定和产生的具有一定实验性的专业学位研究生培养项目。该培养项目旨在培养一批政治立场坚定、专业素质过硬、跨学科领域、善于破解实践难题的高层次复合型、应用型、国际型法治人才,为建设一支法学功底扎实、具有国际视野、通晓国际法律规则,善于处理涉外法律事务的涉外律师人才队伍奠定基础。而且进一步要求:"为提高法律硕士专业学位(涉外律师)研究生实践创新能力,请有关省(市)司法厅(局)推荐辖区内若干家政治可靠、涉外法律服务能力强的优秀律师事务所等法律实务部门"。不仅从"律师"这个名称本身,而且从教育部和司法部发布的这一通知,我们都可以看到,作为法律硕士这一专业学位的一个方向,涉外律师研究生培养必须具备完善的实践基础。

第二节　涉外律师研究生培养的重点和难点——实践能力的培养

党的十九大报告对当下高等教育提出,要"深化产教融合、校企合作";2017 年 12 月《国务院办公厅关于深化产教融合的若干意见》明确指出,要通过校企协同、校校协同、国际协同等打造多元化应用型人才培养机制,将工作过程、教学过程与考核过程相融汇,尽量适应社会、适应市场,实现涉外律师研究生从学校到社会的零距离过渡,以满足国家和社会对涉外法治人才的迫切需求。

涉外律师研究生培养项目,某种意义上讲是一种高等院校高层次人才培养的实践项目,是对既有法律硕士这种高层次法律实践人才培养模式的深化和改革。然而,变革的困扰普遍存在于社会系统之中,这种困扰与其说来自变革自身,还不如说源自变革的实践过程。毕竟再完美的改革方案也只有付诸实践才能产生效果、达致目标。而变革的目标和效果,其不仅取决于方案的设计,更取决于对设计的实践和实施。不管设计者的主观愿望多么强烈,政策配套支持力度如何强大,没有实施者的积极而忠诚的实践,就不会收到或达到预期的效果。

自从 2009 年教育部发出通知,要开始实施面向应届本科毕业生的全日制专业学位硕士研究生教育以来,日益扩大的专业学位研究生教育为社会诸多职业技术领域输送了一大批急需的应用型高级专门人才,有效改善了我国人力资源队伍的结构和素质。但随着招生规模的不断扩大,如何提高专业硕士研究生的教育质量、突出其培养特色,就成为摆在各培养单位面前的迫切任务。与学术学位研究生相比,专业学位研究生教育更注重解决实际问题能力的培养,其培养目标定位于为各行各业输送具有一定理论水平和科研能力,以及较强实践能力、能够承担专业技术或管理工作的高层次应用型人才。由此看来,专业学位是具有职业背景的学位,其要求在人才培养过程中特别突出就业需求,突出对实践能力、应用能力的培养。在培养过程中,专业学位研究生在课程设置、教学理念等方面与学术学位研究生有所区别。实践教学是专业学位研究生教育中至关重要的组成部分,实践教学的质量在很大程度上关系到能否培养出符合既定目标的高层次应用型人才。①

2011年教育部、中央政法委员会《关于实施卓越法律人才教育培养计划的若干意见》明确要求强化法学实践教学环节,加大实践教学比重,确保法学实践环节累计学分(学时)不少于总数的15%;加强校内实践环节,开发法律方法课程,搞好案例教学,办好模拟法庭、法律诊所等;充分利用法律实务部门的资源条件,建设一批校外法学实践教学基地,积极开展覆盖面广、参与性高、实效性强的专业实习,切实提高学生的法律诠释能力、法律推理能力、法律论证能力以及探知法律事实的能力。

我国现行涉外律师研究生培养院校的理论培养能力是毋庸置疑的,未来关注的重点无疑是其实践培养,如何将这些进入培养项目的研究生,培养成真正高层次、复合型、国家和社会迫切需求的涉外律师。笔者认为关键和难点在于如何在保持较高理论水平的同时,加强实践能力的培养。

第三节 涉外律师研究生实践培养的含义与要求

一、实践培养是专业学位的内在组成部分

设立专业学位的本来目的或初衷,就是区别于学术学位,培养面向社会实践职业需求的高层次人才。课程中包含实践类课程,课程设置具有鲜明的实践性,是专业学位不同于学术学位在课程方面的一个重要表现。对专业学位的研究生进行实践方面的培养,是专业学位培养的题中应有之义,是必需的,也是必然的,甚至相较于理论水平和能力的培养,更注重实践能力

---

① 邓峰等:《研究生教育满意度评价中过程指标与结果指标实证研究——以专业硕士和学术硕士实践能力培养模式差异为例》,《研究生教育研究》2021年第3期。

的培养。忽视抑或缺失了实践培养的专业学位,既没有学术学位的理论水平和能力,更没有形成必要的进入现实行业的实践能力,将变得没有任何存在价值。

法律硕士作为专业学位之一,是面向法律职业进行人才培养的学位,其实践性不言而喻。本来,法律的实践性已决定了法律专业的学习必须结合实践,脱离社会实践,法将不法。而法律硕士是未来的律师、法官、检察官、或者行政机关中的执法人员和立法机关的工作人员等,这些职业与社会实践紧密联系,具有非常强的操作性,这决定了法律硕士研究生培养过程中实践课程的重要性。他们需要在这些实践课程的学习过程中,将法律理论与实践紧密地联系起来,用理论指导实践,作出符合法律规定、具有合理性、正义性的判断或决定。

涉外律师研究生作为法律硕士中一个特殊的培养项目,其实践性较强。与其他法律硕士不同的是,其不仅需要国内的法律实践,还需要来自国外的法律实践。为实现涉外律师研究生培养的涉外性,培养院校能否有效地为涉外律师研究生提供来自域外的课程变得异常重要和必要。

《中南财经政法大学全日制专业学位研究生培养管理办法》①作为该校对研究生培养的规范性文件,其第 14 条规定:"学校及各学院(中心)应重视专业学位案例教学与基地建设工作。案例库建设工作应有专人负责,以学生为中心,以案例为基础,通过呈现案例情境,将理论与实践紧密结合,引导学生发现问题、分析问题、解决问题。培养单位应与专业学位相关行业、企业、社会组织等(简称合作单位)共同建立人才培养基地,加强专业学位研究生实践能力培养。"这一规定,不仅明确了包括涉外律师研究生在内的专业学位研究生培养,首先必须以学生为中心。当然,这一方面是学校教育的基本要求,另一方面"以学生为中心"也意味着学校的培养不是单纯地考虑学校的教学规律和理想追求,而是要注重学生的需求,以学生为中心。我们知道学生在学校学习的目的是提高自身应对社会需求的实践能力,学生只有

---

① 《中南财经政法大学全日制专业学位研究生培养管理办法》,http://fszx.zuel.edu.cn/2018/0717/c4874a196758/page.htm,最后访问日期:2021 年 10 月 22 日。

具备社会所需要的职业技能和能力,方可融入社会,成为社会所需要的人才。从这个角度看,高等院校适度地调整一直以来以理论教学为主的教学方式是必要的,这才是真正的以学生为中心。

《中南财经政法大学全日制专业学位研究生培养管理办法》①第26条规定:"实践能力提升是专业学位研究生培养的核心。各学院(中心)应充分认识实践教学的重要性,并在专业学位研究生培养过程的各个方面予以体现和执行。"第27条进一步明确:实习实践教学包括课程实习与综合(毕业)实习。课程实习主要在校内(如实验中心)完成,综合实习在实习基地或实习单位完成。实习实践教学的时间必须不少于半年,其中,在实习单位集中实习的时间不少于4个月,各全国专业学位研究生教育指导委员会另有规定的,按其规定执行。

二、国内实践与国外实践是涉外律师研究生培养的必要组成部分

对于法律硕士专业学位中的涉外律师研究生而言,专业学位性质和"涉外"特性决定了其在学习期间,必须对国内实践和国外实践给予同等的重视。一方面,国内实践是其立足的基础和出发点,毕竟涉外律师还是中国的律师,主要是为中国的当事人服务的法律职业者,是站在中方当事人立场上为其提供法律服务的专业人士;另一方面,涉外律师所处理的法律事务关涉中外法律,是中外法律服务的提供者,所以其必须具备处理中外法律事务的实践能力。培养单位在涉外律师研究生培养过程中必须重视国内和国外的双重实践。

在国内法律实践方面,随着法律硕士专业学位的进一步发展,案例教学和教学实践基地等建立,其已经越来越成熟和完善;在国外法律实践方面,随着我国改革开放的深入,高等院校的国际交流逐渐增多,学生们的访学交流的机会也在逐渐增加。对于涉外律师研究生培养而言,国外法律实践需要进一步规范化、制度化、实效化,使涉外律师研究生在国外的法律实践过程中真正得到锻炼和学习,获得实践技能的提升,不能将必要的出国法律实

---

① 《中南财经政法大学全日制专业学位研究生培养管理办法》,http://fszx.zuel.edu.cn/2018/0717/c4874a196758/page.htm,最后访问日期:2021年10月22日。

践仅仅等同于一般的出国访学,更不能变成走过场,将实践课程成为自由散漫而无规范性和约束性的表面工程。

三、涉外律师研究生培养中的实践理论与实践技能

无论是从专业学位角度还是从法律硕士角度来看,涉外律师研究生作为未来法律职业中的高层次人才,他们既不是光有法律职业的工匠,也不是只懂法律理论、只能待在书斋里、学院里进行科学研究的法学家。作为法律领域的高层次人才,涉外律师必须具备一定的理论水平和实践能力,体现在法律实践当中,而这种较高的实践能力就是实践理论和实践技能相结合、相辅相成的能力。

(一) 实践理论

这里的实践是指"人们有意识地从事改造自然和改造社会的活动"。[1]所谓理论,在现代汉语中,是指的"人们由实践概括出来的关于自然界和社会的有系统的结论"。[2] 所谓实践理论,在这里并不是一个矛盾语词,也并非"实践"和"理论"的动宾组合,而是"实践中的理论"这种意义上的偏正语词,是指的人们在从事改造自然和改造社会这样的活动时形成的关于这些活动本身的技术性或技能性的理论,是与人们的实践内容即自然或者社会本身的学理性、学术性理论相区别的技术性、技能性理论。

法律硕士专业学位首先是"硕士"层面上的学位,意味着它属于高层次的人才培养,其次它是"专业"学位,是属于不同于"学术"学位的、具有明显实践性的人才培养。高层次的、实践性的人才培养,要求法律硕士专业学位所培养的人才,无论在理论水平上还是实践技能上,都必须具有较高的水平,具有高于本专业的理论水平和实践技能。作为培养单位的高等院校,必须在法律硕士研究生培养过程中,在其专业学习的过程中加入必要实践理论的学习,并内化为学生们的一种基本素养,为其毕业后顺利地融入工作奠定基础。

---

[1] 中国社会科学研究院语言研究所词典编辑室:《现代汉语词典》(第七版),商务印书馆2016 年版,第 1185 页。

[2] 中国社会科学研究院语言研究所词典编辑室:《现代汉语词典》(第七版),商务印书馆2016 年版,第 799 页。

　　法律硕士专业的研究生包括涉外律师研究生培养和形成实践理论能力的主要途径是当下高校里普遍施行的案例教学，即通过案例实践所学理论，运用所学理论分析实践中的案例。高校里具有较高学术和理论水平的导师们主要负责课堂上的案例教学，是教导学生们发现、运用和掌握实践理论的较为合适的、有力的途径。高校里的法律硕士专业学位的导师们在现行的教学与科研体制下，多数都具有较强理论联系实践能力并具有从事或参与一定的法律实践，在理论联系实际、运用所学理论分析和解决实际问题方面具有一定的优势。因而，在笔者看来，当下高等院校里普遍推行的案例教学，通过带领学生们在案例实践中发现和理解所学理论，提高理论认识和理论分析水平，在案例分析和实践中，形成乃至提高一定的创新能力。也就是说，案例教学对于法律硕士专业学位研究生，尤其是涉外律师研究生人才的培养，对于他们实践理论水平的形成和提高，对于他们未来实践能力的保持和进一步提升，具有重要的、基础性的意义和作用。

　　（二）实践技能

　　技能，在现代汉语中解释为"掌握和运用专门技术的能力"。① 所谓实践技能，就是在实践中掌握和运用专业技术的能力。它是专业学位研究生培养的必要组成部分。从广义的角度看，实践技能是人们在实践中认识、改造客观世界和主观世界的本领；从狭义角度看，实践技能则是人们在实践中胜任某种工作的技术和能力。作为法律硕士专业学位的一个组成部分或者具体方向，从其产生的时机角度而言，作为国家迫切需求的人才培养项目，涉外律师研究生的培养必须突出其实践技能。

　　专业学位是面向实践而设置的学位，其所培养的学生应是适应市场和社会实际需求的职业人士，所以在学校期间培养并使其具备一定的实践技术和能力是专业学位培养的必要组成部分。涉外律师无论是作为法律硕士专业学位的一部分，还是作为律师专业，无论是培养过程还是最终结果，必须突出实践技能的培养，为的是其毕业后实现学校与工作单位的无缝衔接，即 3 年学习与实践之后，直接成为国家和社会迫切需要的"通晓国际法律规

① 中国社会科学研究院语言研究所词典编辑室：《现代汉语词典》（第七版），商务印书馆2016 年版，第 616 页。

则、善于处理涉外法律事务的涉外律师人才",真正能够"更好维护我国国家主权、安全、发展利益,维护我国企业和公民海外合法权益,保障和服务高水平对外开放"。

法律硕士研究生,尤其是涉外律师研究生,其毕业后从事的主要是法律职业,法律作为一种职业、一种行业,与其他职业、行业一样,有着一定的职业、行业技术、技能要求。所谓职业,按照《现代汉语词典》的解释,即个人所从事的服务于社会并作为主要生活来源的工作。[①] 从社会学角度,职业是人们参与社会分工,利用专门的知识和技能,为社会创造物质财富和精神财富,获取合理报酬,作为物质生活来源,并满足精神需求的工作。社会分工是职业分类的缘由,也是其依据。社会中的职业具有社会性、规范性、功利性、技术性和时代性等特征。其中,尤其是规范性和技术性特征,决定了此职业与彼职业间的界限,对职业的划分具有决定性意义。

从职业的规范性角度来看,首先,职业的规范性应该包含两层含义:一是指职业内部的规范操作要求性,二是指职业道德的规范性。不同的职业在其劳动过程中都有一定的操作规范性,这是保证职业活动的专业性要求。当不同职业在对外展现其服务时,还存在一个伦理范畴的规范性,即职业道德。这两种规范性构成了职业规范的内涵与外延。其次,职业的规范性内容是从事该职业的人士在从事职业之前就应习得,并且在进入该职业之后不断强化、不断创新和发展的。职业的技术性是指不同的职业具有不同的技术要求,每一种职业通常都表现出一定相应的技术要求,即人们在进入该职业领域之前,就开始着手职业技术的学习。

社会中职业区分的主要标志也在于其专业的知识、技能和规范。对于关涉社会和公众利益和安全的法律职业而言,其与医学类似,法律硕士专业的学生是法律职业中的高层次人才、是行业的中流砥柱,在培养过程中夯实理论和实践基础、塑造和养成一定的法律实践操作技能,是非常重要和必要的。从一定意义上讲,实践技能是实践导师对涉外律师研究生培养的主要内容。

[①] 中国社会科学研究院语言研究所词典编辑室:《现代汉语词典》(第七版),商务印书馆 2016 年版,第 1683 页。

第四节　涉外律师研究生的案例教学

《教育部关于加强专业学位研究生案例教学和联合培养基地建设的意见》对高等院校中的案例教学提出比较详细的指导性意见。

一、案例教学及其意义

案例教学是以学生为中心,以案例为基础,通过呈现案例情境,将理论与实践紧密结合,引导学生发现问题、分析问题、解决问题,从而掌握理论、形成观点、提高能力的一种教学方式。加强案例教学,是强化专业学位研究生实践能力培养,推进教学改革、促进教学与实践有机融合的重要途径,是推动专业学位研究生培养模式改革的重要手段。

二、案例教学的实现与案例库建设

为实现高等教育中的实践教育,教育部要求各个高等院校作为培养单位应该加强案例教学,改革教学方式,为此,需要做到下述各个要求。这些要求同样适用于涉外律师研究生的。

（一）重视案例编写,提高案例质量

培养单位和全国专业学位研究生教育指导委员会(简称教指委)要积极组织有关授课教师在准确把握案例教学实质和基本要求的基础上,致力于案例编写,同时吸收行业、企业骨干以及研究生等共同参与。鼓励教师将编写教学案例与基于案例的科学研究相结合,编写过程注重理论与实际相结合,开发和形成一大批基于真实情境、符合案例教学要求、与国际接轨的高质量教学案例。

（二）积极开展案例教学,创新教学模式

培养单位要根据培养目标及教指委制订的指导性培养方案,明确案例教学的具体要求,规范案例教学程序,提高案例教学质量,强化案例教学效果。加强授课教师与学生的双向交流,引导学生独立思考、主动参与、团队合作,建立以学生为中心的教学模式。

（三）加强师资培训与交流，开展案例教学研究

培养单位和教指委要积极开展案例教学师资培训和交流研讨，推出案例观摩课和视频课，帮助教师更新教学观念，了解案例教学的内涵实质，准确把握案例教学的特点和要求，熟练掌握教学方法，提高案例教学的能力和水平，积极主动开展案例教学。同时，组织开展相关理论与实践研究，解决案例编写和教学中的难点问题，探索提高案例编写和教学水平的思路与方法，为推广和普及案例教学提供指导。

（四）完善评价标准，建立激励机制

完善教师考核评价机制和人才培养评价标准，调动教师和学生参与案例教学的积极性。培养单位要把案例研究、编写、教学以及参加案例教学培训等情况，纳入教师教学和科研考核体系。有条件的教指委和培养单位，可以组织开展优秀案例分析、优秀案例视频课评选和案例教学竞赛等活动，引导和推动广大教师更加深入地研究和实施案例教学。

（五）整合案例资源，探索案例库共享机制

鼓励不同专业学位类别之间、培养单位之间积极开展案例研究、开发和使用等方面的交流与合作。完善案例库建设、管理和使用办法，提高案例使用效率。有条件的机构、组织和培养单位可以充分运用网络媒介和信息化手段，搭建案例研究、开发、使用和共享的公共平台。整合案例资源，支持建设"国家级专业学位案例库和教学案例推广中心"。

（六）加强开放合作，促进案例教学国际化

各培养单位和教指委，要积极搭建合作交流平台，逐步将国内优秀案例推向国际，展示中国专业学位研究生教育成果；同时，根据实际需要，积极引进国外高质量教学案例，加以学习和借鉴，逐步建立起具有中国特色、与国际接轨的案例教学体系。

三、案例教学的保障

（一）任课教师的选择

案例教学，在当下的高等院校中普遍地是由专业教师来承担的，而且多系承担理论教学的任课老师，同时兼任相关课程的案例教学。在当下大多数高校，尤其是一些重点院校，基本上多将学校定位于教学研究型大学，擅

长理论教学的教师，大多属于承担教学科研双重任务。基于当下的高等院校实际情况，老师们在案例教学上更多的是从理论的角度分析案例，案例成为或只是法学理论的运用或实践，最多只是在模拟法庭、模拟实践案例的处理，既没有实际的环境，也没有实战的压力，对于异常丰富的法律实践而言，只是一个角度、一个侧面，或者说还不够全面、不够"接地气"。

在法律硕士专业学位培养中，尤其是涉外律师研究生培养过程中，必须将"双师制"落到实处，通过校企合作，实施"走出去、请进来"培养学生实践能力的战略。所谓"走出去"，是指学生走出校园进入律师事务所、企业，参与真实的法律案件，进行"货真价实""身临其境"的法律实践；所谓"请进来"，就是把学校所签约的实践培养基地的律师事务所或相关企业中的导师，那些真正的涉外律师请到学校来，为学生讲授其耳闻目睹、亲自参与处理的案例。实践导师的案例教学相较于理论导师的案例教学，更多地侧重于案件所涉及的实际问题，将案件置于实际环境中，将法律理论置于实际情境之中，也更重视案件处理的实践操作能力。

（二）小班制教学

案例教学，作为实践教学的一种手段，是教师在课堂上选取合适的、一般是真实发生的案例，引导学生运用所学知识分析其中的法律问题。在一般情况下，学生需在案件分析过程中扮演一定的具有法律意义的角色，如法官、检察官、律师，从法律专业的角度对案件作出分析和处理。案例教学的目的，一方面是将学生们所学的理论知识运用于具体案件，另一方面也是让学生能够进行角色带入，从不同的立场和角度理解和适用法律，处理案件。

案例教学是高校学生进行法律实践的一种非常有意义和价值，且方便可得的方式。然而如果将案例教学与理论课程教学一样，甚至上百人、几百人的大班教学，在有限的教学时间内，只能让少数学生真正参与其中，进行角色性的案例分析解决，而更多的学生只是作为旁观者，不能角色带入，就不可能得到真正的实践锻炼。或者说，哪怕在法庭上也不可能让一个坐在旁听席的观众，真正体会法官、检察官或者律师的经历，或者得到和他们一样的锻炼。

所谓的小班制教学，就是在案例教学过程中，运用小班制，尽可能让每一个学生有作为法律职业人角色，参与案件分析和处理的过程，甚至不只参与一次,而是多次,每一次以不同的法律职业人身份,从不同的立场和角度分析不同的案例,并得到专业导师的点评和指导,这样参与其中的学生方可得到真正的实践技能的形成和提高。与理论学习更多的是学生观念和意识上的认知、学习,可以由导师统一教授、学生自己完成不同,实践能力的培养和形成,既需要实践环境的供给,也常常需要导师的引导和示范,更离不开学生自己的亲身参与。基于这些原因,小班制教学就是法律硕士研究生,尤其是作为国家和社会急需人才的涉外律师研究生培养不可或缺的组成部分的案例教学所必需的、真正有效的形式。

(三) 教学效果的评价

所谓教学效果,就是案例教学作为涉外律师研究生培养的一种必不可少的教学方式,所产生的是否符合培养方案要求的、在涉外律师研究生法律实践能力提升方面的效果。效果作为一种结果和价值,总是针对目的的,符合目的的结果,就是有效果的,而不符合目的的结果就是无效果的。所以,教学效果就是针对教学目的或教学目标而言的。而所谓的教学目标,也就是培养目标在某一课程领域的具体化而已。案例教学是以培养学生的案例分析能力为目标的,所以,案例教学的效果也是以是否形成和提升了学生一定的案例分析能力为依据进行评价的。

作为对案例教学负责的保障方式,对案例教学的效果进行适当的评价是必要的。与其他教学一样,案例教学也需要通过适当的评价促进教学的改善和进步,需要通过评价保证教学效果和教学质量。对于涉外律师的培养更是如此,通过培养过程中的阶段性、环节性评价,本着对案例教学效果负责的原则,由相关主体组织和参与评价,形成一定的动力和压力,使案例教学这一非常必要的教学方式产生大家所期待的效果,也就是为涉外律师研究生成为国家和社会所需要的真正的人才奠定基础。

第五节　涉外律师研究生实践基地的实践

实践基地是培养单位为加强专业学位研究生实践能力培养,与行业、企业、社会组织等(简称合作单位)共同建立的人才培养平台,是专业学位研究生进行专业实践的主要场所,是产学结合的重要载体。加强基地建设,是专业学位研究生实践能力培养的基本要求,是推动教育理念转变、深化培养模式改革、提高培养质量的重要保证。

一、实践基地的遴选

根据教育部、司法部《法律硕士专业学位(涉外律师)研究生培养项目的通知》,其中对"联合培养单位"指出:"为提高法律硕士专业学位(涉外律师)研究生实践创新能力,请有关省(市)司法厅(局)推荐辖区内若干家政治可靠、涉外法律服务能力强的优秀律师事务所等法律实务部门,推荐时要充分考虑律师事务所等的标杆性、示范性。"这可视为对实践基地遴选的基本要求。换言之,作为涉外律师的实践基地,一方面数量上要多,是"若干家",而不能是一家或者一两家,数量多的实践基地方可为涉外律师研究生提供更多的实践机会和丰富的实践内容;另一方面是质量上的要求,要求所选择的实践基地是政治上可靠、涉外服务能力强、具有标杆性和示范性的优秀律师事务所等法律实务部门。

无论是数量上的要求还是质量上的要求,作为实践基地遴选的标准,这是涉外律师作为当下我国和社会所急需的高层次人才的基本素质要求决定的。中南财经政法大学在《中南财经政法大学全日制专业学位研究生培养管理办法》[①]第 28 条规定:为确保专业学位研究生实践教学工作做到常态化,真正提升学生的实践能力,各学院(中心)应根据不同专业学位类别的特点和培养目标定位,紧紧围绕行业和区域人才需求,分类制定基地遴选与建设标准,建立一批满足人才培养需求的规范化基地。

二、实践单位的多元化

针对专业学位研究生培养的特点和目标,教育行政管理部门要求培养单位应根据不同专业学位类别的特点和培养目标定位,紧紧围绕行业和区域人才需求,分类制定基地遴选与建设标准,建立一批满足人才培养需求的

---

① 《中南财经政法大学全日制专业学位研究生培养管理办法》,http://fszx.zuel.edu.cn/2018/0717/c4874a196758/page.htm,最后访问日期:2021 年 10 月 22 日。

规范化基地。这包含对实践基地在质量、数量和可持续使用等多方面的要求。唯其如此,方可满足专业学位研究生在实践能力培养的基本需求,实现其作为国家和社会高层次实践型人才从学校到工作单位的无缝衔接。作为专业学位研究生的一个典型,法律硕士专业学位涉外律师研究生培养对实践基地的需求不言而喻,只有多元化的实践基地和实践单位,才能实现涉外律师研究生丰富全面的法律实践需求。

(一) 实践内容多元化

对涉外律师研究生实践能力的需求决定了其实践学习必须丰富而扎实。之所以如此,主要在于涉外律师工作内容的特殊性,也就是法律关系的错综复杂性。涉外律师所要处理的案件案情涉及的法律关系,常常不会是单一性质的民事法律、刑事法律或者行政法律关系,也不仅仅是一两个国家间的法律问题。这些未来工作的需要决定了涉外律师研究生的实践必须多元化,才能满足其实践能力方面的形成与提升。

类似于医生就业前的实习,涉外律师研究生也需要参与各种类型案件的实习。现实中,好多案件涉及多种法律关系,其中错综复杂的法律关系需要逐一厘清,这就要求参与的律师具有多领域、多种法律知识。因此,涉外律师研究生,既要有专业分工,即民法、刑法、经济法、行政法等专业领域的案件实习,也需要有不同地域、不同国家案件的实习,这样才能落实"涉外"的要求,使涉外律师研究生不仅仅是作为实习学生,更应该是以准律师的角色参与到实践的案件处理中。

复旦大学法学院将该学院的实践基地区分为：法学教学科研实践基地(包括上海市高级人民法院、上海市第一中级人民法院、上海市第二中级人民法院、上海市虹口区人民法院、中共淮安市政法委员会、上海市金融消费纠纷调解中心、安徽省广德县人民检察院、江苏省江阴市人民法院)、人才培养基地(上海瀛东律师事务所、浙江时代阳光律师事务所)、实习培训基地(上海金茂凯德律师事务所)、院际合作(如上海医学院法学院、中国人民大学法学院、复旦大学法学院)等。① 根据复旦大学法学院 2021 年 11 月《复旦

---

① "复旦大学法学院人才培养合作基地",https：//law. fudan. edu. cn/27455/list. htm,最后访问日期：2021 年 8 月 26 日。

大学法学院 2022 年秋季学生出国交换项目—院际》显示，该学院合作的国外法学院有美国康奈尔大学法学院、华盛顿大学-圣路易斯分校法学院、杜兰大学法学院、威廉玛丽学院法学院、美国加州大学戴维斯分校法学院、迈阿密大学法学院、澳大利亚-邦德大学法学院、泰国国立法政大学、以色列-特拉维夫大学法学院、英国谢菲尔德大学法学院、汉堡法学院、赫尔辛基大学法学院、瑞典隆德大学法学院、斯德哥尔摩大学法学院、挪威卑尔根大学法学院、挪威奥斯陆大学法学院、丹麦-哥本哈根大学法学院、荷兰-伊拉斯谟法学院、阿姆斯特丹大学法学院、比利时根特大学法学院、比利时鲁汶大学法学院、意大利米兰大学法学院、西班牙-罗马教皇大学法学院、西班牙艾赛德大学法学院、西班牙-巴塞罗那自治大学法学院、奥地利-维也纳经济和商业大学科英布拉法学院、科英布拉大学法学院、日内瓦大学法学院等近 30 所院校，遍布美国、澳大利亚、泰国、以色列、英国、德国、芬兰、瑞典、挪威、丹麦、荷兰、比利时、意大利、西班牙、维也纳、葡萄牙、瑞士等国家。符合条件(英语要求、成绩要求)被录取的学生有 3—4 个月的交流期限，被录取的交流学生不需要向国外学校支付学费，但旅费、生活费、保险费及其他费用需自理。被录取的交流学生在国外院校学习期间需遵守当地法律和学校制度，所修读的学分经我校教务处或研究生院认可后可以转换。①

复旦大学关于法律(非法学)涉外律师研究生培养的方案明确学生的海外学习即涉外法律事务部门实习，实习时间累计不少于 6 个月，由实习单位开具实习证明，在第 5 学期结束前完成，这部分内容占 10 个学分；实习结束后学生需根据实习内容，完成不少于 5 000 字的实习报告，要求熟练运用涉外法律检索且文书格式正确，这部分内容占 5 个学分；在实习过程中学生还需根据实习内容，选择相关案例、实习经验，进行专题口头汇报，这一部分占 5 个学分。复旦大学涉外律师研究生的实习环节共 20 个学分。

复旦大学还为法律(非法学)硕士涉外律师研究生开出《中国古代司法制度》《法律帝国》《认真对待权利》《法律的概念》《司法的理念与制度》《社会契约论》《正义论》《论立法与法学的当代使命》《行政法》《政治学》《民商法论

---

① 《复旦大学法学院 2022 年秋季学生出国交换项目》，https：//law. fudan. edu. cn/59/1f/c27452a416031/page. htm，最后访问日期：2021 年 11 月 10 日。

丛《民法诸问题与新展望》《民法学说与判例研究》《经济法学》《环境侵权救济法律制度》《世界贸易体制(第 2 版、中英文版)》《国际贸易法文选(中文版)》《民事诉讼法制度与理论的深层分析》《刑事诉讼法》《论犯罪与刑法》《新刑法学》《民法总论 债法总论》《民法债权》《英美证据法》《程序的正义与诉讼》《比较法研究》26 本(类)经典学术著作作为必读书目。从其书名即可看出培养单位旨在提高非法学基础学生较为全面的法律理论素养的良苦用心。

(二) 不同性质实践单位

实践能力培养的需求,决定了涉外律师研究生实践内容的多元化,而要实现实践内容的多元化,实践单位的多元化无疑是实践内容多元化的一个重要途径。基于法律性质的差异,以及法律职业人士工作内容的差异,不同的法律实务部门,其工作的主要内容也会存在明显的差异:作为国家机关的公检法司因职责的分工,其工作内容存在明显的差异;作为社会组织或市场主体的律师事务所、仲裁组织、调解组织,或者一些涉外公司企业的法律服务机构,无论是基于社会分工还是市场竞争的因素,其工作内容也会存在差异。所以,涉外律师研究生到不同的实践单位实习,将得到不同的实践锻炼,形成不同的实践能力。

涉外律师研究生的培养目标非常明确,其为国家和社会培养涉外律师,所以其实践单位应以涉外律所、仲裁组织、具有涉外业务的公司法务等法律服务机构为主。只有在这些实践单位,涉外律师研究生才能真正耳闻目睹,乃至亲身参与涉外法律服务,才能形成涉外律师所需要的实践能力。

涉外的法律服务是涉外律师研究生未来的工作内容,涉外律师事务所等固然是他们最对口的实践单位,但并不意味着其他性质的实习单位对其实践锻炼就没有意义和必要,比如具有涉外案件管辖资格的各级人民法院和人民检察院等司法机关。毕竟涉外律师承担诉讼业务,与法院、检察院等打交道的机会非常之多,了解和熟悉一个国家的诉讼体制和机制是一个合格的律师必须具备的素质。在此意义上,随着我国开放程度的深入,民众国际交往的增多,越来越多的人民法院、人民检察院等国家司法机关对涉外案件具有了管辖权,这些国家司法机关也应该成为涉外律师研究生的实践单位,作为以涉外律师事务所等法律服务机构为主的实践基地的补充。

三、培养单位与实践单位的协调机制

涉外律师研究生培养的本质属性决定了其培养过程必须以实践教学为半壁江山,必须产学结合,必须校企合作。但是,基于我国目前的高等教育基本模式,为了能够及时培养出国家急需的涉外律师人才,国家有关部门郑重审视当下的法律专业学位实践的现状,开拓校企合作培养人才的新途径。

协调合作单位,建立健全基地管理体系,组建基地运行专门管理机构,完善管理制度和运行机制,妥善解决知识产权归属等问题,明确各方责任和权利,推动基地科学化管理。针对不同专业学位类别,建立多样化的基地评价体系,定期开展自我评估,重点考核基地人才培养的实际效果。

校企合作在策略上,主要体现为合作时间安排、资金支持、质量保证措施等多个方面。涉外律师研究生实习单位最合适或对口的应该是律师事务所或者涉外企业,总之这些单位都具有企业属性。校企合作在时间、时段上,是与合作模式密切相关的,其背后有一定的理论与实践相互促进的哲学指导意义。但鉴于我国当下的研究生培养模式,包括培养职责的分配等诸多因素,学生实习、实践的时间主要还是依据企业的生产便利性来安排的。换言之,校企合作的时长、时段的安排,主要考虑合作企业的性质、意向、具体需求、行业特征等,而学生的专业特征、人才培养的理论与实践交互促进的需求则常常无法兼顾。在资金支持方面,国家理应为高等院校及其联合培养单位在涉外律师培养过程提供必要的资金支持;更为必要或者重要的是,应该为校企合作做一些政策上的安排,激发企业参与人才培养的积极性和主动性,从而避免出现学生的实习变成走过场、做样子,而得不到实际的、真正的实践锻炼。

四、培养单位与实践单位的双赢机制

培养单位要依托基地,建立健全合作单位在招生录取、课程教学、实践训练和学位论文等方面全程参与研究生培养的合作机制。会同合作单位,根据培养方案,结合基地实际,制定研究生在基地期间的培养细则,明确培养考核要求,落实学生在培养单位与培养基地的时间分配和具体培养内容,加强对基地期间培养过程监督。要紧密结合基地实际,创新培养模式,通过采用阶段考核和终期考核相结合等方式,加强对研究生实践能力的培养。

培养单位要完善研究生导师遴选机制,在合作单位中遴选一批思想政治素质过硬、师德高尚、实践经验丰富和学术水平较高的人员担任研究生实践教学的导师,建立基地导师定期培训、考核和退出制度,有针对性地提升基地导师实践指导能力和水平。选派青年教师到基地挂职锻炼或参与实践教学,提高实践教学能力。建立校内外导师定期交流合作机制,共同制订培养计划,共同参与指导,构建分工明确、优势互补、通力合作的"双师型"团队,实现培养单位人才培养规格与行业、企业人才需求之间的有机衔接。

五、实践合作方案及其保障

实践合作方案及其落实保障,某种意义上,还是主要依赖当地政府及其教育行政管理部门制度的设计和培养单位之间的协同。根据教育部的规定,各教指委和省级教育部门要悉心指导基地建设工作,可根据实际需要组织开展示范性基地遴选和优秀实践教学成果评选,积极推进示范性基地建设工作,发掘先进典型,及时总结并推广好的经验和做法,加强示范引导。各培养单位应会同合作单位制订切实可行的基地建设和实施方案,以创建示范基地为驱动,大力推进实践教学工作,充分发挥示范基地先行先试的引领带动作用,深入推动专业学位研究生培养模式改革。

各培养单位要高度重视案例教学和基地建设,科学规划、创造条件,加大经费和政策支持力度。设立案例教学和基地建设专项经费,为案例教学和基地建设提供必要的条件保障。通过人才培养项目、实验室建设、联合科研攻关等途径加大对案例教学和基地建设等方面的投入。

各教指委要加强对案例教学和基地建设的指导,研究制定案例教学和基地建设的基本要求,积极推广普及案例教学和基地建设经验,引导培养单位做好案例教学和基地建设工作。

各省级教育部门要加强组织领导,会同有关部门,统筹区域内案例教学和基地建设,加强政策引导和经费支持,调动行业、企业的积极性,推动专业学位研究生教育与地方经济社会发展的紧密结合。鼓励有条件的地区,设立专项资金支持本地区研究生培养单位的案例教学和基地建设工作。

案例教学和基地建设情况将作为专业学位授权点合格评估的重要内容。各省级教育部门和教指委要针对案例教学和基地建设情况加强督促检查，切实推动案例教学和基地建设工作积极发展。

六、一个典型：复旦大学法学院的实践课程设置安排

（一）"法律职业伦理与法律方法"课程

作为涉外律师研究生实践课程重要组成部分的"法律职业伦理与法律方法"课程，是讲授法律职业原理、法律伦理和法律方法的一门综合课程，重点讲授两个方面的内容：一是律师、法官和检察官的职业伦理；二是法律方法。培养学生的职业意识和职业伦理观念，了解职业伦理的共性和特性，掌握相关职业伦理规范，并能够在实践中应用。使学生熟悉和掌握法律解释、法律漏洞填补以及法律不确定性概念和条款的特殊适用方法。

（二）法律文书课

本课程为非法学 3 年制法律硕士（JM）实践类必修课程，是每一个（修读法律专业完成者）法律人的工具课，是其施展其所学知识和技能的平台课，也是检验一个专门面向社会（法务）实践的专业（法律）硕士指标课。它对于该生实习、就业面试环节以及日后（涉法）专业工作都具有十分重要的意义。

一方面，本课程融法学（包括法理等基础课程与民商法、行政法、刑法和诉讼法等各专业课程）、法律职业、心理学、逻辑学、语言文学、行为科学等诸学科于一体，注重基本功，是法学专业中的"咬文嚼字"；另一方面，它是实践性专业课程，注重每一个学生的具体实践（制作）能力。因此，在本课程实施过程中，会布置 7～8 次课间作业（即根据所给的案例，制作各种类型的法律文书），并作为平时成绩；期末考试则采用给予一个案例，让每一个学生作为一方的诉讼代理人（律师）制作该案一审中所必须制作的一整套相关法律文书。

本课程立足普通法律人（公司法务和律师），根据法律人共同需求，在教学中注重对此类法律人视角和技能的培训，故不采用现有的相关教材（均以审判机关、检察机关、侦查机关相关文书为本位而鲜有律师、法务所需文书的"官本位"教材），改为采用由本人自己独立制作的教案（日后准备编著教材）。

（三）法律诊所与模拟法庭训练

根据全国法律硕士专业教育指导委员会增加实践必修环节课程的要求，复旦大学法学院结合培养方案中职业能力培养的要求，将模拟法庭训练课程扩展为"法律诊所与模拟法庭"，每周 4 节课，从而使该课程成为实践必修环节课程中课时最多、最重要的一门主干课程。这种扩展对实现培养方案中职业能力培养的要求是非常必要的。

本课程主要采用了法学院教学团队创建的个案全过程教学法。所谓"个案全过程教学法"，是指采用教师精选的案例，分阶段将个案的相关材料全部发给学生。学生根据这些案件材料，去了解研究案件事实，并在此基础上查找和研究相关法律规定以及类似案件的处理，确定案件的诉讼策略，撰写相关法律文书，参与小组和课堂讨论或模拟法庭的辩论、教师的点评等活动的授课方式，其目的是让学生以职业律师的思维，对案件进行全局性、整体性、综合性的分析与思考。

（四）法律谈判课

本课程是为复旦大学法学院法律硕士专业学位学生开设的实践类课程之一。每周 2 课时。法律谈判课程将系统阐述法律谈判的概念、特点、规律、文化和技巧。本课程将重点讲授国际商事合同的谈判和起草，采取模拟谈判、场景模拟等多样化教学手段。本课程考核将以平时课堂表现和期末考试进行综合评分。

本课程内容包括但不限于以下内容：

第一章　法律谈判导言

第二章　法律谈判原则

第三章　涉外合同法律谈判过程

第四章　涉外合同谈判文化

第五章　涉外合同谈判的几个法律问题

第六章　国际货物买卖合同谈判

第七章　国际合资企业合同谈判

第八章　国际技术转让合同谈判

第九章　国际贷款合同谈判

第十章　跨国公司并购合同谈判

第六节　涉外律师研究生实践的限度

一、矫枉不能过正

针对我国高等院校以往重理论轻实践、研究生教育重学术研究轻实践操作技能的倾向，教育管理部门要求各个培养单位要重视实践，尤其是在专业学位教育中要设置和增加实践课程及学分、学时，提高和增加实践课程的权重。然而，在实践中应该理性对待，不能走到另一个极端，只重视实践，忽略了学生们的理论素养。涉外律师研究生的实践性学习，与其在学校的理论学习同等重要，并不因目前的稀缺而变得比理论学习更重要。矫枉过正、过犹不及，都是不科学的。必须明确的是，在人才培养问题上基本是不可逆、不能试错的，一旦走上一条错误的培养路径，那么接受培养的学生将成为牺牲品，浪费的可能不仅仅是时间成本。

涉外律师研究生的实习和实践是重要的，尤其是在有着长期"重理论、轻实践"倾向的高等院校里。随着国家教育行政管理部门以及各所培养院校观念和认识的改变，近年来都普遍重视学生的实践和实习，增加了学生的实践学分和实习时间，但很容易又走到另一个极端，实习时间过长，影响了其读书、学习和研究。一些实务部门反馈，学生在念书期间，特别是研究生阶段，很大程度上还要阅读、研究，如果没有很好的学术训练，即使在毕业后的工作岗位中上手很快，但后劲往往不足，理论素养的不足又成为新的问题；更有甚者，一些毕业生在实际工作中的表现，被用人单位认定为基础知识不扎实而被淘汰。

二、实践与理论同等重要

学校的导师们也有类似的担忧。导师们作为学科的专业人士，对自己所从事的专业领域有着自己的想法，而且认为这种专业素养往往不是为外人所理解和认识的。比如，对于那些专业学位教育培养方案中为了培养学生的实践和操作能力，而大幅增加实践课程的学时数，但导师们却认为，实践能力是建立在扎实的理论基础之上的,培养方案通过减少理论学习的课时数,增加实习实训机会,其结果不但不能培养出真正具有实践操作能力的学生,而且还会削弱学生的自学能力以及发展后劲。[①]

法律硕士研究生相比法学硕士研究生有更多参与实践的要求和学分,是被当作未来法律实践部门的储备人才来培养的。但颇具讽刺意味的是,一些人民法院、检察院等司法机关在招收法官、检察官时要求报考者为法学硕士或者法学法硕,某种意义上反映了社会对法律人才的需求更偏向于具有一定理论功底的法学背景的毕业生。综观我国当下法律硕士研究生教育的实际状况,我们会发现由于学制短,2—3年时间,对于法学类学生要想在理论水平上有所提升,在完成学校设置的课程之外,尚需要付出更多的时间和精力,自己阅读大量的文献,跟着导师做学术研究,进行有深度的理论思考和训练;而对于非法学基础的法硕研究生,更有必要补修法律领域的基础课程。既要补修法学的基础课,还要学好硕士阶段的课程,达到法律硕士的水平,这需要他们更多地投入时间和精力。如果过分强调法律硕士的实践性,在理论学习和实践训练的分配上缺乏合理安排,将导致学生的培养质量无法适应实践的需求,毕业生作为专业硕士,却没有相应的理论和实践能力,出现被实践部门拒绝的尴尬局面。

法律硕士研究生的法律实践在一些地方也存在名不副实的情况。据笔者对身边的法律硕士研究生的调查,他们反映自己的实习多属于边缘性的工作,很少能深度参与案件。这可能与法律领域的特殊性有关系,毕竟每一个案件关系到当事人的切身权利和利益,又在时间和机会上非常有限,几乎不能试错,实践导师不能放手让实习生独立去做,甚至在梳理案件材料信息、调查取证等方面,都不能放心让学生去做。这种情况下,实习生很难做到角色转换,没有了实际的、真正的、切实的压力,实习生还是很难得到有效的实践锻炼,充其量只是旁观了法律的实践,看到了法律实际运行的外观、皮毛。

法律硕士研究生在理论上的迫切需求和实践上无法真正融入的双重境

[①] 王秀丽:《"定制式"人才培养的实践逻辑——以H大学的试点班为例》,社会科学文献出版社2020年版,第195页。

况下,选择或者倾向于前者,可能是比较理性的;最为糟糕的情况是,学生在学习过程中迷失了方向,理论学习没有下足功夫,实践过程浮皮潦草,真是虚度了这有限和短暂的两三年时间,不能成为国家和社会所需要的高层次法律人才。

第十一章

涉外律师研究生协同培养制度

涉外律师研究生培养项目是在国家和社会对涉外律师人才存在紧迫需求的情况下,教育部和司法部联合出台的培养项目,身负重任的培养单位必须想方设法、全力以赴投入涉外律师的人才培养项目。为了提高涉外律师人才培养的成功率,地处不同区域、具有不同特色的各所培养院校,进行强强联合,将教育领域一直以来都在强调的"教育资源共享"理念和政策真正落到实处,实行协同培养是非常必要的。

第一节　高等教育中的协同培养

所谓协同,按照《现代汉语词典》的解释,就是"各方互相配合或甲方协助乙方做某件事情";①而培养,在社会或人才培养领域,其含义为"按照一定目的长期地教育和训练使其成长";②协同培养就是培养主体在人才培养过程中互相配合或者互相协助地教育和训练被培养人,实现培养目标并使其成才的一种方式。涉外律师研究生的协同培养,就是在涉外律师研究生培养过程中相关的培养主体相互配合、帮助或辅助对方共同完成培养过程、

① 中国社会科学院语言研究所词典编辑室:《现代汉语词典》(第七版),商务印书馆 2016 年版,第 1449 页。
② 中国社会科学院语言研究所词典编辑室:《现代汉语词典》(第七版),商务印书馆 2016 年版,第 984 页。

实现培养目标的行为。作为法律硕士专业学位的一个组成部分,或者一个培养方向,其法律硕士专业学位的本质,决定了在这一培养过程中,一定会有不同的培养主体,除了承担培养职责的高等院校外,还包括国内外的实践部门,以及其他相关的高等院校。

协同培养,在近些年来随着国家社会、经济、文化等各方面的快速发展,日益成为我国高等院校提升自身创新能力、提高自身教育质量、实现人才培养目的的重要乃至必要因素和具体行动。众所周知,科技创新需要协同,大学里一些以企业名字命名的科研大楼、实验室,大学科技园区的存在,均表明大部分高等院校里理工科已经普遍实现大学与企业的协同,企业通过提供解决问题所需要的资金、试验场地等资源,为学校师生实现了理论与实践的结合,锻炼了实践能力、提高了解决问题的水平,也为进一步提升理论水平和能力创造了机会。在高等院校之间实际上也存在一些合作和协同,一些院校共同申请和完成的基金项目,就是不同院校之间老师和学生合作的结果,这个过程一定程度上也实现了对参与学生的联合培养。"通过协同创新,实行理论与实践紧密结合,教学与科研、生产、管理实践紧密结合,大学教师与社会导师培养紧密结合,教育培养行为与社会培养行为紧密结合,实行教育思想、教育制度、人才培养体制、人才培养模式创新的大联动,形成创新人才与创业人才协调培养的大体系,实现大学与社会有关行业、用人单位和职业界人才培养大协同"。①

国务院学位委员会、教育部《专业学位研究生教育发展目标(2020—2025)》明确了培养单位之间的协同,强化行业产业协同;支持行业产业参与专业学位研究生教育办学,明显提高规模以上企业参与比例;鼓励行业产业通过设立冠名奖学金、研究生工作站、校企研发中心等措施,吸引专业学位研究生和导师参与企业研发项目;强化企业职工在岗教育培训,支持在职员工攻读硕士、博士专业学位;鼓励行业或大企业建立开放式联合培养基地,带动中小企业参与联合培养。

推进培养单位与行业产业共同制订培养方案、共同开设实践课程、共同编写精品教材。鼓励有条件的行业产业制定专业技术能力标准,推进课程设置与专业技术能力考核的有机衔接;实施"国家产教融合研究生联合培养

---

① 殷翔文:《高校协同创新的角色定位与价值追求》,《中国高校科技》2012年第7期。

基地"建设计划,重点依托产教融合型企业和产教融合型城市,大力开展研究生联合培养基地建设。鼓励行业产业、培养单位探索建立产教融合育人联盟,制定标准,交流经验,分享资源;支持培养单位联合行业产业探索实施"专业学位＋能力拓展"育人模式,使专业学位研究生在获得学历学位的同时,取得相关行业产业从业资质或实践经验,提升职业胜任能力。

为了牢牢把握习近平法治思想关于创新法治人才培养机制的要求,从源头上提高法治人才质量,高等院校要建立法学院校与法治部门协同育人机制,深入总结我国法治建设的实践经验,努力将规律性认识上升为中国特色社会主义法治理论,加快构建以我为主、兼收并蓄、突出特色的法学学科体系和法学教材体系。坚持把法学理论和法治实践教学紧密结合起来,推动法学院校普遍开设职业伦理、司法实务课程,建立以法律职业需求为导向的教育培养模式。深入实施卓越法治人才教育培养计划 2.0,建立理论导师和实务导师共同指导的"双导师"制,努力提高应用型法治人才培养质量。将法治实务部门的优质教学、研究资源引入法学院校和法学研究机构,支持法学院校与法治实务部门共建法学院系,切实解决法学理论与实践脱节的问题。深入实施法学院校与实务部门人员互聘计划,推动骨干教师到实务部门挂职研修、实践锻炼制度化、规范化。涉外律师研究生的协同培养,不单单是培养学生成才,成为国家真正需要的涉外法律服务人才,而且也有助于教师素养的保持和提高,对当下我们国家高等院校教师实践素养不足是一个非常好的补充。

第二节　涉外律师研究生协同培养的必要性

一、作为培养机构的高等院校的现状

从当前的培养机构来看,这些高等院校地处各省份,有各自地域上、人才上、事务上的优势,但也存在显而易见的缺陷和不足,在培养研究生的能力和水平上,有着一定的差异和区别。为了能尽快培养出国家所急需的涉外律师人才,作为指定培养机构的各高等院校应该实现协同培养,其可充分发挥各个地方、不同院校的优势,做到扬长避短,以最大的收获、做好的

效果，甚至最快的速度，培养出符合当下中国涉外事务所需的法律服务人才。

中国人民大学法学院是这方面的一个典范。《中国人民大学法学院法律硕士(涉外律师)项目简介》显示，该院通过搭建未来法治研究院、国际商事争端预防和解决研究院等校内育人平台，与最高检察院等成立智慧检务创新研究院，与国家市场监督管理总局等成立食品安全治理协同创新中心，与最高法院等共建 48 个法学实践教育基地，搭建协同育人校外平台。2020年获科技部、教育部批准设立"未来法治创新引智基地"，是全国唯一法律科技领域国家外专局引智基地项目，引入日内瓦大学、慕尼黑大学等国际知名专家 10 人，进一步建设跨文化、跨学科、跨法域的人才培养平台。中国人民大学法学院依托校内教研平台(国际商事争端预防和解决研究院、人权研究与教育中心等教研机构)、实务平台(中国贸促会、贸仲委等涉外法律实务部门)、国际型人才培养平台(包括涉外卓越法律人才教育培养基地，50 多个学生交流项目、国际模拟法庭竞赛、国家留学基金管理委员会支持的"中欧欧洲法"项目等国际交换平台，联合国总部、欧洲人权法院、海外律所等海外实习平台)，打造涉外法治课程体系，开展涉外法治人才培养。专门设立国际商事争端预防和解决、商业与人权、亚太法律精英人才、国际型比较法律人才 4 个涉外法治硕士项目，精准培养具有国际视野与全球观念的卓越法律人才。此外，2012 年起以律师服务市场需求为导向，依托律师学院为涉外律师方向人才培养提供宝贵经验。①

二、涉外律师人才需求的迫切性

据司法部官网消息，2019 年，国内 4 家律师事务所在境外新增设立了 4个分支机构。北京金杜律师事务所已在欧洲设立 6 家分支机构，通过招募当地合伙人及其律师团队和辅助人员的方式直接为中国客户的投资并购及其他业务活动提供全方位和一体化的法律支持；江苏省司法厅会同省商务厅等单位在俄罗斯、柬埔寨、阿联酋等国建立了 7 个海外法律服务中心，初

---

① 《中国人民大学法学院法律硕士涉外律师项目简介》，http：//www. law. ruc. edu. cn/home/t/？id＝57554，最后访问日期：2021 年 11 月 6 日。

步形成覆盖"一带一路"倡议主要区域的海外法律服务站点布局；一些律师事务所在为企业提供法务支持的同时提供税务咨询，为海外的中国企业和公民提供一站式、综合性的保障服务。

截至 2018 年底，中国律师事务所在境外设立分支机构共 122 家，其中：在美国 24 家，占 19.67%；在欧洲国家 17 家，占 13.93%；在亚洲国家和地区 53 家，占 43.44%；在其他国家和地区 28 家，占 22.95%。2018 年，中国律师事务所在境外分支机构共办理各类法律事务 3.2 万多件。有来自 23 个国家和地区的 250 家律师事务所在中国设立，其中外国律师事务所驻华代表机构 230 家，香港律师事务所驻内地代表机构 62 家，台湾律师事务所驻大陆代表机构 10 家，有 11 家港澳律师事务所与内地律师事务所建立了合伙型联营律师事务所，有 5 家在上海自贸区设立代表处的外国律师事务所与中国律师事务所实行联营。

我国涉外律师的业务领域正在不断拓展，积极参与反倾销、反补贴调查、涉外知识产权争议、境外投融资等法律事务，努力为我国企业走出去、服务"一带一路"倡议、自贸区建设提供法律服务。北京市将律师纳入涉外突发事件应急处置机制，组建了由 92 名律师组成的涉外法律服务北京队，编印"一带一路"沿线国家中国企业海外投资法律环境分析和法律风险评估报告，为中国企业融入全球经济、海外投资提供重要参考；进行前期预警和评估，服务企业港股 IPO、美股 IPO 项目。广东省围绕"一带一路"、大湾区和示范区"双区"建设，专门制订涉外法律服务工作方案，为国家重大发展战略提供优质、高效、全方位的法律保障和服务；积极推动与商务、国资等部门工作协调，组织律师进驻企业"走出去"服务平台，积极发挥全省涉外律师在重大涉外经贸活动中的作用。

在案件数量上，据统计，2018 年我国涉外律师共办理涉外法律事务 12.7 万件，其中：跨境投资并购类近 1.5 万件，占 11.76%；知识产权类 7.4 万多件，占 58.56%；"两反一保"类 800 多件，占 0.6%；在境外参与诉讼、仲裁 3 400 多件，占 2.7%；其他 3.3 万件，占 26.33%。从涉外法律服务客户类型看，中国国有企业 1 600 多家，占 6.82%；中国民营企业 6 900 多家，占 28.68%；其他类型企业 1.5 万多家，占 64.51%。国际贸易纠纷多元化解决机制、法律援助和公共法律服务体系建设、法律实践与人工智能等越来越多的热门议题成为我国涉外律师和外国同行深入交流合作的内容。① 虽然上述消息显示我国涉外律师近年来的成绩不错，但对于一个 GDP 位居世界第二的经济大国而言，这些成绩可能还是远远不够的。据司法部有关数据统计显示，在目前 30 万中国律师当中，真正能够熟练地做国际法律服务业务的，全国大约只有 3 000 人，仅占整个律师队伍的 1％。

当今世界正经历百年未有之大变局，全球治理格局正在发生深刻调整，国际环境日趋复杂，不稳定性、不确定性明显增加。随着我国日益走近世界舞台中央，更加深度参与全球治理，我国企业和公民"走出去"步伐不断加快，我国急需加快涉外法治工作战略布局，推进涉外法律服务业发展，培养一大批通晓国际法律规则、善于处理涉外法律事务的涉外律师人才，更好维护我国国家主权、安全、发展利益，维护我国企业和公民海外合法权益，保障和服务高水平对外开放。

教育部、司法部《关于实施法律硕士专业学位（涉外律师）研究生培养项目的通知》明确指出，决定选取部分高校实施法律硕士专业学位（涉外律师）研究生培养项目，就是为深入贯彻落实习近平总书记关于加强涉外法治专业人才培养的重要指示精神，落实中央关于发展涉外法律服务业的决策部署，加强高层次紧缺人才培养。

三、培养机构的公立性

按照教育部、司法部文件承担涉外律师研究生培养职责的单位都是公立的高等院校，其公立性，决定了培养过程的社会主义特色，体现社会主义的优越性，集中力量、高效、优质地办成和办好大事。这一优越性也为涉外律师研究生培养这一共同目标，集中力量或者进行利益协调等变得便捷而有效，也为涉外律师研究生的协同培养及其实现变得更为可行和有效。

四、培养教育实施手段的多元化、信息化

传统的学校教育包括高等院校，主要通过教师的课堂教学来实现，而当

---

① "去年办理涉外法律事务近 12.7 万件　我国涉外律师架起国际交流合作桥梁"，http：// www. moj. gov. cn/pub/sfbgw/jgsz/jgszjgtj/jgtjlsgzj/lsgzjtjxw/201911/t20191122＿132318. html，最后访问日期：2021 年 10 月 2 日。

今随着高科技的发展,学校教学除了传统的教学方法外,网络远程教学、讲座教学、实践教学等蓬勃兴起,知识与技能的讲授与传授,在方法和形式上呈现多元化。

培养和教育实施手段的多元化、信息化,为学校尤其是高等院校在人才培养上实行教育资源共享、多方面的协同培养提供了便捷性。例如,交通发达,各地教师来往可以朝发夕至,学生们可经常聆听名师讲课、近距离接触;网络教学、远程教学等,使学生在自己家里就可以选择学科名师的课程,领略大师魅力;大学城、高校联盟等的出现,能实施跨学校选修课、互认学分、教师互聘、图书资料共享等措施;等等。

2011年《教育部关于国家精品开放课程建设的实施意见》指出,国家精品开放课程包括精品视频公开课与精品资源共享课,是以普及共享优质课程资源为目的、体现现代教育思想和教育教学规律、展示教师先进教学理念和方法、服务学习者自主学习、通过网络传播的开放课程。精品视频公开课是以高校学生为服务主体,同时面向社会公众免费开放的科学、文化素质教育网络视频课程与学术讲座。精品视频公开课着力推动高等教育开放,弘扬社会主义核心价值体系,弘扬主流文化、宣传科学理论,广泛传播人类文明优秀成果和现代科学技术前沿知识,提升高校学生及社会大众的科学文化素养,服务社会主义先进文化建设,增强我国文化软实力和中华文化国际影响力。精品视频公开课建设以高等学校为主体,以名师名课为基础,以选题、内容、效果及社会认可度为课程遴选依据,通过教师的学术水平、教学个性和人格魅力,着力体现课程的思想性、科学性、生动性和新颖性。精品资源共享课是以高校教师和学生为服务主体,同时面向社会学习者的基础课和专业课等各类网络共享课程。精品资源共享课旨在推动高等学校优质课程教学资源共建共享,着力促进教育教学观念转变、教学内容更新和教学方法改革,提高人才培养质量,服务学习型社会建设。精品资源共享课建设以课程资源系统、完整为基本要求,以基本覆盖各专业的核心课程为目标,通过共享系统向高校师生和社会学习者提供优质教育资源服务,促进现代信息技术在教学中的应用,实现优质课程教学资源共享。①

---

① 《教育部关于国家精品开放课程建设的实施意见》,http://www.moe.gov.cn/srcsite/A08/s5664/moe_1623/s3843/201110/t20111012_126346.html,最后访问日期:2021年10月3日。

五、社会经济条件的丰裕化与资源短缺并存的现实

自改革开放以来，我国政治、经济、社会、文化等各方面都有深刻的变化与发展，GDP跃升世界第二大经济体，而且在交通、信息化等也处于世界先进水平，人们的生活进入小康时代。

资源问题是人类社会面临的永恒问题。人类社会的任何活动都离不开一定的资源，随着人类社会生产力的不断提高，资源消耗也越来越多。如何提高资源的利用效率，使有限的资源发挥尽可能高的效用，是人类一直为之努力的重要问题。资源共享就是解决资源稀缺的一个非常有效的方法。在资源配置过程中可以实现共享，在共享过程中也包含着配置。配置侧重于资源在不同主体、不同时空上的分配、划拨，强调资源的分配过程；而共享则侧重于资源在不同主体、不同时空的使用、共用，强调资源的使用过程。共享对于如何盘活现有资源、提高资源利用效率具有不容忽视的作用。① 在我国当下依然存在教育投入不足、高校之间差距明显、教育资源配置与分布不均衡、教育资源浪费与利用率不高等现象，为解决这些问题，资源共享是一个必然的选择。

涉外律师研究生培养项目是为解决国家和社会对涉外律师人才紧缺问题而出台的新培养项目。承担培养职责的高等院校，作为国家公立院校，理应盘活国家配置且各自拥有的教育资源，充分发挥这些有限资源的效用。高校教育资源主要是指的用于教育教学包括人力、物力、财力等软硬件在内的所有资源。事实上，我国在一些高校已经着手实施资源共享。2009年10月，由北京大学、清华大学等9所首批"985工程"建设高校组成我国首个名校联盟——"九校联盟"（C9），9所高校之间在许多方面将开展合作共享。

六、国家法律政策的要求

关于高等教育资源的共享，新中国成立之初就已存在，例如在软硬件设

---

① 岳建军：《高等学校教育资源共享的理论与实证研究》，中国社会科学出版社2018年版，第2页。

备资源方面的"互通有无"、师资培训方面的"双方兼职"、科研方面"商请""委托"等。① 随着国家改革开放、经济社会文化各方面的发展变化,高等学校的教育资源共享不断深化,相关文件对实验室、仪器设备、图书馆等资源以及课程、教师资源等在高校间的共享做了规定。教育部1999年《关于新时期加强高等学校教师队伍建设的意见》要求:进一步加强高校与产业部门和科研机构的联系与合作,聘请高水平专家兼职任教,组织联合攻关,同时积极鼓励高校教师主持校外重点项目、重点实验室工作。高等学校依法实施用人自主权。按照相对稳定、合理流动、专兼结合、资源共享的原则,探索和建立相对稳定的骨干层和出入有序的流动层相结合的教师队伍管理模式和教师资源配置与开发的有效机制。通过加强协作、联合办学、研究生兼任助教、青年教师兼做班主任和学生政治辅导员、互聘教师、聘任兼职教师、返聘高级专家等多种途径,拓宽教师来源渠道,促进教师资源的合理配置和有效利用。利用产业结构调整的契机,积极采取措施,面向企业和科研机构招聘优秀人才担任专职或兼职教师。目前,有条件的高校的兼职教师一般占教师总数的1/4以上。②

2013年,教育部、国家发展改革委、财政部《关于深化研究生教育改革的意见》要求相关培养单位扩大对外开放,实施合作共赢的发展战略;面向特定职业领域,培养适应专业岗位的综合素质,形成产学结合的培养模式;引导和鼓励行业企业全方位参与人才培养,充分发挥行业和专业组织在培养标准制定、教学改革等方面的指导作用,建立培养单位与行业企业相结合的专业化教师团队和联合培养基地,加强实践基地建设,强化专业学位研究生的实践能力和创业能力培养;大力推动专业学位与职业资格的有机衔接。该意见还要求深化开放合作,推进校所、校企合作,进一步加强高等学校与科研院所和行业企业的战略合作,支持校所、校企联合建设拔尖创新人才培养平台,完善校所、校企协同创新和联合培养机制;紧密结合国家重大科研任务,通过跨学科、跨院校、产学研联合培养等多种途径,培养和造就科技创

---

① 岳建军:《高等学校教育资源共享的理论与实证研究》,中国社会科学出版社2018年版,第95页。

② 《关于新时期加强高等学校教师队伍建设的意见》,http://www.gov.cn/gongbao/content/2000/content_60597.htm,最后访问日期:2021年10月3日。

新和工程技术领域领军人才；增强对外开放的主动性，服务国家对外开放战略，加快建设有利于国际互认的学位资历框架体系，继续推动双边和多边学位互认工作，加强与周边国家、区域的研究生教育合作，支持有条件的学校建设海外教学实践基地，营造国际化培养环境，加强国际化师资队伍建设，吸引国外优秀人才来华指导研究生；推动中外合作办学，支持与境外高水平大学合作开展"双学位""联合学位"项目，合作开发研究生课程，提高管理与服务的国际化水平，形成中外研究生共学互融、跨文化交流的校园环境。

2011 年、2012 年教育部发布《关于精品开放课程建设的实施意见》《精品资源共享课建设工作实施办法》，对国家精品开放课程的建设和运行机制，以及高等学校采取校际联合、学校与社会联合，建设精品资源共享课，实现课程共享等作出规定。

教育部、中央政法委 2011 年和 2018 年先后联合组织实施了卓越法律人才教育培养计划，指导高等院校的法学院不断强化高校和实务部门的合作，要求各个培养院校构建协同育人机制，加大建设法律实务课程、案例教学和聘请实务专家参与人才培养过程。

2011 年，教育部、中央政法委员会《关于实施卓越法律人才教育培养计划的若干意见》明确要求创新卓越法律人才培养机制，探索"高校—实务部门联合培养"机制。加强高校与实务部门的合作，共同制订培养目标、共同设计课程体系、共同开发优质教材、共同组织教学团队、共同建设实践基地，探索形成常态化、规范化的卓越法律人才培养机制；探索"国内—海外合作培养"机制。加强国内法学院校与海外高水平法学院校的交流与合作，积极推进双方的教师互派、学生互换、学分互认和学位互授联授，积极利用海外优质法学教育资源，探索形成灵活多样、优势互补的卓越法律人才培养机制。

2017 年，教育部办公厅《关于坚持正确导向促进高校高层次人才合理有序流动的通知》指出，鼓励高校建立协商沟通机制，探索建立人才成果合理共享机制，探索人才流动中对前期培养投入的补偿机制，努力形成高校人才各方共赢的良好局面。

第三节　涉外律师研究生协同培养的种类

一、不同院校之间的协同培养

（一）国内院校之内和国内院校之间的协同培养

国内院校之内的协同培养，例如中南财经政法大学法律硕士中心在《法律硕士专业学位（涉外律师）培养项目2021年遴选通知》中明确其培养方案的一个特色：与本校国际教育学院合作，打通涉外律师方向研究生与法学留学生的部分培养通道，对部分相同课程合班授课，让中外学生有更多的"混合上课"时间，以更好地促进涉外律师方向学生对国外文化的了解和语言交流能力的提升。

不同院校之间的协同培养，主要是指的国内分属于不同地域、不同类型的院校之间的协同培养。比如国内中国人民大学法学院，除了与校内的新闻学院、经济学院、国际关系学院、外国语学院开展协同培养外，还与北京外国语大学等开展合作，突出特色课程，开设国际新闻、国际经济、国际政治、法律翻译等跨学科课程，建立健全"法律＋外语＋N"涉外律师方向课程体系。①

（二）国际院校之间的协同培养

1. 国际院校的选择

2020年，《对外经济与贸易大学国内外联合培养研究生管理办法》②规定：联培生的国外合作方应具有明显的学科优势或良好的科研条件，双方应有共同或相近的研究方向和合作研究的基础，且外方院校在该研究领域处于国际先进水平。重点支持研究生通过国内外导师间已有的科研合作项目赴国外学习研究。

---

① 《中国人民大学法学院法律硕士涉外律师项目简介》，http：//www. law. ruc. edu. cn/home/t/? id＝57554，最后访问日期：2021 年 9 月 6 日。

② 《国内外联合培养研究生项目管理办法（2020 年修订版）》，http：//yjsy. uibe. edu. cn/cms/infoSingleArticle. do? articleId＝6009&columnId＝2297，最后访问日期：2021 年 8 月 20 日。

2. 国际院校协同培养的途径

2020 年,《对外经济与贸易大学国内外联合培养研究生管理办法》规定:联培生可通过导师或个人自行联系国外留学单位派出,亦可利用学院或国际合作交流处与国外教育机构合作协议或交流访问项目派出。

3. 国际院校协同培养的时间

2020 年,《对外经济与贸易大学国内外联合培养研究生管理办法》规定:联培生在国外的学习期限,一般为半年至一年,不少于 3 个月。确定被资助的研究生须按国外合作单位邀请函中要求的时间派出,并按合作计划进行学习和研究,未经允许不得中途改变计划;逾期无故未派出者,即视为自动放弃联合培养资格。

二、高等院校与社会组织、司法机构的协同培养

《对外经济与贸易大学关于法律(法学)涉外律师研究生的培养方案》中,明确其培养目标:"为国家和法律职业部门、公司企业等培养坚持马克思主义法学思想、中国特色社会主义法治理论特别是习近平涉外法治思想,掌握涉外法治领域坚实的基础理论和宽广的专业知识,具有较强的解决涉外法治实际问题的能力,能够承担涉外法治专业工作,具有良好职业素养的高层次涉外法治人才。"[①]故高等院校在培养涉外律师方向的研究生时,不能离开与司法机构的协同培养。

三、高等院校与企业之间的协同培养

教育部 国家发展改革委 财政部《关于深化研究生教育改革的意见》[②]明确表示,鼓励培养单位加大校企合作力度,按照"优势互补、资源共享、互利共赢、协同创新"的原则,选择具备一定条件的行(企)业开展联合招生和联合培养,构建人才培养、科学研究、社会服务等多元一体的合作培养模式,

---

① 《法律(法学)(涉外律师方向)专业学位硕士培养方案》,http://202.204.172.201/graduate/portaltrainingschema/schemaDetail.do?schemaId=160620&templetId=160298,最后访问日期:2021 年 8 月 20 日。
② 教育部、国家发展改革委、财政部:《关于深化研究生教育改革的意见》,http://www.cdgdc.edu.cn/xwyyjsjyxx/shggtq/gtgz/wjfb/278581.shtml,最后访问日期:2021 年 10 月 3 日。

提高专业学位研究生培养质量。

近年来,随着高等教育日益普及化、大众化,各高校普遍实行接轨社会和市场需求的教育政策,推行校企合作,进行学校与企业的协同培养,尤其在专业学位教育领域。校企合作就是通过实施学校和企业合作,对学生进行协同培养,在人才培养的过程中既培养一定的理论和学术能力,提高理论和学术水平,也要传授实践技术,让学生在学校阶段以各种形式参与实践,形成一定的实践能力,是所谓"专业能力+能力拓展"的育人模式。学校和企业协同培养学生成才,旨在让学生在毕业后能够学以致用,而企业也能够找到其所需要的人才。避免出现高校培养的所谓人才无所适从,而企业又很难招到其合适的人才的尴尬与错位局面。

中南财经政法大学法律硕士中心在《法律硕士专业学位(涉外律师)培养项目2021年遴选通知》中告之其与律师事务所等进行协同培养即实行"高校+涉外律所"联合培养,与武汉部分知名律师事务所签订联合培养协议,共同培养涉外律师硕士学位人才。培养单位为涉外律师项目提供实务导师人选,参与承担部分案例课程讲授、指导各种国际模拟法庭辩论赛、参与学生的论文选题与写作指导,为学生提供实习场所,为学生就业提供指导和推荐。本项目为学生提供"国内律所+国外直营律所"的联合实习。学校在学生"境内+境外"实习方面起到辅助和保障作用:一是补充部分海外实习单位,不断拓宽学生海外实习的渠道;二是设立专门的资金项目,资助部分优秀学生前往海外实习单位实习,以更好地提高涉外语言能力与实务能力。①

社会现代化的关键是人的现代化,企业之间的竞争一定程度上首先是人才的竞争,不同的人才发展战略定位,对校企合作的具体方式以及参与程度具有不同的影响。一般看来,企业的人力资本主要来自三个方面:一是自有人才,这部分人才随着企业的发展需要会不断提升;二是来自招聘的大学毕业生,多数需要有针对性的岗位及其技能的培养和培训,以实现从学校到企业的转换,逐步适应工作状态;三是市场上挖掘成品人才,可以直接上

---

① 《中南财经政法大学法律硕士教育中心法律硕士专业学位(涉外律师)培养项目2021年遴选通知》,http://fszx.zuel.edu.cn/2021/0611/c4858a273267/page.htm,最后访问日期:2021年10月11日。

手的熟练人才。对于前两种人才,企业都会有一定的人才培养和进修的需求,这为校企合作留下较大的空间。

第四节　涉外律师研究生协同培养的实现保障

涉外律师研究生的协同培养,从某种角度看是一项涉及多方主体的系统工程,不仅需要多方主体的积极参与,而且也需要有一个权威性的协调机构促进协同培养,而这背后更需要一个合理的体制和机制,让参与协同培养的各个主体有动力、有参与的积极性和主动性。

一、建立共享资源平台,集中各个培养机构的优势资源

信息化时代的数据化、信息化促成了社会诸多领域的资源共享。商业领域、社交领域的资源共享平台运作历时已久,涉及范围广、人数多,已然成为国家经济发展和人们社会生活不可或缺的工具。包括高等教育在内的教育领域,建立资源共享平台,实现资源共享不仅是可能的,而且是可行的和必需的。

国内的共享资源,在各层次的教育领域已经初步实现。尤其是 2020 年新冠疫情暴发以来,互联网上办公、网上教学等进一步促成资源共享,促成了既有的资源共享平台的建设和完善。

国际的共享资源,我国政府有关部门逐步批准一些高等院校与国外院校的合作办学项目,以加强国际交流,进而共享学习资源。教育部《关于批准 2020 年下半年中外合作办学项目的通知》,一次性批准 51 个本科以上中外合作办学项目,明确要求,有关厅(委)要加强管理,指导中外合作办学者坚持正确办学方向,依法依规办学,切实引进外方优质教育资源,落实立德树人根本任务,推动高等教育综合改革取得实效。在未来的发展过程中,国际领域教育资源的共享将变得更加容易,范围更加广泛。

二、国家和地方政府、教育行政主管部门的协调、支持

涉外律师研究生的协同培养过程,也是不同培养单位的合作培养过程。

不同的单位,其属于不同的利益主体,就存在不同的利益诉求,为了能实现协同,实现共同的和各自的目标,必然需要一个利益协调主体。在我国当前的体制下,这一协调主体非政府及其教育行政管理部门莫属。这是其一。其二,政府也是实现教育资源共享的政策制定者,涉外律师的协同培养既需要其提供政策上的协调、支持,促成协同培养实施过程的规范化、制度化;也需要其管理上的协调、支持,利用政府和教育行政管理部门作为管理者促进不同培养院校协同培养的实现;同时还需要其经济上的协调、支持,毕竟经济是基础,没有资金的支持,不同主体的协同培养将寸步难行。2013 年,《教育部、国家发展改革委、财政部关于深化研究生教育改革的意见》要求相关培养单位"完善投入机制。健全以政府投入为主、受教育者合理分担培养成本、培养单位多渠道筹集经费的研究生教育投入机制。培养单位要按国家有关规定加大纵向科研经费和基本科研业务费支持研究生培养的力度,统筹财政投入、科研经费、学费收入、社会捐助等各种资源,确保对研究生教学、科研和资助的投入。"

来自政府的平台建设费用、师资流动费用、资源使用费用等毫无疑问是实现涉外律师研究生多单位协同培养的物质基础。这一物质基础不仅是必需的,而且还需要实现财政支持实现制度化、常规化、可持续性。教育部每年度颁发的《全国硕士研究生招生工作管理规定》明确指出:"国家对所有纳入招生计划的全日制硕士研究生均安排生均拨款,所有纳入招生计划的硕士研究生都要缴纳学费。"这一规定为莘莘学子的求学之路增加了成本,为了实现教育平等,让更多的优秀学子能够拥有求学机会,学生助学金、奖学金变得重要起来。

2013 年,教育部、国家发展改革委、财政部《关于深化研究生教育改革的意见》要求相关培养单位"完善奖助政策体系。建立长效、多元的研究生奖助政策体系。强化国家奖学金、学业奖学金和国家助学金等对研究生的激励作用。健全研究生助教、助研和助管制度。提高研究生国家助学贷款年度最高限额,确保符合条件的研究生应贷尽贷。加大对基础学科、国家急需学科研究生的奖励和资助力度。奖助政策应在培养单位的招生简章中予以公开。"

《关于完善研究生教育投入机制的意见》提出,自 2014 年秋季学期起,全面实行研究生教育收费。同时，将现有的研究生普通奖学金调整为研究生国家助学金，范围覆盖全国研究生招生计划内的所有全日制研究生。另设研究生学业奖学金。政策实施后，研究生所获资助总体上超过其应缴纳的学费。

教育部每年度颁发的《全国硕士研究生招生工作管理规定》明确指出："国家和招生单位通过设立奖学金、助学金、助学贷款、三助岗位、绿色通道等制度，建立多元奖助体系，支持硕士研究生完成学业，提高硕士研究生待遇水平。"中国人民大学法学院在其《法律硕士（涉外律师）项目简介》中提道：学校通过设立奖学金、助学金、三助岗位等制度，建立多元奖助体系，支持硕士研究生完成学业，提高硕士研究生待遇水平。中国人民大学法学院为全日制学生提供了丰富的奖学金和助学金（其中学业奖学金能基本覆盖涉外律师项目学生）。

三、实现培养院校之间的合作与双赢

2013 年，《教育部、国家发展改革委、财政部关于深化研究生教育改革的意见》要求相关培养单位"建立优质资源共享机制，国家各类重大项目投资的仪器设备与平台，应向研究生开放"。

一方面，培养院校之间的合作是协同培养的实现基础，也是协同培养的主要内容；另一方面，在现行教育管理部门对高等教育院校的评价和考核体制下，不同院校之间不可避免地存在竞争关系，不仅在学生生源方面的竞争，也表现于培养质量方面的竞争，以及教师方面的竞争。这种竞争，能够促进学校的进步，但是对于协同培养而言，无疑是不利的。所以，在未来的高等教育改革中，如何处理好不同院校之间的竞争与合作关系，实现教育与教学资源的共享，使培养院校在协同培养过程中实现双赢，是一个摆在教育部门和教育家们面前必须考虑的现实问题。

四、导师与学生参与协同培养

导师参与协同培养既是必要的，也是必需的；既是自身素质提升的一个很好的途径，也是作为培养院校具体实施者的责任和义务，导师有义务和责任为学生的素质培养、为国家急需人才的培养提供条件，做出自己的贡献。

学生参与协同培养是完成培养任务、获得学历和学位的必要条件。对外经济与贸易大学 2020 年《对外经济贸易大学国内外联合培养研究生管理办法》规定：联培生的国外合作方应具有明显的学科优势或良好的科研条件，双方应有共同或相近的研究方向和合作研究的基础，且外方院校在该研究领域处于国际先进水平；重点支持研究生通过国内外导师间已有的科研合作项目赴国外学习研究。联培生可通过导师或个人自行联系国外留学单位派出，亦可利用学院或国际合作交流处与国外教育机构的合作协议或交流访问项目派出。其第 17 条还规定：联培生在结束国外学习和研究工作后，应对国外期间的学习、研究工作进行总结，并提交以下材料：① 公开发表的学术论文（博士研究生需在 CSSCI 来源期刊上发表论文 1 篇，硕士研究生需在公开发行且有统一刊号的期刊上发表论文 1 篇）；② 学习总结；③ 外方合作单位或导师关于联培生的研究成果、学术水平、工作能力的书面评语。

五、涉外律师研究生教育与教学过程的信息化

众所周知，信息化不仅仅是社会发展的必然趋势，而且已然成为当前世界各个国家和社会的现实。基于现实世界的高科技化、信息化，我国党和政府提出，治理体系和治理能力的现代化是国家的基本要求。对于教育领域而言，也需要实现信息化建设，信息化是教育部门和教育行业治理体系和治理能力现代化的必要组成部分。

教育领域同样需要促进应用服务创新发展。相关部门的主要任务是推动国家管理平台的开放，鼓励地方教育行政部门和学校与国家管理平台进行对接，开发特色应用服务。促进教学与管理平台的深度融合，根据业务流和数据流推动信息系统的业务协同，全面支撑教育教学、管理服务等环节，推动资源公共服务平台和管理公共服务平台的互通、衔接与开放，建设"互联网＋教育"大平台，建立"政府引导、社会参与、用户选用"的应用服务供给机制，引导高校、企业、社会组织等提供服务，培育多元参与的应用生态。

相关部门和单位还需要提高教育数据管理水平，加强教育数据规范管理。通过完善教育数据管理制度，建立数据标准体系，规范数据采集、存储传输、使用处理、开放共享等全生命周期的数据活动。基于数据应用和共享

建立数据资源目录的动态更新机制，全面掌握教育数据使用情况。开展数据分类分级工作，形成数据溯源图谱，明确各类数据的数据源。按照"一数一源"的原则，根据实现处理目的最小范围，规范数据收集使用范围，优先通过共享获取数据，避免重复采集。

同时，坚持以共享为原则、不共享为例外，推动教育数据共享。建立数据共享审核制度，明确各类数据共享属性和范围，规范数据共享工作流程。探索建立数据共享责任清单制度，简化数据共享流程，促进数据有序流动。建设教育数据共享开放平台，加强数据共享的集中管理，实现数据动态汇聚和实时更新，重点推动不同教育阶段学籍数据的互联互通。积极推进跨部门数据共享，稳步推进教育数据向社会开放，促进数据的开发利用，支撑教育决策和管理。

强化教育数据质量保障也是必要的、保障性的工作任务。建立数据质量评估制度，保障数据的真实性、准确性、合规性、一致性。加强与国家法人单位基础信息库、国家人口基础信息库等权威数据源的对接，定期开展数据比对校核工作。探索基于学校日常教育教学和行政管理的数据伴随式采集，按职责权限推动国家管理平台的数据共享，与教育行政部门和学校建立定期比对的数据纠错机制，鼓励在应用中提高数据质量。推动教育统计数据和业务数据的协同联动，落实保障统计数据准确性的法定义务，巩固统计数据的权威地位。

第十二章

涉外律师研究生培养的
人力基础：双导师制

长期从事教育及其管理工作，并具有丰富教育经验的英国教育专家托尼·布什在对学校组织目标进行研究时指出，只有人才追求目标，而不是学校或其他组织。教师，尤其是校长，在学校里坚持和追求的是他们自己的目标，而其中与教学过程相联系的并不多，……组织目标只不过是学校里有影响的人的个人目标。① 教师是教育工作的主导，教育管理者是"舵手"，掌控着教育的目标和方向，但具体的教育工作的落实、目标的实现依靠的乃是处于教育第一线的教师。

习近平总书记在不同的场合多次强调，研究生教育在培养创新人才、提高创新能力、服务经济社会发展、推进国家治理体系和治理能力现代化方面具有非常重要的作用。② 而研究生教育中教师的作用和地位某种意义上讲具有决定性，其中作为研究生教育第一责任人的导师尤为关键，起着不容忽视的作用。

---

① 王秀丽：《"定制式"人才培养的实践逻辑：以 H 大学的试点班为例》，社会科学文献出版社 2020 年版，第 235 页。
② "习近平对研究生教育工作作出重要指示　强调：适应党和国家事业发展需要　培养造就大批德才兼备的高层次人才"，https：//jhsjk. people. cn/article/31803059，最后访问日期：2021 年 11 月 5 日。

第一节 什么是双导师制

一、导师制与双导师制的含义

所谓导师，《现代汉语词典》诠释：高等学校或研究机构中指导人学习、进修、写作论文的教师或研究人员。[①] 据此可以理解为，导师相较于任课教师而言，更有针对性。这种针对性不仅是针对事务的一对一，比如研究生的导师，他将对研究生整个培养过程不只是一对一地进行专业指导，而且还包括做人处世的指导，是所谓"立德树人"式的导师。

所谓双导师，是指的专业学位研究生的导师由校内导师和校外导师组成。这是由专业学位的性质和定位决定的。所谓专业学位，就是针对社会特定职业领域的需要，培养具有较强的专业能力和职业素养、能够创造性地从事实际工作的高层次应用型专门人才而设置的一种学位类型。正是专业学位突出的职业型和应用型等特点，以及现行承担专业学位的高等院校的特点，决定了专业学位的导师在校内导师之外，增加了校外导师。

研究生是高层次的专业人才，无论是数量上还是质量上都有一定的要求，对其的培养过程更具针对性和专业性，所以由专职的导师对其进行全程培养和辅导，并对其学业承担一定的责任。研究生与其导师所形成的导学关系是一种特殊的社会人际关系，是建立在实现特定教育目的基础上，彼此通过知识教学、科学研究、思想交流、行为指导、学习生活等直接交流活动而形成的多维度、多性质的关系体系，这一关系中不仅包括"传道授业解惑"式的教书，还包括"以德为先、立德树人"式的育人，[②]而不再是任课教师单纯从课程角度的教书育人。

正是研究生教育的特殊性，决定了这一过程中的导师负责制。高层次

[①] 中国社会科学院语言研究所词典编辑室编：《现代汉语词典》(第七版)，商务印书馆2016年版，第265页。
[②] 许迈进、郑英蓓：《三重反思重构研究生培养中的师生导学关系》，《教育发展研究》2007年第4期。

人才培养的目标,不仅包含专业知识的高水平、高质量,而且包括人文和道德素养的高水准,没有专职导师很难实现这一目标,或者说没有或缺少专职的导师指导和引领,这些专业人才的培养非常容易偏离目标。所以,一直以来高等教育中普遍实行导师制,明确规定研究生导师是研究生培养的第一责任人,由导师肩负着为国家培养高层次创新人才的重要使命。

为进一步加强研究生导师队伍建设,规范指导行为,努力造就有理想信念、有道德情操、有扎实学识、有仁爱之心的新时代优秀导师,出台了《教育部关于全面落实研究生导师立德树人职责的意见》《新时代高校教师职业行为十项准则》。之后,为深入学习贯彻党的十九大精神,全面贯彻落实全国教育大会、全国研究生教育会议精神,加强研究生导师队伍建设,规范研究生导师指导行为,全面落实研究生导师立德树人职责,教育部在前述文件的基础上,又制定了《研究生导师指导行为准则》(简称《准则》)。并且教育部将导师履行准则的情况纳入学位授权点合格评估和"双一流"监测指标体系中,对导师违反准则造成不良影响的高校,将视情核减招生计划、限制申请新增学位授权,情节严重的,将按程序取消相关学科的学位授权。

教育部在《准则》中明确指出:长期以来,广大研究生导师立德修身、严谨治学、潜心育人,为国家发展作出了重大贡献,但个别导师存在指导精力投入不足、质量把关不严、师德失范等问题。制定导师指导行为准则,划定基本底线,是进一步完善导师岗位管理制度,明确导师岗位职责,建设一流研究生导师队伍的重要举措。

二、专业学位的双导师制

专业学位研究生培养的人力基础主要是导师及其导师队伍的建设。2013 年,《教育部 国家发展改革委 财政部关于深化研究生教育改革的意见》①在教师队伍建设方面,要求培养单位应根据不同专业学位类别特点,聘请相关学科领域专家、实践经验丰富的行(企)业专家及国(境)外专家,组建专业化的教学团队;加强教师培训,选派青年教师到企业或相关行业单位

---

① 教育部、国家发展改革委、财政部:《关于深化研究生教育改革的意见》,http://www.cdgdc.edu.cn/xwyyjsjyxx/shggtq/gtgz/wjfb/278581.shtml,最后访问日期:2021 年 10 月 3 日。

兼职、挂职，提高实践教学能力。鼓励培养单位对研究生导师按专业学位和学术学位分类制订评定条件，分类评聘，逐步形成稳定的专业学位研究生导师队伍；大力推广校内外双导师制，以校内导师指导为主，重视发挥校外导师作用。根据不同专业学位类别特点，探索导师组制，组建由相关学科领域专家和行（企）业专家组成的导师团队共同指导研究生；完善教师考核评价体系，突出育人责任，根据专业学位研究生教育特点，科学合理制定考核评价标准；将优秀教学案例、教材编写、行业服务等教学、实践、服务成果纳入专业学位教师考核评价体系。

国务院学位委员会、教育部《专业学位研究生教育发展方案（2020—2025）》要求加强专业学位研究生导师队伍建设，坚持正确育人导向，强化导师育人职责。大力推动地方领导干部、"两院"院士、国企骨干、劳动模范等上讲台，探索建立各级党政机关、科研院所、军队、企事业单位党员领导干部、专家学者等担任校外辅导员制度，提升专业学位研究生思想水平、政治觉悟和道德品质。推动培养单位和行业产业之间的人才交流与共享，各培养单位新聘专业学位研究生导师须有在行业产业锻炼实践半年以上或主持行业产业课题研究、项目研发的经历，在岗专业学位研究生导师每年应有一定时间带队到行业产业开展调研实践。鼓励各地各培养单位设立"行业产业导师"，健全行业产业导师选聘制度，构建专业学位研究生双导师制。涉外律师研究生培养项目作为法律硕士专业学位的一个实践性和具体方向更明确的组成部分，其导师的重要性和关键作用将更为突出。

众所周知，兴趣是人们行为选择乃至获取成功的第一动力。让涉外律师研究生们对其专业方向持续地感兴趣乃至热爱，他们的导师在其中发挥着非常重要的作用。涉外律师研究生，作为成年人，既然选择了该专业方向，首先可以肯定他们是有一定兴趣的。然而，如何让兴趣持续甚至激发更大的兴趣，很大程度上在于他们的导师及其教学、教育过程。是他们的导师（当然也有那些不是导师的其他任课教师）激发了涉外律师研究生持续不断的学习兴趣乃至顺利地完成学业、成为合格的涉外律师人才。

基于涉外律师研究生培养的特点与需求，为了更好地实现培养目标，中南财经政法大学在涉外律师研究生培养中灵活地实现"双导师制"，变通实施了"三导师制"。中南财经政法大学法律硕士教育中心《法律硕士专业学位(涉外律师)培养项目 2021 年遴选通知》①指出：本项目根据学校财经、政法交叉融通办学特色，充分发挥学校"经、法、管"学科师资优势，整合优秀教师资源，选取熟悉涉外问题的经管类与法学类教师和联合培养单位的实务专家，共同组成由校内法学导师领衔、财经类导师和校外实务专家辅助的"三导师制"。学校对"三导师制"给予特殊的政策支持，明确三导师制的责权利，由三方导师协同对学生进行跨学科指导和涉外实务能力培养。

三、双导师制的作用和意义

教育部《研究生导师指导行为准则》是研究生导师指导行为的基本规范。《准则》要求研究生导师：坚持正确思想引领、科学公正参与招生、尽心尽力投入指导、正确履行指导职责、严格遵守学术规范、把关学位论文质量、严格经费使用管理、构建和谐师生关系。当涉外律师研究生的导师们恪守上述行为准则时，其作用和意义就自然而然地凸显出来了。

涉外律师研究生培养的目标要求在提高学生专业知识能力的同时，强调和注重培养学生对现实案件的动手解决能力和法律知识应用能力，以避免毕业时"学用偏离"的尴尬现象，实现与用人单位的无缝衔接。涉外律师研究生虽然是成年人，但一定不是该领域的专家，其无论在理论素养上还是实践能力上，都存在一定的欠缺。对于那些从本科毕业直接升入研究生学习的应届生而言，更是如此，他们对于法律领域、法律职业，差不多只是刚刚入门的水平。如何让他们在研究生阶段提升理论水平、获得相应的法律职业能力，就是专业学位研究生培养的主要任务，作为法律硕士专业方向的涉外律师研究生更是如此。

基于"教书育人"的教育本质，以及国家倡导教育要"立德树人"的目标，涉外律师研究生的教育培养过程中，导师承担着三重角色：人生导师、实践导师和学术导师。千万不能从过去"重学术轻技能"走向另一个极端"重技能轻学术"，导致整个培养过程沦为法律乃至律师职业教育或培训，而非高等教育中的研究生教育，提供给学生的只是就业技能，缺失了高层次教育的

---

① 《中南财经政法大学法律硕士教育中心法律硕士专业学位(涉外律师)培养项目 2021 年遴选通知》，http://fszx.zuel.edu.cn/2021/0611/c4858a273267/page.htm，最后访问日期：2021 年 11 月 1 日。

认知和批判性思考能力，就不再是高层次人才教育。

第二节 导师制度的建立基础

有学者指出，构建师生发展共同体的导学关系，充分发挥统一价值观的引领作用，促进导学之间的平等交流，实现师生之间的教学相长、互利发展共赢结果，可以有效破解当下一些高校存在的"老板雇员型"过于偏重经济利益导向、"撒手放养型"忽视师生共同发展双赢结果、"从属支配型"缺乏彼此平等交流等异化了的导学关系现象。[①] 在导师与研究生之间构建具有统一价值观、能够平等自由沟通、教学相长、互利共赢的发展共同体，固然是理想而美好的，但要实现这一美好的理想，离不开导师立德树人、以学生为本的两大职责，即知识的传承和综合能力的培养。

一、人才教育的过程因材施教

作为学校教育工作者，导师们需要具备教育专业伦理精神，即要求他们相信每一个学生的价值和尊严，力争帮助每个学生实现其潜能，使之成为既能实现个人理想又能对社会有用的人才。而这一目标的实现，很大程度上依赖与学生接触广泛、共同参与整个教育过程的导师。是导师的以身作则和言传身教引导和决定着研究生的培养质量。

2013年，教育部、国家发展改革委、财政部《关于深化研究生教育改革的意见》要求相关培养单位"根据研究生的学术兴趣、知识结构、能力水平，制定个性化的培养计划。发掘研究生创新潜能，鼓励研究生自主提出具有创新价值的研究课题，在导师和团队指导下开展研究，由培养单位提供必要的条件支持。制定配套政策，支持研究生为完成高水平研究适当延长学习时间。加强研究生职业发展教育和就业指导，提高研究生就业创业能力。"

鉴于研究生人数较少，所学知识更为高深和专业，导师制是合适的和通

---

① 胡洪武：《师生发展共同体：破解研究生导学矛盾新路径》，《研究生教育研究》2021年第4期。

行的培养方式。我国的专业学位是近些年来才设立的新的学位类型,其研究生教育较之于学术学位研究生更需要加强个性化培养。

因材施教是我国传统教育思想的核心。当下教育,用相同的标准去衡量所有的学生,用批量化生产的方式、用几乎相同的模子去"制造"人才,这是我国现行教育制度中最大的弊病,从小学、中学到大学,乃至研究生几乎都是如此,这也许就是产生"钱学森之问"的根本原因。如果说是因为基于我国人口多、发展水平不够高,在基础教育阶段,在本、专科阶段,尚没有条件、没办法、不太能够、难以真正实施因材施教的话,那么在研究生教育阶段,却是应该、必须实施因材施教、个性化培养教育,而且具备条件实现。也就是说,在研究生培养过程中,因材施教、个性化培养,"不仅应该是一种理念,而且应该是一种实践;不仅应该是一种倡导,而且应该是一种制度化的育人方式"。① 通过实施个性化培养,切实纠正"同一型号批量生产"的教育模式,使研究生教育阶段所培养的每一位研究生都是特别的、有特色的、有独特优势和专长的,是具有自身独特个性、学术特长和能力,能很好地适应社会的个性化的、多样化的高层次人才。

二、理论知识与实践知识的密切关系

高等教育的任何概念均与知识密切相关,两者关系甚至可以这样描述:除非学生正在与知识发生某种联系,否则这个过程就不能称之为高等教育过程。所谓知识,乃是独立于个人而存在的思想观念与理论集群。在波普尔看来,"客观意义上的知识是与知者无涉的知识,它是无关认识主体的知识";真正的知识应该秉持一种明确的知识形态观念:它们建立在猜想与反驳的方法基础上,由此形成专门的理论,并成为批判性评价的主题;此外,"问题解决的方法"根本不限于科学一途,也包含艺术与人文在内的其他人类认识领域探究的途径。②

人们在认识世界和改造世界的过程中,离不开知识。知识可以是抽象的理性的表现形式,也可以是各种实践经验的总结,因而知识可以被区分为

---

① 朱跃龙等:《研究生应用型人才培养研究》,南京大学出版社 2018 年版,"总序"第 6 页。
② [英]罗纳德·巴尼特:《高等教育理念》,蓝劲松主译,北京大学出版社 2012 年版,第 45 页。

理论知识和实践知识。在某种意义上，人们在自然和社会中的活动都离不开这些来自理论和实践的知识的指导、影响，乃至决定。每一个行业、每一个领域大抵如此。研究生导师作为该领域的专家和先行者，无论是理论方面还是实践方面，都是或应该是研究生的指导者和引领者。

三、理论导师与实践导师二者缺一不可

真正的知识需要通过提出某些新证据而使论点得以完善，但我们注意到，人们往往采取其他多种途径推进认识，例如敏锐的观察、绩效的提升、概念的拓展、更准确的价值判断，抑或更深入的自我认识：所有这些都可以推进人们的认识。[①] 然而后文所述各种途径，依然离不开理论知识和实践知识的传承与学习，甚至这些必须在这些知识的学习过程中才得以形成。

理论知识的传承离不开学校的专业教师。当下，高等院校的专业教师基本上都是学术性博士毕业的、理论素养和水平均非常高的理论性人才。而且在现行的高等院校研究和教育评价机制内，教师们的学术和理论水平持续不断在提高，甚至好多领域达到了世界先进水平。基于高校一直以来对学术的坚持和传承，由高校的专业教师承担理论教学，有着必然性和合理性。

实践导师，也就是在专业领域工作第一线的、被高校按照规范要求聘任的、具有实践经验和培养学生能力的、来自实践基地的实务工作人员。实践导师需要带领研究生真正从事实务工作，既对如何在实务工作中应用理论知识进行演示，也有必要传授实践工作技巧，不仅是让研究生旁观其工作过程，更是要让研究生参与实务工作中，而且是工作成员的身份。这就好像是驾驶学校的学员在学习驾驶汽车的过程中，不仅有驾校老师的现场实际演示，更多地需要学员自己亲身实践操作。对于法律硕士专业研究生，尤其是涉外律师研究生而言，在学校阶段的亲身实质性地参与工作实践，而不是形式参与，如打打下手、整理整理文件资料，这对于其日后的工作具有非常重要的意义。

---

① ［英］罗纳德·巴尼特：《高等教育理念》，蓝劲松主译，北京大学出版社 2012 年版，第47 页。

知识是彼此相联系的。理论知识需要实践知识予以验证,并最终将其运用于社会生活实践,否则,理论知识将变得没有根基、没有意义;而实践知识一方面验证理论,将理论上的发现和成就落到实处,另一方面在实践中也常常发现新问题,为理论研究提出新的课题和方向。因此,理论导师和实践导师需要经常性地沟通和相互学习,不仅仅是为了联合培养研究生,也是自身专业素养的可持续发展之需要。在重学术、轻技能的高等院校传统人才培养模式下,技能隐藏于知识传授的背后,作为知识传授的一种副产品而被教授,是一种连带性的产出。[①] 随着高校人才培养与社会实践需求接轨的新定位,以及培养过程对应用性、实践性的强调,对实践技能的传授教育变得重要起来,并占有一定的比重,实践技能的培养被从知识传授的大树荫下提领出来,凸显了实践技能培养的重要地位。专业实践并不仅仅是一个理论知识的应用问题,而是有其自身根深蒂固的实践原理。所以,专业学位研究生的实践就不能是学校里的教授们提供的一些案例分析,实践能力也不能仅仅依靠参与学校老师们的几节案例分析就能获得的。对实践能力的培养另一条路径是"走出去、请进来"的策略,其作为承担培养职责的高等院校通过"借来的资源"来实现的。借来的资源一方面是借企业的现实场景作为学生的实训实践基地,让学生们"走出去",亲临实践现场;另一方面则是借企业的专家担任技能型教师,以补充学校中"双师型"教师的不足,"请进来"策略,让学生们在课堂上领略和体会实践及其中可能出现的各种问题。

第三节　双导师的分工与协作制度

一、理论导师与实践导师的分工

我国的专业学位教育主要是在传统上进行学术学位教育的高等院校进行的,而这些高等院校普遍以学术见长,或者绝大多数承担专业学位的高等院校一直将研究型大学作为自身的定位,专业学位教育本不是其专长,至少

---

① 王秀丽:《"定制式"人才培养的实践逻辑:以 H 大学的试点班为例》,社会科学文献出版社 2020 年版,第 161 页。

在实践教育、职业教育整个层面上绝大多数的高等院校是不足的。为此，才在专业学位培养教育中实施双导师制，理论方面的教育主要由作为培养责任承担者的高等院校来负责，实践和职业能力方面的培养教育则是由联合培养单位的实践导师来负责。在此意义上，在现行的专业学位培养体制下，这种理论导师和实践导师的分工具有必然性。

至于分工的内容，这里不妨以《中南财经政法大学全日制专业学位研究生培养管理办法》①为例，其第 16 条规定：校内导师主要负责专业学位研究生在校期间思想政治、课程学习、科学研究、专业实践等方面的指导工作，校外导师主要负责专业学位研究生在实习基地或单位的专业实习、实践能力培养等指导工作；第 17 条规定了校外导师制度，要求各学院（中心）、专业学位点应重视、加强校外导师队伍建设，积极吸引专业学位相关单位或生产、管理一线具有高级职称的专家加入到校外导师行列中来。校外导师应实质性地参与专业学位研究生的教学活动特别是实践教学活动。简言之，理论导师的职责分工就是负责涉外律师研究生的理论素养和水平。

理论素养的养成，一种是从理论到理论，在理论学习中掌握传统理论和基本理论，并发现和创造新的理论是一种理论素养形成的路径；从实践到理论，在实践中适用和验证理论，或者在实践中发现新的理论需求，是另一种不可或缺的理论素养形成路径。

前者如导师们在课堂上的理论讲解，研究生们对学术文章和书籍的阅读和学习，这些都是学生们提升理论水平的基本途径。后者就要更多元化一些，例如，学术导师们案例教学是研究生通过案例实践进行理论适用分析，是验证理论、发现理论的综合过程，在这一过程中理论和实践能力都将得到锻炼的一个综合过程；学术导师在完成学术课题项目的过程中，带着学生去实践调研，这些场合中研究生也能直接面对国家和社会的真问题，调研过程也是一个实践过程，调研后的研究报告也是一个理论联系实际的过程。当这些调研报告反馈给国家形成智库或产生影响，就会实现知识增量。这些研究生参与的过程，既能激发涉外律师研究生们的学习兴趣，也同时实现

① 《中南财经政法大学全日制专业学位研究生培养管理办法》，http://fszx.zuel.edu.cn/2018/0717/c4874a196758/page.htm，最后访问日期：2021 年 10 月 22 日。

了理论和实践能力形成和提高的培养目标。

二、理论导师与实践导师的协作

正如社会分工必然伴随合作一样,涉外律师研究生的双导师不仅是分工的,更是协作的。他们需要通过分工和合作共同完成对律师研究生的培养教育。

法律硕士双导师制度的实践证明,双导师的协作在涉外律师研究生的培养过程中具有必要性和可行性。凡是双导师合作越良好,其培养的效果就越好,研究生的培养质量就越高,就越受社会的认可和欢迎。研究生本身的认识和评价,以及毕业后工作单位的认可和评价状况,是衡量双导师联合培养质量的重要指标。

至于双导师协作的内容,从研究生培养的过程来看,实际上是全方位的。从共同制订培养方案始,到毕业论文答辩终,几乎每一个环节都需要双导师的共同参与。中南财经政法大学《中南财经政法大学全日制专业学位研究生培养管理办法》①第 11 条规定:"培养方案的内容包括培养目标、主要研究(实践)方向、学分、课程体系与结构、必修环节、开题报告、学位论文撰写与答辩等。培养方案由全日制专业学位研究生导师组负责制定,经各专业学位研究生培养指导委员会审核通过后,由学院(中心)审查并报研究生院审定、备案后实施。培养方案的论证与制定,必须有相关专业实际工作部门的专家参与。培养方案修订期限为三年。"

中国人民大学法学院,在法律硕士(涉外律师)项目中介绍,先后聘请210 余名优秀法官、检察官、律师等担任校外实务导师,同时引入海外不同国家一流名校学者、高等法院法官、大律师、联合国秘书长候选人等外国专家组成的高水平外籍教师团队,参与涉外法治人才培养工作。本项目实施"双导师制",校内外导师联合参与涉外法治人才培养,包括课程体系建设、论文指导、实习就业指导等。②

---

① 《中南财经政法大学全日制专业学位研究生培养管理办法》,http://fszx. zuel. edu. cn/2018/0717/c4874a196758/page. htm,最后访问日期:2021 年 10 月 22 日。

② 《中国人民大学法学院法律硕士涉外律师项目简介》,http://www. law. ruc. cn/home/t/? id=57554 最后访问日期:2021 年 11 月 6 日。

第四节　双导师的素质保障制度

一、导师素质保障的必要性

1966 年，联合国教科文组织于《关于教师地位的建议书》指出：“教书应被视为一种专门职业：它是一种公众服务的形态，它需要教师的专业知识以及特殊技能，这些都要经过持续的努力与研究，才能获得并维持。此外，它需要从事者对于学童的教育及其福祉，产生一种个人的以及团体的责任感。”这些虽然是针对大学之前教育中的教师而言的，但我们认为其同样适用于高等院校中承担培养职责的教师。大学教师同样需要一定的素质条件，同样需要对其知识、能力、责任感等素质予以维持和保障。

导师作为行动的个体，具有追求利益的特征，作为特殊的专业人群，又具有自身专业价值的理性特征，而且作为涉外律师研究生培养方案的“基层执行者”，导师对培养目标的认知程度，对达成培养目标的技能和知识的掌握、执行的动力等，都决定着其在落实培养方案过程中的行为选择。因此可以说，导师们越是对培养方案有清晰的了解和认同，就越是忠于那个方案而进行教导行动，从而使得培养效果更好地实现目标；当然，这样做也必须能够给严格履行职责的导师们带来更多的利益，不仅包括满足国家和社会涉外律师人才需求的利益，也包括“桃李满天下”的人才培养利益，同时不能缺少的是导师们经济上的利益。得到精神和物质双重利益满足的导师们方可不断地完善自身的行为，以应对不断完善的涉外律师人才培养需求，因此而形成正向循环，即越是执行培养方案所具备的能力和技能，就越能按照培养方案进行指导培养，从而使得结果与目标越加趋近，乃至完全实现。

2011 年，教育部 中央政法委员会《关于实施卓越法律人才教育培养计划的若干意见》明确要求：加强法学师资队伍建设，探索建立高校与法律实务部门人员互聘制度，鼓励支持法律实务部门有较高理论水平和丰富实践经验的专家到高校任教，鼓励支持高校教师到法律实务部门挂职，努力建设一支专兼结合的法学师资队伍；鼓励法学骨干教师到海外学习、研究，提高专业水平和教学能力；积极引进海外高层次人才和教学团队，聘请世界一流法学专家和学者到国内从事教学、科研工作。

《中南财经政法大学全日制专业学位研究生培养管理办法》①第 18 条规定："专业学位研究生导师的具体职责按照《中南财经政法大学硕士研究生导师责任制实施办法》《中南财经政法大学硕士生指导教师遴选办法》和《中南财经政法大学学位点导师组工作职责与导师组长选聘办法》的相关规定执行。"

二、导师素质保障的主要内容

(一) 师德师风一票否决制

教育部 1999 年《关于新时期加强高等学校教师队伍建设的意见》要求强化教师考核制度，完善教师职务聘任制度。要积极探索并制定科学、有效、可行的教师考核办法和指标体系，使教师考核工作制度化、规范化、科学化。教师考核的重点是"师德"和"实绩"。实行师德"一票否决制"，考核结果要作为教师聘任、晋升、奖惩的依据。

《教育部 国家发展改革委 财政部关于深化研究生教育改革的意见》要求培养单位要"提升指导能力，健全以导师为第一责任人的责权机制"。

《教育部关于印发"研究生导师指导行为准则"的通知》要求，各地各校要落实学校党委书记和校长师德建设第一责任人责任、院（系）行政主要负责人和党组织主要负责人直接领导责任；按照《准则》要求，依法依规建立研究生导师指导行为违规责任认定和追究机制，强化监督问责，对确认违反准则的相关责任人和责任单位，要按照《教育部关于高校教师师德失范行为处理的指导意见》和本单位相关规章制度进行处理。对违反准则的导师，培养单位要依规采取约谈、限招、停招直至取消导师资格等处理措施；对情节严重、影响恶劣的，一经查实，要坚决清除出教师队伍；涉嫌违法犯罪的移送司法机关处理。对导师违反准则造成不良影响的，所在院（系）行政主要负责人和党组织主要负责人需向学校分别作出检讨，由学校依据有关规定视情节轻重采取约谈、诫勉谈话、通报批评、纪律处分和组织处理等进行问责。

---

① 《中南财经政法大学全日制专业学位研究生培养管理办法》，http：//fszx. zuel. edu. cn/2018/0717/c4874a196758/page. htm，最后访问日期：2021 年 10 月 22 日。

（二）导师能力和水平的评价制度

导师是研究生培养的第一责任人，实行双导师的涉外律师研究生培养的第一责任人也就包括学校导师和校外导师，双导师共同对其所负责的涉外律师研究生的整个学业过程承担相应的责任。为保障导师们能承担起并承担好其涉外律师研究生培养责任，切实地实现培养目标，对其进行必要的过程性监督就成为必要。

对导师的评价，包括诸多方面，除了学术和实践等专业素养和能力外，近些年更强调了关于导师的师德师风评议，要求学位授予单位建立科学公正的师德师风评议机制，把良好师德师风作为导师选聘的首要要求和第一标准。编发导师指导手册，明确导师职责和工作规范，加强研究生导师岗位动态管理，严格规范管理兼职导师。建立导师团队集体指导、集体把关的责任机制。

现行导师评价制度实行分类评价考核和激励约束机制，将研究生在学期间及毕业后反馈评价、同行评价、管理人员评价、培养和学位授予环节职责考核情况科学合理地纳入导师评价体系，综合评价结果作为招生指标分配、职称评审、岗位聘用、评奖评优等的重要依据。为了更好地落实导师制度，二级培养单位设立研究生培养指导机构，在学位评定委员会指导下，负责落实研究生培养方案、监督培养计划执行、指导课程教学、评价教学质量等工作；加快建立以教师自评为主、教学督导和研究生评教为辅的研究生教学评价机制，对研究生教学全过程和教学效果进行监督和评价。

教育部将导师履行准则的情况纳入学位授权点合格评估和"双一流"监测指标体系中，对导师违反准则造成不良影响的高校，将视情核减招生计划、限制申请新增学位授权；情节严重的，将按程序取消相关学科的学位授权。

三、理论导师与实践导师定期培训、交流制度

1999 年，教育部《关于新时期加强高等学校教师队伍建设的意见》[①]指出："强化教师培训，提高教师队伍素质。认真贯彻《高等学校教师培训工作规程》，实现高校教师培训工作重点和运行机制的两个转变：从基础性培训

[①]《关于新时期加强高等学校教师队伍建设的意见》，http：//www. gov. cn/gongbao/content/2000/content_60597. htm，最后访问日期：2021 年 10 月 3 日。

和学历补偿教育逐步转变为着眼于更新知识,全面提高教师素质的继续教育;从主要依靠政府行为逐步转变为政府行为、学校行为和教师个人行为相结合,完善具有中国特色的高校教师继续教育制度。教师培训要坚持立足国内,在职为主,形式多样,加强实践。要以中青年骨干教师为重点,着眼于加强师德教育,更新和拓展知识结构,提高教育教学能力。教师要有宽广厚实的业务知识和终身学习的自觉性,掌握必要的现代教育技术手段,在教学科研工作中勇于探索创新。青年教师必须参加岗前培训。各地和高等学校要根据教师队伍建设目标和《高等学校教师培训工作规程》的要求,制订切实可行的培训计划和政策措施。高校教师培训要贯彻责任共担、效益共享的原则,充分发挥学校和教师个人的主动性、积极性。各地应增加高校教师培训专项经费,高等学校应在教育事业费中安排专项经费用于教师培训。不断完善高校教师培训网络,承担教师培训任务的高等学校和培训机构应认真履行职责,加强协作,不断提高培训质量和效益。"

2013 年,《教育部、国家发展改革委、财政部关于深化研究生教育改革的意见》中要求提升指导能力。加强导师培训,支持导师学术交流、访学和参与行业企业实践,逐步实行学术休假制度。加强高校、科研院所和企业之间人才交流与共享,建设专兼结合的导师队伍,完善校所、校企双导师制度。重视发挥导师团队作用。

如今国家、社会乃至世界均在发生着日新月异的变化,要求高等院校培养的人才具有创新性思维,不仅要善于学习和吸收既有的知识成果,更需要善于质疑和创新。而这就要求作为教育工作者的学校的教师们应该尽快提高自身的创新能力,以便能指导学生学会创新思维,并通过各种实践活动,加强学生们创新能力的培养,使当下的教育质量和教学效果有所提升,真正培养出一批具有创新思维和创新能力的毕业生,能够满足国家和社会对人才的迫切需求。

《中南财经政法大学全日制专业学位研究生培养管理办法》①第 19 条规定:学校及各学院(中心)应采取切实措施加强专业学位研究生导师队伍

---

① 《中南财经政法大学全日制专业学位研究生培养管理办法》,http://fszx. zuel. edu. cn/ 2018/0717/c4874a196758/page. htm,最后访问日期:2021 年 10 月 22 日。

建设,通过有计划地派出校内教师到企业、政府等实际部门兼职(或挂职)等方式提升导师队伍的专业实践经验与教学能力,并逐步完善专业学位导师遴选、聘用、培训、评价与激励制度,提高导师队伍整体水平。

中国人民大学法学院师资力量雄厚,拥有一支结构良好的教师队伍,其中既有一批在国内外享有盛誉的资深法学家,更有一大批在全国法律界和相关学科有影响的中青年法学家。目前90%的教师有长期海外留学或进修经历,30%的教师先后在最高检察院、最高法院以及地方各级司法机关挂职,10%的教师在中国国际经济贸易仲裁委员会等仲裁机构担任仲裁员。①

第五节　双导师与涉外律师研究生的关系

在专业学位培养教育当中,导师与学生之间的导学关系,是一种比较特殊的社会关系,是与其他阶段的教育不甚相同的师生关系,是结合了师生关系和师徒关系的复合性关系。

一、双导师对涉外律师研究生的双向选择关系

在研究生培养教育中导师与学生之间是双向选择关系,一方面在于这种关系不再单纯地是教与学的关系,正如前文所说这种导学关系也是一种合作或协作关系,作为研究生的学生不再是单纯地学习,而更多地边实践边学习,这个过程中有研究、有实践、有学习,学生的身份不再单一,有时他们是导师的合作者。而作为合作者,导师和研究生就应该是双向选择的,导师可以选择学生,学生也可以选择老师,只有双方意向一致、彼此认可方能成为真正的合作者。

另一方面,研究生阶段的学生都是成年人,针对他们的培养教育,尤其是作为职业性、应用性和高层次的培养教育,是一种必须双方合力才能完成的培养教育,缺少任何一方的积极性和主动性,都将不可避免地导致教育的

---

①《中国人民大学法学院法律硕士涉外律师项目简介》,http：//www.law.ruc.edu.cn/home/t/?id＝57554,最后访问日期：2021年11月6日。

失败。正基于这一特点,笔者认为,具有职业性、应用性和高层次的专业学位培养教育中的师生关系,在某种程度上具有传统中一定的师徒关系的属性。

二、强化指导教师质量管控责任

在研究生培养教育中,导师更多地处于积极主动的地位,研究生培养教育的成败与导师有着密切的关系,甚至具有决定性的关系。为此,强化指导教师的质量管控责任就变得非常必要。教育管理部门一再强调导师要切实履行立德树人职责,积极投身教书育人,教育引导研究生坚定理想信念,增强中国特色社会主义道路自信、理论自信、制度自信、文化自信,自觉践行社会主义核心价值观。还要求导师根据学科或行业领域发展动态和研究生的学术兴趣、知识结构等特点,制订研究生个性化培养计划;指导研究生潜心读书学习、了解学术前沿、掌握科研方法、强化实践训练,加强科研诚信引导和学术规范训练,掌握学生参与学术活动和撰写学位论文情况,增强研究生知识产权意识和原始创新意识,杜绝学术不端行为;综合开题、中期考核等关键节点考核情况,提出学生分流、退出建议;严格遵守《新时代高校教师职业行为十项准则》和研究生导师指导行为准则,不安排研究生从事与学业、科研、社会服务无关的事务;关注研究生个体成长和思想状况,与研究生思政工作和管理人员密切协作,共同促进研究生身心健康。

有学者指出,知识是高等教育的核心,在较高层次上,学术是研究生教育核心。在研究生培养过程中,师生之间实际是在共同营建学术共同体的同时,也形成一定的德知共同体。德知共同体逐渐被视为研究生教育中师生交往伦理、情感共鸣和职业规范的基本价值原则。由师生为核心的学术共同体组成,不仅有学术共同体对知识与学术的坚守和追求,而且还有主体间交往时对学术道德和教育生态的自主遵从和自觉维护,共同营造和谐的研究生教育基础性组织和制度文化环境。① 作为研究生教育的参与主体,学术共同体、德知共同体的成员,导师作为该领域的前辈和过来人,无论在知识、能力还是阅历经验上,相较于学生而言拥有明显的优势,因而在整个

---

① 戚兴华:《中国研究生教育制度流变的四种文化渊源》,《研究生教育研究》2021 年第 2 期。

教育过程中处于主导地位,导师负有"立德树人"和传授知识、能力的双重职责。

三、学生对导师的评价和建议权

认可和设置学生对导师的评价和建议,某种意义上也可以用"顾客满意度理论"来解释。顾客满意度理论是基于奥沙维斯基(1972 年)提出的"期望—不一致模型"(Expectation—Disconfirmation Paradigm)发展而来的。从 20 世纪 90 年代开始,西方国家为了应对财政拨款削减、改进大学教育质量、吸引生源,通过借鉴顾客满意度理论,将学生视为高等教育服务的直接顾客,并构建了高等教育顾客满意度指数模型。随着高等教育质量观的转变,教育质量的标准从关注院校的服务质量转向重视学生自身成长收获,高校开展的教育活动的价值如何,最终取决于是否能够帮助学生实现个体更好地成长与发展。[1] 在我国,2007 年党的十七大报告提出了"办好人民满意的教育"这一教育理念和教育方向,从此学生真正被视为高等教育的利益相关者,学生满意度逐渐被纳入高等院校评价当中。

某种角度看,学生是接受教育的对象,是教育内容的接受者,很多时候处于被动地位。但学生与教师一样,是整个教育过程的参与主体;更重要的是,教育是针对和为了学生的,学生的目的性地位,决定了学生的实质性参与是至关重要的。学生必须直接参与教育服务过程,并在这一过程中付诸实践、智力、体力,学生也是高等教育的资源供应者、合作生产者,而非仅是教育服务的消费者。[2] 无视学生的教育是没有根基的。

无论什么样的教学目标与计划,最终均要落实到学生身上,在学生身上体现其成效,是否拓展了学生的知识、培养了学生的学习和实践能力,是否把学生培养成社会需要的高层次人才,这才是涉外律师研究生教育的最根本的目标。简言之,教育以学生为本。鉴于就业的需要和压力,学生的需求实际上也在反映社会的需求,对学生需求的了解,要求学生与教师除了常规

---

① 邓峰等:《研究生教育满意度评价中过程指标与结果指标实证研究——以专业硕士和学术硕士实践能力培养模式差异为例》,《研究生教育研究》2021 年第 3 期。

② 邓峰等:《研究生教育满意度评价中过程指标与结果指标实证研究——以专业硕士和学术硕士实践能力培养模式差异为例》,《研究生教育研究》2021 年第 3 期。

课堂教学外，进行经常性的互动、沟通，并常规性地组织学生对导师进行评价和提出意见、建议，进而了解学生的实际需求，督促相关教师进行有效的教学改革完善，而这些同时也是教育过程中因材施教的基本要求。

对硕士研究生对学校教育服务的满意度可以从实践能力满意度、管理服务总体满意度、课程体系合理性满意度、课程内容前沿性满意度、教师教学方法满意度、教师教学水平满意度、导师指导频率满意度、科研项目数量、科研学术性满意度等方面进行调查研究，其中，在研究生对导师指导的满意度方面，学者调查显示，研究生对导师指导频率的满意度每增加一个单位，其实践能力满意度增加 0.082 个标准差；研究生对于导师指导质量的满意度每增加一个单位，其实践能力满意度就增加 0.385 个标准差；研究生参与科研项目学术性的满意度每增加一个单位，其实践能力满意度增加 0.25 个标准差；研究生对校外指导老师质量以及实践基地质量的满意度每提高一个单位，其对自身实践能力发展的满意度分别提高 0.082 个标准差和 0.181 个标准差。①

然而学生作为被培养的对象，其对教育及其过程本身存在知识、认知方面的局限性，因而其作出的评价往往是其基于自身有限的体验和认知而得出的结论，未必是客观和准确的，培养单位应该理性对待，争取做到既能说服学生，也能说服相关教师，在导师和学生之间起到必要且有效的中介作用。② 学校的管理、设施或者教学活动只是教育的手段，而学生的全面发展才是教育的根本目的，是人才质量的具体体现。“办好人民满意的教育”在实践中不应被异化为“办好学生满意的学校”。③

① 邓峰等：《研究生教育满意度评价中过程指标与结果指标实证研究——以专业硕士和学术硕士实践能力培养模式差异为例》，《研究生教育研究》2021 年第 3 期。

② 有学者指出，学院对专业学位研究生培养的重视程度显著影响学生满意度，校内导师指导与学生成长收获满意度之间存在一定的中介机制。参见汪衙霜等：《从院校服务转向成长收获：专业学位硕士研究生满意度实证研究》，《中国高等教育研究》2018 年第 11 期。

③ 邓峰等：《研究生教育满意度评价中过程指标与结果指标实证研究——以专业硕士和学术硕士实践能力培养模式差异为例》，《研究生教育研究》2021 年第 3 期。

第十三章

涉外律师研究生培养模式的发展与完善

1998 年,教育部《关于深化教学改革,培养适应 21 世纪需要的高质量人才的意见》对"人才培养模式"做如下表达:"人才培养模式是学校为学生构建的知识、能力、素质结构,以及实现这种结构的方式。"不同类型的教育各有其不同的培养模式。学术学位的人才培养模式与专业学位的人才培养有所不同,即使在专业学位内部,也会因学科的差别而有所不同。对于涉外律师研究生培养而言,其作为法律硕士类一个新的培养项目,培养目标明确又具体,定然与其他法律硕士的培养模式有所区别。可以肯定的是,在发展和进化过程中,随着经验教训的累积,制度等不断调适,涉外律师研究生培养模式一定会更加完善、更加成熟、更加高效。

第一节　涉外律师研究生培养模式发展与完善的政策依据

法律硕士是按照专业学位的培养规律,以及国家对专业学位的规范和引导来发展和完善的。涉外律师研究生培训作为法律硕士中的一种,本质上依然属于法律硕士,需要遵循法律硕士的培养规则来进行。

国务院学位委员会第三十六次会议于 2020 年审议通过《专业学位研究生教育发展方案(2020—2025)》指出:专业学位研究生教育发展指导思想

是,以习近平新时代中国特色社会主义思想为指导,全面贯彻落实全国教育大会和全国研究生教育会议精神,面向国家发展重大战略,面向行业产业当前及未来人才重大需求,面向教育现代化,进一步凸显专业学位研究生教育重要地位,以立德树人、服务需求、提高质量、追求卓越为主线,按照需求导向、尊重规律、协同育人、统筹推进的基本原则,加强顶层设计,完善发展机制,优化规模结构,夯实支撑条件,全面提高质量,为行业产业转型升级和创新发展提供强有力的人才支撑。专业学位研究生教育发展目标是,到2025年,以国家重大战略、关键领域和社会重大需求为重点,增设一批硕士、博士专业学位类别,将硕士专业学位研究生招生规模扩大到硕士研究生招生总规模的2/3左右,大幅增加博士专业学位研究生招生数量,进一步创新专业学位研究生培养模式,产教融合培养机制更加健全,专业学位与职业资格衔接更加紧密,发展机制和环境更加优化,教育质量水平显著提升,建成灵活规范、产教融合、优质高效、符合规律的专业学位研究生教育体系。

第二节　涉外律师研究生生源的
普遍性与特殊性

根据法律教育的社会分工,涉外律师研究生培养理应属于法律硕士专业学位培养,从合格的法律硕士研究生中招录涉外律师研究生具有合理性和科学性。作为法律硕士之组成部分,涉外律师研究生培养项目的招生具有一般性,完全可以在法律硕士研究生的招录中完成其招生任务。然而,与一般的法律硕士研究生不同的是,涉外律师研究生的培养目标,以及对于当下国家和社会而言的紧迫性,决定了该培养项目对生源的特殊,或者更高的要求。正是涉外律师研究生培养的特殊性,决定了其需要在法律硕士当中进行更进一步的选拔。

某种程度上,法律硕士(涉外律师)研究生培养项目可参照商学院工商管理专业研究生的培养模式,根据不同的社会需求,招收不同的学员,分成不同类型的班级,包括法学班、法律班、全日制班、非全日制班,基于人数和生源的具体情况也可区分英语班、非英语班,等等。这种安排很大程度上取决于作为培养机构的高等院校各方面的具体培养能力。唯有这样,才可能适应教育部研究生司司长洪大用在《向史而新 开创研究生教育新局面》一文中所言:"要着眼未来规划当下,适应高质量发展需要,全面深化改革,推动研究生教育体系调整升级,创造更多机会、更优品质、更佳体验、更强力量,因而具有更大影响的研究生教育";"更多机会既是数量上的,也是结构上的,要致力于让有需要、有兴趣、有能力接受研究生教育的人拥有更多的选择机会。"[1]

第三节 涉外律师研究生培养方式的国际化

高等院校国际合作的经验早已有之,而且渐趋成熟。比如,2002 年,清华大学与美国天普大学就曾合作培养法律硕士,当年招收学员 80 人,学制两年并授予美方学位(LL. M)。合作过程中,学校坚持加强项目管理,在招生和培养等过程中,实行和完善竞争与淘汰机制,坚持标准,严格要求,保证质量。按照要求消化外国先进的教材,借鉴外国的有益经验,提高了自身办学水平,提高了合作办学的质量和效益。

根据《中外合作办学条例》《中外合作办学条例实施办法》,中外合作办学是指中国教育机构与外国教育机构依法在中国境内合作举办以中国公民为主要招生对象的教育教学活动。中外合作办学有合作设立机构和合作举办项目两种形式。据此可以明确:① 中外合作办学的主体是具有法人资格的中国教育机构和外国教育机构;② 中外合作办学的方式必须是合作办学,既不是合资办学,也不允许外国教育机构、其他组织或者个人单独办学;③ 中外合作办学的招生对象是中国公民,而不是主要招收外国或者香港特别行政区、澳门特别行政区和台湾地区的学生;④ 教育教学的地点主要在中国境内;⑤ 中外合作办学机构和项目都应当依法取得行政许可。

考虑到我国中外合作办学的实际,国家规定,中外合作办学项目也包含中国教育机构采取与相应层次和类别的外国教育机构共同制订教育教学计

---

[1] 洪大用:《向史而新 开创研究生教育新局面》,http://www.moe.gov.cn/jyb_xwfb/moe_2082/2021/2021_zl47/202108/t20210817_551780.html,最后访问日期:2021 年 9 月 10 日。

划,颁发中国学历、学位证书或者外国学历、学位证书,在中国境外实施部分教育教学活动而依法举办的中外合作办学项目。但中国教育机构没有实质性引进外国教育资源,仅以互认学分的方式与外国教育机构开展的学生交流活动,不纳入中外合作办学项目加以管理。①

教育部学位与研究生教育发展中心(CDGDC)主任黄宝印,在 2021 年 10 月 21 日第二十二届中国国际教育年会分论坛"本科及以上高水平中外合作办学质量建设研讨会"上发言,介绍了中外合作办学及其评估情况。从我国内部环境来看,中外合作办学体现出鲜明的政策导向和强大的社会需求。② 自 2016 年起,我国政府出台一系列重要举措,积极推进中外高等院校合作办学,在范围上增加、规模上扩大、管理上规范、质量上提高,加强顶层设计,统筹谋划合作办学的方向和任务力度和密度前所未有,为新时代加快和扩大教育,对外开放合作办学提供新方案、新动能和新贡献。2020 年我国在校大学生 3 200 多万人,研究生 314 万人,本科以上中外合作办学在读学生超过 30 万人,有着旺盛的、潜在的、持续的社会需求。从 2021 年合作办学评估的 67 个机构和项目的 6 800 多份学生问卷调查发现学生对合作办学总体满意度达 98%。从国际环境来看,各国高校日益表现出与我国高校合作办学的强烈意愿,目前与我国开展合作办学的国家和高校数量不断增加,高校层次不断提高,合作需要不断扩大。2020 年底,有 40 多个国家和地区的 900 多所院校与我国合作举办本科及以上合作办学机构和项目;1 230 个中方院校,500 多所专业,200 多个全球 200 强的院校中,3/4 以上院校与我国高校开展了合作办学。我国"双一流"建设高校,近 90% 举办了合作办学。高质量的中外合作办学在推动我国高等教育改革拓宽人才培养途径,满足社会多样化教育需求等方面发挥了积极作用,也为中外高等教育加强合作,分享教育资源、探索教育办学模式提供了良好的契机与载体。

---

① 教育部教育涉外监管信息网,http://www.cdgdc.edu.cn/xwyyjsjyxx/zlpj/zwhzbxpg/cjwt/271637.shtml,最后访问日期:2021 年 9 月 3 日。
② "学位中心主任黄宝印应邀参加中国国际教育年会——本科及以上高水平中外合作办学质量建设研讨会并做主旨发言",https://www.cdgdc.edu.cn/info/1027/2390.htm,最后访问日期:2021 年 9 月 30 日。

通过教育部学位中心评估的就达 994 个机构和项目,占全国本科及以上合作办学机构和项目的 80%,涉及中方院校 400 多所,外方院校 700 多所。从 2010—2020 年合作办学合格率上升了 7%,不合格率保持在 2%,基本形成了合办学者自律、社会和政府监督相结合的中外合作办学治理机制,为合作办学的健康有序发展,创造了良好的环境。

面对新发展要求,学位中心积极构建 1 234 评估体系,用高质量评论高水平合作办学,主要举措为:

一是构建一个平台,探索建立合作办学状态,信息平台,将合作办学的一般信息、学生情况、师资情况、课程情况及财务情况整合到一个数据库中,实现办学质量监测常态化、动态化。

二是打造两支队伍:打造具有国际视野的专业化评估专家队伍,加强专家培训;打造具有专业素养、专业能力的专业化管理队伍。

三是聚焦三个能力,即聚焦合作办学基本质量保证能力;聚焦适应需求,服务大局能力;聚焦优势互补及其责任提质增效能力,重点考查学生发展、课程教学及可持续发展情况,促进建立合作办学内部质量保障机制。

四是构建合作办学专家、学校教师和学生多元评价主体,完善不同评价主体对象的评价办法,形成不同评价主体可操作的制度与细则。

习近平总书记高度重视教育对外开放工作,指出我国"要扩大教育开放,同世界一流资源开展高水平合作办学"。[1]

立足于法律硕士学位的涉外律师培养项目,需要充分利用国家的相关政策和制度,使现有的国际化教育资源配置更加有效,高效地用好、用足。

第四节　培养机构与培养目标的关联性

一、培养目标的统一性与培养方式的灵活性

涉外律师研究生培养项目,是在我国和社会强烈需求的背景下出台的。

---

[1] http://www.cdgdc.edu.cn/xwyyjsjyxx/sy/syzhxw/285566.shtml,最后访问日期:2021年11月2日。

这一需求紧迫而现实,然而对于教育和人才培养而言,则是"十年树木、百年树人"。为协调之间的矛盾和冲突,必须在培养过程中实现原则性和灵活性的统一。这种统一,在现实中往往体现为培养目标的统一性,和培养机构和培养方式的灵活性。唯此,方可在有限的时间内尽可能培养出当下所需要的高层次的涉外法律服务人才。我国地大而差异明显,作为涉外律师研究生培养机构的高等院校,无论在资质能力还是特色和方向上也存在明显的差异。所以,在坚持原则的基础上,赋予培养单位一定的灵活性和自由裁量权是必要的。

教育部研究生司司长洪大用在提到研究生教育要"坚持发展动力的内源性"时指出:新阶段的研究生教育,要充分调动培养单位的内在积极性,加强内生动力培育,形成基于落实立德树人根本任务、遵循教育教学规律、尊重自身办学特色、实现差异化发展、从人才培养需要和教育发展需要出发的自律自主的研究生教育文化和内生持续发展机制。①

二、培养机构的多元性

培育机构的多元性,既体现在培育机构所处地域的多元性,也体现在培养机构性质的多元性。我们国家地域宽广,社会和经济的发展各有其特色和侧重,作为涉外研究生培养机构的各个高等院校,坐落并成长于其中,是当地的人才培养基地,势必受其影响,也各有其特色和侧重点。另外,教育部和司法部确定的 15 所高等院校,实际上也分布于中国的东西南北。还需关注的是,作为培养机构的这些高等院校,还属于不同的性质,既有政法类院校,也有综合性院校,还有外语外贸类院校;既有文科见长的院校,也有理工科突出的院校。在各个院校内部,具体承担涉外律师研究生培养的二级学院也是不相同的,既有法学院或律师学院承担,也有法律硕士学院承担,还有国际法学院承担。

教育部研究生司司长洪大用提出:"研究推进差异化配置研究生教育资源,克服研究生教育资源均等化配置的局限,结合地方实际、培养单位

---

① 洪大用:《向史而新　开创研究生教育新局面》,http://www.moe.gov.cn/jyb_xwfb/moe_2082/2021/2021_zl47/202108/t20210817_551780.html,最后访问日期:2021 年 9 月 10 日。

实际、学科实际,更加灵活高效地配置资源,推动研究生教育差异化
发展。"①

三、培养机构与培养目标实现的关联与提升

教育部研究生司司长洪大用在"坚持发展方式的创新性"时指出:研究
生教育更加注重集成全社会的创新资源,适应当前创新力量扩散到社会各
个领域、各个部门,企业已经成为实践创新重要主体的新形势,进一步扩大
开门办学,特别是强化专业学位产教协同,将生产一线的前沿技术、现实问
题转化为教学科研内容;研究推进差异化配置研究生教育资源,克服研究生
教育资源均等化配置的局限,结合地方实际、培养单位实际、学科实际,更加
灵活高效地配置资源,推动研究生教育差异化发展;按照党的十九大提出的
"实现高等教育内涵式发展"要求,更加重视以立德树人为中心,重构更加科
学合理的研究生教育体制和机制。②

为认真落实习近平法治思想对涉外法治人才培养的要求,中国政法大
学创新涉外法治人才培养模式,与北京外国语大学联合培养"外语法学双精
通"的高端涉外法治人才,开启跨校贯通培养新模式;在西班牙语特色人才
培养实验班的建设基础上,形成"法学+外语"的复合型特色人才培养模式;
打造本科生六年制法学人才培养模式改革实验班,选派学生到海外律所进
行为期 3 个月以上的集中实习,为大型央企在当地的航空、银行、水利等项
目提供法律服务,着力构建多层次、多维度、个性化的"高精尖缺"涉外法治
人才培养体系。③ 中国政法大学在培养涉外法治人才过程中的经验值得学
习和借鉴。

---

① 洪大用:《向史而新　开创研究生教育新局面》,http://www.moe.gov.cn/jyb_xwfb/
moe_2082/2021/2021_zl47/202108/t20210817_551780.html,最后访问日期:2021 年 9
月 10 日。
② 洪大用:《向史而新　开创研究生教育新局面》,http://www.moe.gov.cn/jyb_xwfb/
moe_2082/2021/2021_zl47/202108/t20210817_551780.html,最后访问日期:2021 年 9
月 10 日。
③ "德法兼修　为国育才——中国政法大学认真贯彻落实习近平总书记考察学校重要讲话
精神",http://www.moe.gov.cn/jyb_xwfb/s5147/202107/t20210709_543316.html,最
后访问日期:2021 年 9 月 10 日。

第五节　课程与教材建设的特殊性、灵活性

作为新生事物的涉外律师研究生培养项目,目前还处在探索过程中。这一探索必定会在课程与教材建设方面体现出来。尤其生源的多样性和复杂性,对其因材施教也变得复杂起来。

2018 年,中国人民大学法学院启动法律硕士培养体系改革,围绕国家法治建设,把握法律服务市场前沿动态,以问题为导向,以课程体系改革为抓手,实施"分类培养"模式,探索培养满足国家法治建设需要的专门型、复合型、国际型的应用型高层次法治人才,其改革主要体现在"五大课程模块,推动法学课程体系迭代升级""三大特色方向,推进面向未来的人才分类培养""双师同堂,夯实学生法律实务能力"等方面。[①] 一定程度上,作为国内顶级的法学院、法律人才培养基地之一,中国人民大学的做法对各个培养院校涉外律师研究生的培养具有借鉴意义。

一、课程模块化与学生的因材施教

因材施教在涉外律师研究生培养的必要性前文已有详细阐述,非法学法律硕士专业毕业生被实践部门冷落,也许是培养过程未能充分发挥非法学法律硕士生的优势,或者说未能对其因材施教,是造成这一结果的一个非常重要的原因。《上海市 2022 年度公务员招考简章》显示,上海市大多数法院、检察院招录法官助理、检察官助理,在学历要求上,除上海市松江区、奉贤区法院等少数外,均特别要求报考人员本科为法学类专业。[②] 这显然与

---

① "中国人民大学:面向未来分类培养法治人才",http://www.moe.gov.cn/jyb_xwfb/xw_zt/moe_357/jyzt_2020n/2020_zt15/baodao/baodao/202008/t20200813_477851.html,最后访问日期:2021 年 9 月 3 日。

② 上海市公务员局:《上海市 2022 年度公务员招考简章》,http://www.shacs.gov.cn/CivilServants/ExamEmployment/a5631071 - 1c89 - 431f - 8669 - 8a5efc58ec2e? type = gwykl,最后访问日期:2021 年 11 月 2 日。

法律硕士专业初创之时"创立 JM 教育是政法队伍建设的必然要求"①的判断和定位存在明显的落差。

非法本法律硕士培养质量,虽然经过 20 多年的学科发展,有显著提升,但仍然在就业环节遭遇鸡肋境况,某种程度上,可以说"法律硕士教育并没有完成其使命,反而其声誉有江河日下之虞"。② 其直接的原因有三个方面:一是学生理论功底不够扎实;二是学生复合人才优势未能显现;三是学生实务能力仍需进一步提升。

学者郑春燕、王友健在《非法本法律硕士培养模式的体系性再造》③一文中分析非法本法律硕士研究生在毕业时不及法学法律硕士受欢迎的三个原因:一是学校概览性课程教学设计与扎实理论功底需求的错位,培养方案类似法学本科生的通识性法学课程设计,未能区分不同的培养方向,为不同方向的学生提供一套能够深入系统学习某一具体实务领域(如政府法务、公司法务等)理论知识的课程体系;二是形式性复合人才培养与实质复合人才需求的龃龉,现实中不少用人单位需要大量的复合型人才,而大多数高等院校并未将非法本的法律硕士的教育与学生的本科专业知识进行有机衔接,缺乏实质的知识复合、能力复合机制,实际上只是通过多学科教育经历的简单叠加而培养"外观"意义上的复合型人才;三是有限低质量实训资源与较强实务能力需求的矛盾,造成这一矛盾的直接原因往往是实训资源相对不足,校外实训课程的内容与质量都差强人意,以及招生规模的扩大,学校大班化的实训课程教学方式导致无法让每一个学生都能得到全流程充分实务训练。还有就是实务导师缺乏介入指导平台,导致学生缺乏与实务导师进行经常性沟通交流,而互动平台的匮乏也使得学生处于一种实务训练的消极状态。

二、课程的模块化与研究生知识结构的完整性

2018 年 10 月,教育部、中央政法委联合发布《关于坚持德法兼修 实施

---

① 霍宪丹:《中国法律硕士专业学位教育制度的实践与反思》,《河南省政法管理干部学院学报》2008 年第 5 期。

② 冀祥德:《论中国法科研究生培养模式转型之必要——从以培养法学硕士为主转向以法律硕士为主》,《环球法律评论》2012 年第 5 期。

③ 郑春燕、王友健:《非法本法律硕士培养模式的体系性再造》,《研究生教育研究》2020 年第 5 期。

卓越法治人才教育培养计划 2.0 的意见》，要求培养院校和单位"找准人才培养和行业需求的结合点，深化高等法学教育教学改革"。这实际上也是专业学位人才培养目标所要求的。

为实现此要求，培养单位一方面要做到设置不同的课程模块组合，以适应不同知识基础的研究生。对于那些法律（非法学）专业的研究生在本科阶段并没有法律相关知识基础，或者说他们的法律基础非常薄弱，考上研究生后，一切都要重新开始，培养他们的法律基础知识和法律思维。法学本科和非法学本科学生应该基于不同的法学基础选择不同类型课程，真正做到因材施教。

课程体系的迭代升级是提升法治人才培养质量的基础。中国人民大学法学院以讲授课、练习课、实践课、研讨课、技能课五大课程模块为总体框架，深入打造"新开课""转型课""专业打通课""实务课"，深入推进法学课程体系改革创新，实现体系化的法学课程迭代升级。

基于高等院校服务国家战略，中国人民大学法学院率先将"特色方向"引入法律硕士人才培养机制，结合学生本科专业、个人兴趣及职业规划等要素，对学生实施分类培养。法律硕士主要分为三类：服务国内实践的专门型、复合型法治人才；适应国际治理需要的国际型法治人才；面向科技发展前沿的未来法治人才。在培养服务国内实践的专门型、复合型法治人才方面，与最高检察院反贪总局合作，创办职务犯罪侦查特色方向，为国家培养既懂现代科学技术又熟悉法律知识的职务犯罪侦查法律人才；贯彻国家食品安全战略，与国家市场监督管理总局合作，创办食品安全特色方向；而为了深入贯彻国家"一带一路"倡议，创办国际商事争端预防和解决、亚太法律精英人才等特色方向。

事实表明，缺乏分类培养机制，难以实现因材施教，也难以取得有针对性的效果，唯有分门别类，有针对性、目的性和前瞻性的培养机制，才能引导相关法律硕士学生完成所需的培养计划。

三、课程及其教材的统一与灵活

（一）课程及其教材中政治意识形态与立场的统一

涉外律师专业的研究生是我国未来涉外法治的重要人才，是国家涉外法律服务的核心人才,基于涉外特点,以及维护国家和社会利益的目的,其政治意识形态素质和政治立场等方面的要求显得格外重要。

为全面贯彻党的教育方针,落实立德树人根本任务,扎实推进习近平新时代中国特色社会主义思想进课程教材,国家教材委员会于 2021 年 7 月制定《习近平新时代中国特色社会主义思想进课程教材指南》(简称《指南》),①要求在课程教材、教育教学等育人环节认真贯彻落实。并要求习近平新时代中国特色社会主义思想进课程教材须做到不同学段全过程贯通,要在统筹安排基础上,做到覆盖基础教育、职业教育、高等教育各类型各学段,涵盖国家、地方和校本课程,融入哲学社会科学、自然科学各学科,贯穿思想道德教育、文化知识教育、社会实践教育各环节,体现在德智体美劳各方面目标培养中,确保习近平新时代中国特色社会主义思想在大中小学课程教材中相互衔接、层层递进,实现全覆盖,全面增强课程教材铸魂育人功能。

《指南》指出:课程教材集中体现党和国家意志,是育人的载体,直接关系人才培养方向和质量。推动我国教育改革创新发展和培养担当民族复兴大任的时代新人,必须始终坚持以习近平新时代中国特色社会主义思想为指导,将其贯穿于教育教学全过程各环节。全面落实习近平新时代中国特色社会主义思想进课程教材,对引导广大青少年树立马克思主义信仰,坚定中国特色社会主义道路自信、理论自信、制度自信、文化自信,立志听党话、跟党走,形成正确的世界观、人生观、价值观,具有重大意义。

为此,在课程编写过程中要全面介绍与阐释习近平新时代中国特色社会主义思想的时代背景、核心要义、精神实质、科学内涵、历史地位和实践要求,牢牢把握习近平新时代中国特色社会主义思想的基本立场观点方法,要依据不同学科特点,结合各学科独特优势和资源,实现有机融入。哲学社会科学课程教材要突出原文原著进入,注重介绍和阐释与学科专业知识有关的习近平总书记重要讲话、文章内容与思想,引导学生在学习学科专业知识过程中加深对习近平新时代中国特色社会主义思想的理解与认同。引导学

---

① 《国家教材委员会关于印发〈习近平新时代中国特色社会主义思想进课程教材指南〉的通知》,http://www.moe.gov.cn/srcsite/A26/s8001/202107/t20210723_546307.html,最后访问日期:2021 年 9 月 3 日。

生充分认识习近平新时代中国特色社会主义思想是当代中国马克思主义、21世纪马克思主义,增进政治认同、思想认同、理论认同和情感认同。

研究生阶段重在深度探究,形成宣传、阐释、研究习近平新时代中国特色社会主义思想的素质和能力,做到融会贯通。主要以专题学习和理论探究的方式,运用学术探索、社会调查和国际比较等方法,引导学生立足当前、着眼未来,以历史发展的眼光,深入思考习近平新时代中国特色社会主义思想的核心要义、价值取向、理论品格和思想方法,真正学深悟透、研机析理,不断提高马克思主义理论水平,自觉运用这一思想武装头脑、指导实践;引导学生自觉运用马克思主义基本立场、观点和方法分析当代中国基本国情和世界形势,学、思、用贯通,坚定信心、强化自觉、提升素质,投身民族复兴的伟大事业。

哲学社会科学课程是习近平新时代中国特色社会主义思想进课程教材的重要渠道,要充分发挥主干课程的作用,分专题讲述习近平新时代中国特色社会主义思想。在课程内容的体现上,《指南》要求:法学类课程教材主要讲授习近平法治思想,系统阐释习近平总书记关于全面依法治国、中国特色社会主义民主政治发展道路、国际关系和全球治理等方面的重要论述及习近平外交思想。讲清楚全面依法治国新理念、新思想、新战略,即:坚持党对全面依法治国的领导;坚持以人民为中心;坚持中国特色社会主义法治道路;坚持依宪治国、依宪执政;坚持在法治轨道上推进国家治理体系和治理能力现代化;坚持建设中国特色社会主义法治体系;坚持依法治国、依法执政、依法行政共同推进,法治国家、法治政府、法治社会一体建设;坚持全面推进科学立法、严格执法、公正司法、全民守法;坚持统筹推进国内法治和涉外法治;坚持建设德才兼备的高素质法治工作队伍;坚持抓住领导干部这个"关键少数",使学生理解全面依法治国是中国特色社会主义的本质要求和重要保障,是国家治理的一场深刻革命。

对于法律专业,尤其是涉外律师专业的研究生教育而言,课程教材中的习近平新时代中国特色社会主义思想教育,重在引导涉外律师专业研究生提高学习理论的自觉性,增强责任感、使命感,将个人追求融入国家富强、民族振兴、人民幸福的伟大梦想之中。如果说,大学之前或者研究生教育之前阶段的习近平新时代中国特色社会主义思想教育属于学习和认识、理解掌握,那么处于成人教育、高等教育阶段,尤其是研究生阶段的该思想教育则属于提高强化和积极的践行。

教育部研究生司司长洪大用在《向史而新 开创研究生教育新局面》一文中指出:"新时代研究生教育要坚持以习近平新时代中国特色社会主义思想为指导,全面贯彻党的教育方针,落实立德树人根本任务,把正确政治方向和价值导向贯穿人才培养的全方位全过程,践行为党育人、为国育才使命。"[1]通过在课程教材中贯彻落实习近平新时代中国特色社会主义思想,实现涉外律师专业研究生思想政治意识形态和政治立场的教育,让这些涉外律师专业研究生在学习和实践过程中积极践行习近平新时代中国特色社会主义思想,做到胸怀祖国和人民,为祖国和人民谋福利。

(二)基本知识结构的统一

涉外律师研究生培养过程中,教材的统一还体现在基本知识结构的统一。涉外律师研究生是未来涉外法律服务的高端人才,其所必须具备的知识结构和实践能力某种意义是具有共识性的。例如《法律硕士专业学位(涉外律师)研究生指导性培养方案》明确:拥护中国共产党的领导和中国特色社会主义制度,遵守宪法和法律,政治立场坚定、理论功底扎实、熟悉中国国情,具有良好的政治素质和道德品质,遵循法律职业伦理和职业道德规范;全面掌握马克思主义法学基本原理,特别是习近平法治思想和中国特色社会主义法治理论,具备从事涉外法律实务所要求的法律知识、法律术语、法律思维、法律方法和法律技能;善于综合运用法律和其他专业知识,具备独立从事涉外法律实务工作的能力;熟练掌握一至两门外语。

与此对应的就是教材内容的统一性,这里的教材内容的统一,实际上是课程及其内容的统一,而不是某种教材包括其版本等的统一。比如国际贸易组织法、国际公约与国际惯例、国际投资法、海商法、国际知识产权保护、国际民事诉讼与仲裁、国际冲突与危机管理、国际法院和仲裁组织、国际规则制定与应用、国际商事经典案例研究、境外投资与收购案例研究、国际商务谈判与冲突解决、国际环境法、国际竞争法(反倾销、反垄断)、国际法律信

---

① 洪大用:《向史而新 开创研究生教育新局面》,http://www.moe.gov.cn/jyb_xwfb/moe_2082/2021/2021_zl47/202108/t20210817_551780.html,最后访问日期:2021年9月10日。

息检索等。无论采用哪种教科书，哪本教材，都必须通过课程的设置，然后学生通过学习理解和掌握上述知识。

（三）侧重与能力提升的灵活

对于涉外律师研究生而言，整个培养过程须在侧重与能力提升上尊重其灵活性，这是涉外律师研究生来源或者其本身的知识基础的多样性，以及未来所从事律师职业所决定的。涉外律师研究生中，那些非法学法硕研究生的本科基础五花八门，各有所长，基础不同，他们在法律领域的兴趣和偏好也会不同；即使法学法硕，他们也会在研究生学习期间，尽可能补强其法律之外的专业基础，使自己成为复合型人才，这既是他们的需求，也是培养目标的规定。另外，基于律师这一法律服务行业的特殊性，其所涉及领域的复杂性、多样性自不待言，无论是从社会分工的角度还是从法律专业分类的角度，学生们势必会在学习过程中，尽可能利用和发挥自己的优势和特长。这些因素决定了课程及其教材必须具有一定的灵活性，一种基于学生情况的有所侧重和能力提升的灵活性。

《法律硕士专业学位（涉外律师）研究生指导性培养方案》推荐了素质提升课程（讲座）模块：国际政治、国际经济、国际贸易、国际组织、国际金融、国际新闻、国际体育等，而且要求不低于 6 学分。也许正是通过这些课程，学生们发现和发展了自己的优势和特长，进而成为这方面的高端法律服务人才。

第六节　涉外律师研究生教育与资格认证

一、培养过程与专业资格认证的衔接

所谓职业资格，就是国家或社会为完成特定职业的工作目标和任务，对从事某一职业的人员所提出必备的学识、技术和能力的基本要求，是有关部门或组织对从事某一行业的工作人员基本条件的客观规定。而职业资格认证，实际上是国家对某些特定行业所实施的一种行业准入制度，即通过国家的认证或考试等考核方式，对那些具备一定知识和能力的申请人颁发资格证书,作为其从事该行业的前提和条件。我国《行政许可法》第 12 条第(三)项规定:"提供公众服务并且直接关系公共利益的职业、行业,需要确定具备特殊信誉、特殊条件或者特殊技能等资格、资质的事项"可以设定行政许可。在法律领域,国家对诸多法律职业人士设置了法律资格考试,比如律师、法官、检察官、行政机关中从事行政复议的人员,以及其他如公证员等,只有通过国家法律资格考试,然后再满足一些其他条件之后,才能从事相关法律职业活动。

2013 年 3 月《教育部 国家发展改革委 财政部关于深化研究生教育改革的意见》①要求,具备条件的专业学位类别或培养单位,积极推进专业学位研究生课程和实践考核与特定职业人才评价标准有机衔接,推进专业学位研究生培养内容与特定职业人才工作实际有效衔接,推进专业学位授予与获得相应职业资格有效衔接。教育部《专业学位研究生教育发展方案(2020—2025)》明确:要推进与职业资格衔接。为此,需要发挥行业产业协会、专家组织的重要作用,积极完善专业学位与职业资格准入及水平认证的有效衔接机制,在课程免考、缩短职业资格考试实践年限、任职条件等方面加强对接。推动专业学位与国际职业资格的衔接,促进我国专业学位人才的国际流动,宣传推广专业学位研究生教育的中国标准,提升我国专业学位的国际影响力和竞争力。

专业学位培养教育过程与相关职业资格认证的对接,已是专业学位教育中经常提到的话题,相关专业人士提出了不少有价值的意见和建议。专业学位培养过程与职业资格认证的衔接,有多种实现方式和途径,比如:培养过程按照职业资格认证指标设置课程;学生在培养过程中所修的课程可以折抵某些认证项目;将通过职业资格认证或考核作为毕业条件;将职业资格认证或考核通过率作为培养质量的评价指标。比如,重视职业资格认证或考核的通过率,无论对于提高应用型研究生教育质量还是实现毕业生的就业,已被实践证明是非常重要和必要的。因此,实现应用型研究生教育与职业资格认证的有效对接,既是我国应用型研究生培养模式的创新,也是我

---

① 教育部、国家发展改革委、财政部:《关于深化研究生教育改革的意见》,http://www.cdgdc.edu.cn/xwyyjsjyxx/shggtq/gtgz/wjfb/278581.shtml,最后访问日期:2021 年 10 月 3 日。

国研究生教育改革的发展趋势。毋庸置疑,涉外律师研究生培养作为当前我国急需的人才培养项目,在法律硕士培养的基础上提高培养要求是必要的;而将国家法律资格考试的通过率作为学生毕业的评价指标,乃至毕业的条件之一,是具有一定合理性的。

二、培养院校的教育认证

上述关于专业学位培养过程与相关职业资格认证的衔接,涉外律师研究生培养与国家法律资格考试的衔接,是从学生角度的一种相对客观化要求。其实,实践中还存在对培养院校培养过程的客观化评价要求——教育认证。2015 年《教育部关于做好深化专业学位研究生教育综合改革试点工作的通知》提道:"对照改革任务书,落实改革举措,通过深化改革促进教育认证、实践基地建设、课程教学质量、培养模式创新、工程博士发展等。"

随着高等教育大众化和公众对高等教育质量保障和提升的强烈要求,借鉴企业管理认证模式的"教育认证"出现了。《国际高等教育百科全书》中写道:"(教育)认证是由一种合法负责的机构或者协会对学校、学院、大学或者专业学习方案(课程)是否达到某种既定资质和教育标准的公共性认定。认证通过初始的和阶段性的评估进行。认证过程的宗旨是,提供一个公认的、对教育机构或者教育方案质量的专业性评估,并促进这些机构或者方案不断改进或者提升。"①

以质量保障为目的,通过检查和评估确定期质量是否达到某种既定标准的专业评定机制,教育认证一方面可用于判断作为培养单位的院校是否实现了公众对高校学生培养质量的期许,并促使高校用该标准自我衡量和评估,实现自我积极完善;另一方面教育认证也可以强化专业与职业之间的联系,通过多方参与的高校教学质量评价,把实务工作者、教师和学生结合起来,进而提高学生的培养效率和培养质量。

从实践角度看,教育认证是高等教育重要的质量保障机制。早在 1905 年,美国中北部院校协会首先对该地区的院校进行了第一次认证,之后又公布了教育认证的标准及经过其认证的第一批院校的名单。该名单常常成为

---

① 李军等:《教育认证发展现状及对我国教育认证构想》,《中国高等教育》2013 年第 10 期。

学生选择学校、管理部门评价学校的重要依据和核心指标。

对涉外律师研究生而言,其作为我国涉外法治人才的重要组成部分,不同于法官、检察官等公职人员,而具有突出的市场特色,是国内和国际法律服务市场的重要人力资源。培养院校能否培养出合格的甚至优秀的涉外法律服务人才,除了应符合和通过国家管理部门的检验和要求外,很大程度上必须接受法律服务市场的检验,涉外律师研究生培养院校接受和通过教育认证因此变得非常必要和重要。

结　语

涉外律师研究生培养是我国涉外法治人才培养的组成部分,而涉外法治人才培养又是我国涉外法治的基本需求。我国当下的复兴大局和世界百年未有之大变局、新冠疫情、俄乌冲突、世界经济增长乏力、中美大国贸易博弈竞争以及科技进步挑战等,使得国际法治与国内法治具有了同等重要的地位,国家提出了统筹国内法治和国际法治两个大局的战略要求,促发了涉外法治人才队伍建设的必要性。其实,涉外法治人才在法治专门队伍、法律服务队伍、法学教育和研究队伍中都有需求。而我国在涉外法治人才建设在质和量两个方面都存在不足。本书对法律硕士(涉外律师)研究生培养模式的探讨,不仅为当下培养国家迫切需要却又紧缺的涉外律师做分析和检讨,而且也为涉外律师人才以及其他涉外法治人才的培养模式的进一步完善,例如博士层次涉外律师人才、涉外仲裁人才培养做些贡献。

随着法律职业专业化、职业化程度的不断提高,现有的法学博士人才培养模式,已不能满足从事实务部门高级岗位工作的需求,非常有必要设置一种专门的人才培养机制来解决这个问题。2020 年 9 月,国务院学位委员会和教育部《专业学位研究生教育发展方案(2020—2025)》指出我国专业学位发展中存在的一个问题,就是我国博士专业学位发展滞后,类别设置单一,授权点数量过少,培养规模偏小,不能适应行业、产业对博士层次应用型人才的需求。从 2011 版专业学位目录来看,我国的专业学位覆盖了学士、硕士和博士三个层次。专业学士学位只有一个(建筑学);专业硕士学位有 47 个类别;而专业博士学位只有 5 个(包括临床医学、口腔、兽医、教育、工程)。以此来看,专业学位主要集中硕士这个层次,可以区分为四大类行业领域:

一是经济与生产建设领域,包括金融、应用统计、税务、国际商务、保险、资产评估、审计、会计、工商管理、农业推广、林业、工程、工程管理、建筑学、城市规划、风景园林等;二是文化、教育、体育、艺术领域,包括教育、教育、汉语国际教育、翻译、新闻与传播、出版、文物与博物馆、图书情报、艺术、旅游管理;三是医疗卫生领域,包括临床医学、口腔医学、兽医、公共卫生、护理、药学、中药学;四是社会管理领域,包括法律、警务、社会工作、公共管理、应用心理、军事等。在这四类专业学位中,有一些完全应当设置博士层次,比如法律专业还停留在硕士层次。换言之,法律硕士专业学位就是培养高层次应用型法律人才的最高学位了。事实上,法律职业界需要博士层次的人才,也不乏博士层次的人才,但是他们都是法学博士,是学术型人才经过转型才胜任当下的工作需要。

从人类文明史的角度看,法律和医学一样,都是大学里产生时间最久、最古老的专业,都需要有高深学历和一定的专业知识积累,也需要与时俱进,具有高度的理论性和实际应用性质的学科。所以,与医学学位培养层次全面相类似,设置法律博士是健全法律专业学位层次和类型体系以应对即将到来的法律专业学位培养实际需求的一个重要途径。

经济全球化不可避免地引发或导致其他领域也在不同程度地全球化,人类诸多事务,比如气候、环境等,甚至疫情防控,都将是世界范围的问题,需要全球共同面对、共同治理。除了共同问题外,个别化的问题同样层出不穷。随着中国对世界的影响力越来越大,在国际上地位的重要性日益凸显,如何深度参与全球治理、合理合法应对和处理这些国际问题,成为法治国家建设过程中全国上下必须面对的现实。

2020年以来,受新冠疫情影响,加之国际环境日趋复杂,国际投资贸易与民商事纠纷不断增多。在这样的背景下,如何拓展国际法律服务? 涉外法律服务律师可以发挥哪些作用? 如何构建常态化国际法律服务机制? 为解决这些问题,急需国家和社会加快涉外法治工作战略布局,推进法律服务业发展,建立具有国际影响力的法律服务机构,培育具有国际声誉的仲裁员、调解员及涉外律师队伍,培养一批高度职业化的法律服务工作者;加快推进域外法律职业共同体建设,特别是加强与国际顶尖仲裁机构、调解机构及律师事务所的交流与合作,携手推动公平、公正、法治化国际营商环境建设。

　　人才培养目标的实现是一个长期而连续的系统工程,需要借鉴现行一些院校涉外法治人才培养的经验,在每个阶段、每个环节上,坚持党的教育方针政策,坚持立德树人,坚持问题导向,做好工作,例如招生阶段,基于培养目标以及培养单位自身的特色确定招生的条件和要求,做到既有原则性又有灵活度;在学校培养方面,课程设置需科学(健全国际法学科体系、建立以实践为导向的涉外律师人才培养机制)、执行到位;培养过程和培养结果的中期和事后评价、评估,适时灵活调整,避免结构性缺陷。

　　涉外律师研究生作为涉外法治人才之一类,是需要具有家国情怀、世界眼光、知识基础、法治信仰、专业能力和批判精神等基本素质的。正是这些素质要求对现行的涉外律师培养提出了新挑战,比如当前法律硕士的培养模式能否满足涉外律师的培养需求? 如何基于地缘关系而实现不同特色和方向的培养模式? 本书通过对法律专业涉外律师研究生培养模式的各个方面的研究,明确现行培养模式的优势与不足,以便为未来的涉外律师研究生乃至涉外法治人才的培养提供一些方向和路径。正如王健教授所言,涉外法治人才培养并非法学教育的一个专门问题,其核心是法学教育的全局,是法学教育的国际化问题,根本上讲是中国融入世界程度的问题。

参考文献

［1］ 张大良. 高等教育人才培养模式改革［M］. 北京：高等教育出版社，2012.

［2］ 陈洪玲，于丽芬. 高校扩招后人才培养模式的理论与实践［M］. 北京：北京师范大学出版社，2011.

［3］ 王焰新. 高校"三融合"人才培养模式的理论与实践［M］. 北京：科学出版社，2020.

［4］ ［加拿大］迈克尔·富兰. 变革的力量——透视教育改革［M］. 中央教育科学研究所译. 北京：教育科学出版社，2004.

［5］ 王辉耀，苗绿. 全球化 vs 逆全球化：政府与企业的挑战与机遇［M］. 北京：东方出版社，2017.

［6］ ［英］罗纳德·巴尼特. 高等教育理念［M］. 蓝劲松等译. 北京：北京大学出版社，2012.

［7］ 朱跃龙，等. 研究生应用型人才培养研究［M］. 南京：南京大学出版社，2018.

［8］ ［英］迈克尔·吉本斯，等. 知识生产的新模式——当代社会科学与研究的动力学［M］. 陈洪捷等译. 北京：北京大学出版社，2011.

［9］ ［英］托尼·比彻，保罗·特罗勒尔. 学术部落与学术领地——知识探索与学科文化［M］. 唐跃勤等译. 北京：北京大学出版社 2018.

［10］ 张文显. 法哲学范畴研究［M］. 北京：中国政法大学出版社，2001.

［11］ 马克思恩格斯全集(第4卷)［M］. 中共中央马克思恩格斯列宁斯大林著作编译局译. 北京：人民出版社，1958.

[12] 王秀丽."定制式"人才培养的实践逻辑：以 H 大学的试点班为例 [M]. 北京：社会科学文献出版社，2020.

[13] [法] 费埃德伯格. 权力与规则——组织行动的动力 [M]. 张月等译. 上海：上海人民出版社，2005.

[14] 朱跃龙，等. 研究生应用型人才培养研究 [M]. 南京：南京大学出版社，2018.

[15] 岳建军. 高等学校教育资源共享的理论与实证研究 [M]. 北京：中国社会科学出版社，2018.

[16] 汤智. 高校专业和课程设置依据的哲学思考[J]. 现代教育科学，2003(6).

[17] 王义遒. 学生就业再次呼唤高等教育多样化 [J]. 北京大学教育评论，2004(4).

[18] 邓峰，等. 研究生教育满意度评价中过程指标与结果指标实证研究——以专业硕士和学术硕士实践能力培养模式差异为例 [J]. 研究生教育研究，2021(3).

[19] 殷翔文. 高校协同创新的角色定位与价值追求 [J]. 中国高校科技，2012(7).

[20] 许迈进，郑英蓓. 三重反思重构研究生培养中的师生导学关系 [J]. 教育发展研究，2007(4).

[21] 胡洪武. 师生发展共同体：破解研究生导学矛盾新路径 [J]. 研究生教育研究，2021(4).

[22] 金佩华，李亚萍. 我国高校本科人才培养模式理论研究综述 [J]. 江苏高教，2003(5).

[23] 陈景辉. 法律"职业"伦理：一个补强的论证 [J]. 浙江社会科学，2021(1).

[24] 李伟，闫广芬. 专业学位研究生培养模式的理论探析与实践转向 [J]. 研究生教育研究，2021(5).

[25] 戚兴华. 中国研究生教育制度柳编的四种文化渊源 [J]. 研究生教育研究，2021(2).

[26] 霍宪丹. 中国法律硕士专业学位教育制度的实践与反思 [J]. 河南

省政法管理干部学院学报，2008(5).

[27]　冀祥德. 论中国法科研究生培养模式转型之必要——从以培养法学硕士为主转向以法律硕士为主［J］. 环球法律评论，2012(5).

[28]　郑春燕，王友健. 非法本法律硕士培养模式的体系性再造［J］. 研究生教育研究，2020(5).

[29]　李军，等. 教育认证发展现状及对我国教育认证构想［J］. 中国高等教育，2013(10).

[30]　袁本涛，李莞荷，王顶明. 专业学位人才培养模式特征探究——基于分类的视角［J］. 高等工程教育研究，2015(2).

[31]　王沛民. 研究与开发"专业学位"刍议［J］. 高等教育研究，1999(2).

[32]　赵康. 专业、专业属性及判断成熟专业的六条标准——一个社会学角度的分析［J］. 社会学研究，2000(5) .

[33]　李阳，贾金忠. 全日制专业学位研究生教育与职业资格认证衔接的模式、影响因素及改革路径［J］. 学位与研究生教育，2017(6) .

[34]　Carr—Saunders A. M.，Wilson P. A. The Profession［M］. Oxford Clarendon Press，1933.

[35]　Boyer E. L. Scholarship Reconsidered：Priorities of the Professoriate ［M］. Princeton University Press，1990.

[36]　N. MacComick and O. Weinberger. An Institutional Theory of Law——New Approaches to Legal Positivism［M］. P. D. Reidel Publishing Company，1986.

[37]　Anthony Biglan. Relationships between subject matter characteristic and the structure and output of university departments［J］. Journal of applied psychology，1973，57(3).